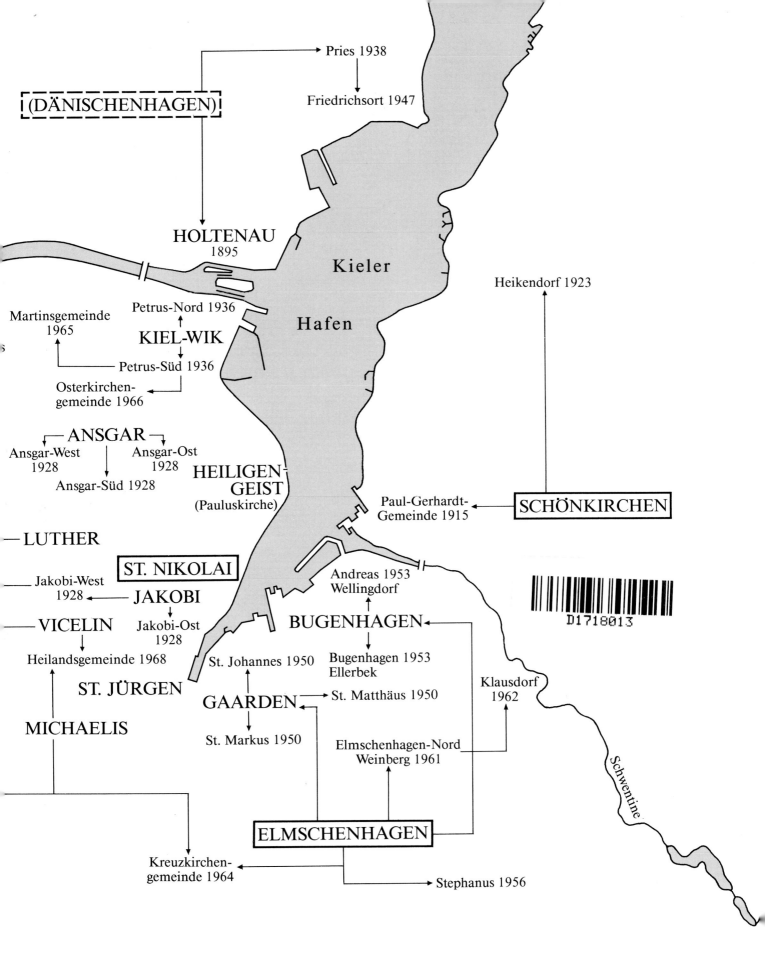

Anmerkungen:
[1] Das zum Sprengel Schleswig gehörige Dänischenhagen ist nur als abgebende Muttergemeinde aufgeführt.
[2] Alle acht Westufergemeinden stammen aus St. Nikolai.
[3] Zwischenschritte (z. B. Suchsdorf-Tannenberg als Vorstufe für die Matthias-Claudius- und Martins-Gemeinde) sind ebenso ausgelassen wie die wieder integrierten sog. „Kompaß-Gemeinden", die für Kiel typisch waren (z. B. Luther-Ost und Luther-West); Ausnahme: die z. Z. noch bestehenden Gemeinden um Ansgar-, Jakobi- und Petruskirche.

Kirche in Kiel

Kirche in Kiel

750 Jahre Kiel
750 Jahre St. Nikolai

Herausgegeben im Auftrage des Ev.-Luth. Kirchenkreises Kiel
von
Karl-Behrnd Hasselmann

Karl Wachholtz Verlag

*Umschlagbild: Kiel-Ansicht mit Bahndamm von Süden um 1864;
vermutlich eine Nachbildung der Kiel-Lithographie von A. Nay*

*Vorsatz: Historischer Stadtplan der Kieler Kirchengemeinden.
Zeichnung von Erwin Raeth nach einem Entwurf von Andreas Hertzberg*

Redaktion: Gabriele Stüber, Nordelbisches Kirchenarchiv

ISBN 3 529 02717 0

Alle Rechte, auch die des auszugsweisen Nachdrucks,
der photomechanischen Wiedergabe und der Übersetzung, vorbehalten.
Karl Wachholtz Verlag, Neumünster
1991

Inhaltsverzeichnis

Vorwort 7

Im Schatten von St. Nikolai
*Von den Anfängen bis zur Gründung
der Tochtergemeinden 1908*
Hermann Kobold 9

St. Nikolai in diesem Jahrhundert
Christoph Kretschmar 21

Die Nikolaikirche
Zur Baugeschichte und Ausstattung
Lutz Wilde 27

Kloster und Kirche Heiligengeist
Wolfgang Teuchert 49

Die Maria-Magdalenen-Kirche
zu Elmschenhagen
Gottfried Mehnert 57

Die St. Georg- und Mauritius-Kirche
zu Flemhude
Uwe Baumgarten 61

Die Marienkirche zu Schönkirchen
*Mutterkirche der Ortschaften zwischen der
Schwentinemündung und der Kieler Förde*
Eckart Ehlers 71

Die Katharinenkirche zu Westensee
Wilhelm Ricker 77

Die Kieler Kirchengemeinden seit 1908
Andreas Hertzberg 85

Der Evangelisch-Lutherische
Kirchengemeindeverband in der Propstei Kiel
Helmut Witt 133

Die Theologische Fakultät der
Christian-Albrechts-Universität
Jendris Alwast 139

Die Universitätskirche
Andreas Hertzberg 143

Das Nordelbische Kirchenamt
Zentrum kirchlicher Verwaltung
Klaus Blaschke 145

Evangelische Militärseelsorge in Kiel
Heinz-Martin Saal 147

Die Kieler Stadtmission
Johannes Schröder (†) 149

Die Marie-Christian-Heime e. V.
Rosemarie Endriß 155

Die Diakonie des Kirchenkreises Kiel
Karl-Behrnd Hasselmann 159

Dienste und Werke des Kirchenkreises Kiel
Karl-Behrnd Hasselmann 163

Klinikseelsorge
Falk-Horst Wolter-Pecksen 165

Telefonseelsorge
Falk-Horst Wolter-Pecksen 167

Bitte Stühle mitbringen!
*Gemeinschaft in der Landeskirche – ein
Ausschnitt lebendiger Kirchengeschichte Kiels*
Theodor Ruß 169

Die katholische Kirche in Kiel seit der
Reformation
Hermann Stieglitz 173

Die Evangelisch-Freikirchliche Gemeinde
Baptisten
Hans-Hermann Busche 179

Die Evangelisch-methodistische Kirche
Bezirk Kiel
Rainhard Scheuermann 181

Die Evangelisch-Lutherische
Immanuelgemeinde Kiel
Selbständige Ev.-Luth. Kirche
Manfred Schlie 183

Die jüdische Gemeinde in Kiel
Gottfried Mehnert 185

Kleine Kieler Kirchenbaugeschichte der
letzten 125 Jahre
Claus Rauterberg 189

Friedhöfe in Kiel
Gisela Greve/Andreas Kautzsch 211

Abbildungsnachweise 219

Autorenverzeichnis 220

Vorwort

Kiel und St. Nikolai gehören zusammen. Sowohl für die Stadt als auch für die Kirche gilt, daß von einer Geschichte vor 1242 fast nichts bekannt ist. Die Kirche steht von Anfang an am Markt, mitten in der vom Wasser umgebenen Siedlung; diese ordnet sich in Steinwurfweite um den Markt herum, jahrhundertelang. Kiel bleibt ein kleiner, durch Hof, Universität und Adel bestimmter Ort, den noch 1830 ein Gemälde von Johann Ludwig Christian Hansen mit dem Titel „Blick von Gaarden auf die Kieler Bucht" völlig vernachlässigen kann. Auch dreißig Jahre später hat die Stadt zusammen mit den Landbezirken gerade 23 000 Kirchenglieder, die von zwei Pastoren versorgt werden.

Alles ändert sich, als 1871 der Reichskriegshafen errichtet wird, Werftindustrie und Zuliefererindustrien entstehen und der Kaiser-Wilhelm-Kanal Ost- und Nordsee miteinander verbindet. Der gesamte soziale und auch kirchliche Zusammenhang der Stadt gerät aus dem Takt. 1920 leben 206 000 Menschen in der nach allen Himmelsrichtungen expandierenden Stadt. Die Mutterkirche St. Nikolai umgibt sich mit einer Vielzahl von Tochtergemeinden; Kirchengebäude werden errichtet. 1945 folgt der zweite tiefe Einschnitt. Im Zweiten Weltkrieg wird der Altstadtkern fast völlig zerstört. Die Bevölkerung reduziert sich im Vergleich zu 1939 um 100 000 Menschen. Der Wiederaufbau der Stadt und ihrer Kirchen fordert alle Energien.

Heute blicken wir mit Dank zurück auf die Zeiten der Bewahrung in den schweren Krisen und Umbrüchen dieses Jahrhunderts. Niemand kennt die Herausforderung der nächsten Jahre, in denen Kiel seinen Platz finden muß in einem größeren Deutschland und in einem veränderten Europa. Die Kirche Kiels mit ihrer alten Mutterkirche St. Nikolai wird ihren Platz mitten in der Stadt behalten. Wie am Anfang. Sie wird auch in dieser Zeit sehr genau wahrnehmen müssen, welche Aufgaben Gott ihr vor die Füße legt. Aber sie hat keinen Anlaß, den Menschen dieser Stadt nach 750 Jahren die Weggemeinschaft aufzukündigen, sondern diese immer neu zu suchen.

Dieses Buch hat durch seine ökumenische Orientierung versucht, Signale für eine denkbare neue Gestalt der Kirche von morgen zu geben. Der Kirchenkreis Kiel freut sich, daß katholische und freikirchliche Gemeinden sich an der Erstellung dieses Buches beteiligten. Der Kirchenkreisvorstand als Auftraggeber dankt allen, die an seinem Entstehen mitgewirkt haben. Gedankt sei vor allem dem Kirchenamt der Nordelbischen Kirche und seinem Präsidenten Dr. Blaschke für finanzielle Hilfe und Beratung; besonderer Dank gilt darüber hinaus Frau Kirchenarchivrätin Dr. Gabriele Stüber, ohne deren energische und umsichtige Hilfe vor allem in der Organisation der Beiträge und deren Redaktion das Buch kaum so termingerecht hätte erscheinen können. Dem Landesamt für Denkmalpflege Schleswig-Holstein und dem Stadtarchiv Kiel danken wir für die große Unterstützung bei der Beschaffung von Abbildungen. Auch die Pastoren Andreas Hertzberg und Hermann Kobold waren außerordentlich hilfreich, vor allem bei der redaktionellen Arbeit, und haben so dazu beigetragen, den Lesern eine alte Bekanntschaft mit einem besonderen Bereich der Stadtgeschichte Kiels aufzufrischen und neugierig zu machen auf den weiteren Weg der Kirche in Kiel.

Karl-Behrnd Hasselmann, Propst

Im Schatten von St. Nikolai

Von den Anfängen bis zur Gründung der Tochtergemeinden 1908

Hermann Kobold

Die Kieler Kirche im Mittelalter

Als Graf Johann I. 1242 der am Kyl gelegenen Holstenstadt das lübische Stadtrecht verlieh, unterzeichnete u. a. der Stadtpfarrer Lodewicus diese Urkunde. Also bestand eine Kieler Parochie schon vor 1242, nicht aber vor 1233: Damals nämlich wurde, ohne daß Kiel genannt würde, das ganze Westufer der Förde noch einem Kirchspiel Hemminghestorp zugerechnet, das das Kloster Preetz auf dem Ostufer einrichten wollte. Diesem Plan kam Adolf IV. mit der Gründung Kiels und der Nikolaikirche zuvor. Dabei baute er nicht auf jungfräulichem Land, sondern aufgrund von Bodenfunden muß man auf eine ältere Besiedelung schließen; möglicherweise gab es schon einen Handelsplatz mit zwei „Kaufmannskirchen" – Gebäude, die sowohl dem Gottesdienst wie der Lagerung von Waren dienten – auf der Halbinsel; diese Kirchen hätten dann außerhalb der örtlichen kirchlichen Organisation gestanden.[1]

Die Nikolaikirche stand zunächst unter dem Patronat der Holsteiner Grafen. Diese übertrugen es 1322 an die Augustiner in Neumünster, die wenig später (1327–1332) nach Bordesholm übersiedelten. Sie erhielten mit dem Patronat das Recht, den Pfarrer und zwei Kapläne zu stellen und über die Einkünfte der Kirche zu verfügen. Die Kieler Bürger wehrten sich gegen diese Bevormundung; es kam zu Protesten und Gewalttaten, die den Kielern zeitweilig sogar den erzbischöflichen Bann eintrugen; nichtsdestoweniger versuchten die Augustiner immer wieder, ganz nach Kiel zu übersiedeln, bis ihnen 1379 Graf Adolf VII. endgültig verbot, ein Kloster in der Stadt zu bauen.

Die Franziskaner fanden offenbar mehr Sympathie bei der Bevölkerung, wohl weil sie von Anfang an in der Stadt heimisch waren: Adolf IV. hatte bald nach der Stadtgründung „Unser leven vruwen closter to dem Kyle" gestiftet und wurde nach seiner Abdankung selbst Franziskaner; nach seinem Tode (1261) wurde er vor dem Altar der Klosterkirche beigesetzt *(Abb. 1)*. Die Mönche kümmerten sich um Kranke und Arme; als Prediger wurden sie gern gehört, und als Seelsorger waren sie gesucht, so daß die Augustiner von St. Nikolai sich beklagten, ihre Gemeindeglieder gingen zur Beichte in die Klosterkirche und ließen sich dort auch beerdigen. Doch im ausgehenden Mittelalter verweltlichte das Kloster, so daß von erzbischöflicher wie königlicher Seite Reformen versucht wurden, die aber offenbar nichts fruchteten.

Das mittelalterliche Kiel besaß neben der Pfarr- und der Klosterkirche eine Reihe von Kapellen: Vor dem Schuhmachertor lag die Marienkapelle *(Abb. 2)*, zuerst bezeugt 1417, aber gewiß früher erbaut, vielleicht schon vor der Stadtgründung als „Kaufmannskirche". Nach der Reformation wurde sie zum Annenkloster, d. h. zu einem Altstift für 14 Bewohner. Bedeutender war das Heiligengeisthospital mit seiner Kapelle, das am Rande der Alt-

Abb. 1 Grabplatte Adolfs IV., Graf von Holstein (ca. 1205–1261)

Abb. 2 Kapelle Unser Lieben Frauen vor dem Schuhmachertor

Abb. 3 St. Jürgenkapelle

stadt lag, etwa zwischen den heutigen Häusern von Weipert und Karstadt. Seine Bewohner bildeten eine klosterähnliche Gemeinschaft mit einheitlicher Tracht, gemeinsamem Gottesdienst und strenger Hausordnung. Meist waren es wohl Arme, die hier ihre Versorgung fanden; aber auch Wohlhabende wurden unter entgegenkommenden Bedingungen aufgenommen. Eine Kapelle muß auch in der Burg vermutet werden, die Johann I. 1250 zu seiner Residenz bestimmte; sie war jedoch den Burgbewohnern vorbehalten. Umstritten ist, ob die „ecclesia antiqua", die das älteste Stadtbuch mehrfach nennt, ein Vorläuferbau der Pfarrkirche oder eine Kaufmannskirche aus der Zeit vor der Stadtgründung war; jedenfalls diente sie 1287 nicht mehr als Kirche, sondern wurde privat verkauft. Drei weitere Kapellen lagen außerhalb der Stadt: Die St. Jürgenkapelle *(Abb. 3)* aus dem 14. Jahrhundert, verbunden mit Hospital und Friedhof, stand bis 1902 in der Nähe des heutigen Hauptbahnhofs; auf der anderen Seite vor dem Dänischen Tor erwarb die Stadt 1350 ein Stück Land zur Anlage eines Pestfriedhofes und errichtete hier die Gertrudenkapelle, die bis ins 16. Jahrhundert bestand. Undeutlich sind die Nachrichten über eine Kalvarienkapelle am Kleinen Kuhberg, die 1493 erbaut wurde, wohl anstelle eines älteren Baus.

Die Vielzahl der kirchlichen Bauten und diakonischen Einrichtungen zeigt, wie stark unsere mittelalterliche Stadt kirchlich geprägt war. Das gilt auch für das gesellschaftliche Leben. Man organisierte sich in Zünften und Gilden, in Bruder- und Schwesternschaften, und alle diese Einrichtungen hatten einen kirchlichen Bezug. Eine besondere Rolle spielte der Priesterkaland. Ihm gehörten 24 Geistliche und ebenso viele Laien (diese u. U. mit ihren Frauen) an. Man traf sich zweimal jährlich und feierte zwei Tage lang mit Gottesdienst, Festessen und Armenverköstigung. Im übrigen unterstützte man sich gegenseitig bei Armut und Unfall, Krankheit und Tod eines Angehörigen.

Auch die Schule war zuerst eine kirchliche Einrichtung: Johann II. privilegierte 1320 den Magister Hinricus de Culmine, eine Lateinschule zu errichten, deren Schüler bei den Gottesdiensten mitzuwirken hatten; das Schulhaus lag auf dem Nikolaikirchhof.

Sicher war das Verhältnis von Kirche und Bürgerschaft nicht immer spannungsfrei. Aber auf der gemeinsamen Basis des christlichen Glaubens wirkte man partnerschaftlich zusammen: Der Magistrat förderte und schützte die Kirche, und die Kirche beschränkte sich nicht auf Gottesdienst und Seelsorge, sondern übernahm in großem Umfang soziale und kulturelle Aufgaben.

Die Reformation in Kiel

1522 begann Hermann Tast in Husum lutherisch zu predigen, damit fing die Reformation in unserem Land an. Tast wurde aus der Kirche verdrängt und mußte in Privathäuser ausweichen. So stellte der Kaufmann Matthias Knutzen seinen geräumigen Pesel (Prachtstube) zur Verfügung. Eben dieser Knutzen zog gegen 1526 nach Kiel und förderte auch hier die neue Lehre, die von dem jungen, eben vom Studium aus Wittenberg kommenden Kaplan Marquard Schuldorp gepredigt wurde. Auch der zu den Bordesholmer Augustinern gehörende Nikolaipfarrer Wilhelm Pravest wünschte eine „universale Reformation der Kirche".[2]

Diese hoffnungsvolle Konstellation wurde gestört, als 1527 der Kürschner Melchior Hoffmann

(Abb. 4) nach Kiel kam. Er war ein Laienprediger, der – fußend auf Luthers Schriften – sich zum radikalen Sozialkritiker und Apokalyptiker entwickelt hatte. Als solcher erregte er Anstoß in Dorpat, Stockholm und Lübeck. Nun hoffte er, unter der Herrschaft des dänischen Königs wirken zu können. Vielleicht war es gerade die Kaufmannsfamilie Schuldorp (der der Kaplan Marquard angehörte), die wegen geschäftlicher Verbindungen den Kürschner nach Kiel holte. König Friedrich I. lud – wohl auf Schuldorps Veranlassung – Hoffmann ein zu einer Probepredigt und war von dieser so eingenommen, daß er dem Prediger einen Schutzbrief für ganz Holstein, hauptsächlich für Kiel ausstellte.

In Kiel gelang es Hoffmann zunächst, durch seine schlichte Redeweise und seine Begeisterung Eindruck zu machen. Doch als er anfing, den Rat und die Adligen zu verdächtigen und zu beschimpfen und seine Kollegen von St. Nikolai als „falsche Propheten, Gottesdiebe, Zauberer, Bauchdiener" zu verunglimpfen, verdarb er es mit den führenden Leuten. Von Schuldorp, der 1527 nach Schleswig gegangen war, angegriffen, versuchte er, sich bei Luther in Wittenberg Rückendeckung zu holen. Aber der von Schuldorp gewarnte Reformator ließ seinen Besucher im Sommer 1527 kühl abfahren und nannte ihn einen „Spinner und Träumer".[3]

Abb. 4 Melchior Hoffmann (gest. ca. 1543)

Der enttäuschte Hoffmann nahm nach seiner Rückkehr das Schimpfen und Hetzen von der Kanzel verstärkt auf und wandte sich, da Schuldorp ja nicht mehr in Kiel war, hauptsächlich gegen Pravest. Nun schrieb dieser hilfesuchend an Luther und betonte dabei besonders Hoffmanns falsches Sakramentsverständnis. Luther antwortete, der Magistrat solle Hoffmann das Predigen verbieten, denn die „Sakramentierer" seien schlimmer als der Papst. Pravest zeigte den Brief mit der Verurteilung Hoffmanns schadenfroh herum, benutzte ihn aber zugleich als Ausweis dafür, daß die alte katholische Lehre im Grunde doch richtig und nur in Nebensächlichkeiten zu verbessern sei. Ihn wurmte Luthers „schlimmer als der Papst", und er verfaßte Spottverse über den Reformator, was diesem durch den Kieler Bürger Konrad Wulff hinterbracht wurde. Luther war erbost über Pravests Doppelspiel; er schrieb an Wulff und an den Bürgermeister Harge: Der Pfarrer sei ein Wolf im Schafspelz und schlimmer als der Polterer Hoffmann, der es doch wenigstens aufrichtig meine. Der Streit endete mit einer Niederlage der beiden Kieler Kontrahenten: Pravest mußte sich 1528 nach Bordesholm zurückziehen; Hoffmann wurde in der Flensburger Disputation 1529 wegen seiner Abendmahlslehre verurteilt und des Landes verwiesen.

So hatte die Reformation in Kiel zwar unter turbulenten Umständen begonnen; sie wurde dann aber konsequent und ohne Rückschläge durchgeführt: Der Bordesholmer Konvent verzichtete 1528 vorläufig und 1534 endgültig auf sein Recht, die Nikolaipfarre zu besetzen. War bisher ein Pfarrer mit zwei Kaplänen dort tätig, so nannte man die drei Stellen künftig (Haupt-)Pastor, Archidiakon und Diakon. Diese Geistlichen wurden von Bürgermeister, Rat und Bürgerausschuß gewählt.[4]

Den Franziskanern verbot der König 1530 Predigt und Gottesdienst und beschlagnahmte ihr Eigentum. Daraufhin verließen die Mönche die Stadt bis auf acht invalide Brüder, deren Versorgung der König 1531 dem Rat zur Pflicht machte. Kloster und Kirche fielen an die Stadt, die die Lateinschule vom Nikolaikirchhof in die Klostergebäude verlegte. Aber schon 1555 wurde das Heiligengeist-„kloster" und das Neue Gasthaus – ein 1452 in der Holstenstraße eingerichtetes Hospital – ins ehemalige Franziskanerkloster verlegt; die Schule mußte in die Haßstraße umziehen. Nun wurde die Klosterkirche wieder gottesdienstlich genutzt; man nannte sie fortan Heiligengeistkirche. Einen eigenen Geistlichen hatte sie zunächst nicht, sondern die Gottesdienste wurden von einem der beiden Stadtschullehrer, später von den Nikolaipastoren gehalten. Erst seit 1632 wurden eigene Prediger angestellt.

Die Marienkapelle vor dem Schuhmachertor wurde 1535 an den Ratsherrn Carsten Grip verkauft, der sie zum Wohnhaus umbaute. Das St. Jürgenhospital mit seiner Kapelle hat die Reformation im wesentlichen unverändert überdauert.

Die Kieler Kirche in herzoglicher und königlicher Zeit

In diesem Zeitraum wurde Kiel Universitäts- und Residenzstadt; beides hat die Kieler Kirchengeschichte erheblich beeinflußt:

Der Plan einer Landesuniversität stammt schon aus dem Reformationsjahrhundert: Man wollte den Landeskindern das teure „Auslands"-Studium in Rostock, Wittenberg oder Kopenhagen ersparen. Die politische Entwicklung indes verhinderte lange die Verwirklichung; schließlich kam es nur zu einer kleineren Lösung: 1652 privilegierte der Kaiser eine herzoglich-gottorfische Universität, die in Kiel in den Gebäuden des ehemaligen Franziskanerklosters unterkam (dazu mußten die Hospitalsinsassen in das neuerrichtete „Küterkloster" umziehen) und vom Herzog Christian Albrecht *(Abb. 5)* 1665 mit barockem Prunk eingeweiht wurde. Die Heiligengeistkirche verblieb im Besitz der Stadt, wurde aber für Disputationen und Predigtübungen der Studenten mitbenutzt.

Abb. 5 Christian Albrecht, Herzog von Gottorf (1641–1694)

Die Christiana Albertina war eine lutherische Universität; da alle künftigen Pastoren des Herzogtums mindestens zwei Jahre in Kiel studieren mußten, wurden sie von den Professoren der Fakultät in der jeweils vorherrschenden theologischen Richtung geprägt.

Wichtiger noch war der direkte Einfluß auf kirchliche Personalentscheidungen: Seit 1679 hatte das aus allen Professoren bestehende „akademische Konsistorium" Stimmrecht bei den Predigerwahlen; der Herzog verlangte, bei Wahlen zum Hauptpastorat die theologischen Professoren zu berücksichtigen; schließlich besetzte er selbst das Hauptpastorat mit einem Mann seiner Wahl, ohne sich um das alte Wahlrecht zu kümmern. Auf diese Weise wurden die Professoren Hinrich Muhlius, Theodor Dassow und Albertus zum Felde Hauptpastoren. Doch dann zeigte es sich, daß dies Doppelamt eine Überforderung war; es wurden keine Professoren mehr berufen; statt dessen wurde es üblich, beim Freiwerden der Hauptpastorenstelle jeweils den Archidiakon zum Nachfolger zu ernennen, was wieder zur Folge hatte, daß der Diakon

Abb. 6 Hinrich Muhlius (1666–1733)

zum Archidiakon wurde. Das Diakonat wurde, um die Einkünfte der beiden anderen Stellen zu verbessern, 1797 abgeschafft; gleichzeitig wurde die Zahl der Gottesdienste eingeschränkt. Statt des Diakons stellte man jetzt (zum halben Gehalt) einen Adjunkten an, dem Aushilfs- und Vertretungsdienste zufielen, mehrfach war er zugleich Prediger der Heiligengeistkirche.

Aus der langen Reihe der Nikolaipastoren ragen einige Namen hervor: Dether Mauritii (dessen Epitaph in der Kirche hängt) wurde 1574 Rektor der Stadtschule und Diakon an St. Nikolai, 1586 Hauptpastor und 1587 zusätzlich Propst für die Ämter Kiel und Bordesholm. Er war orthodoxer Lutheraner und einer der letzten Pastoren, die plattdeutsch predigten. Professor Hinrich Muhlius (Abb. 6) war zwar nur ein Jahr lang (1697/98) Hauptpastor, danach aber für 35 Jahre herzoglich-gottorfischer Generalsuperintendent. Persönlich gewiß kein Pietist, war er als Professor und Generalsuperintendent doch ein Befürworter des Pietismus und geriet darüber in langjährigen Streit mit seinen königlichen Kollegen, den Generalsuperintendenten Josua Schwartz und Theodor Dassow (dieser war Muhlius' Nachfolger an Nikolai von 1699 bis 1712); aber „eine Pflegestelle des richtigen Pietismus ist Kiel niemals gewesen".[5]

Johann Georg Fock war 40 Jahre Hauptpastor (1795–1835), seit 1811 auch Propst der neu eingerichteten Kieler Landpropstei. Er hatte an der damals rationalistisch geprägten Kieler Fakultät studiert; Johann Andreas Cramer war sein Hauptlehrer. Als Prediger der dänischen Gesandtschaft in Wien war er in kirchenleitende Stellung aufgestiegen und bewarb sich von dort aus um die holsteinische Generalsuperintendentur, mußte sich dann aber mit dem Nikolai-Hauptpastorat begnügen. Er war ein ehrgeiziger, aber auch hochbegabter und fleißiger Pastor, geehrt durch den Danebrogsorden und den theologischen Ehrendoktor. Es war für den erklärten Rationalisten ein schwerer Schlag, daß 1816 der antirationalistische Claus Harms zum Archidiakon gewählt wurde. Jahrelang wirkten die beiden Amtsbrüder in inniger Feindschaft nebeneinander, bis Fock 1835 78jährig verstarb und Harms ihm im Amt des Hauptpastors und Propstes folgte. Claus Harms (Abb. 7) war als Student durch Schleiermachers „Über die Religion. Reden an die Gebildeten unter ihren Verächtern" vom Rationalismus bekehrt und – wie er mit seinen 1817 veröffentlichten 95 Thesen zeigte – zum Neulutheraner geworden. Seine Predigten und Schriften weckten Begeisterung, aber auch Widerspruch. Sein Hauptwerk, die „Pastoraltheologie", erwuchs aus studen-

Abb. 7 Claus Harms (1778–1855)

tischen Gesprächsabenden. Ehrenvolle Berufungen nach Berlin und St. Petersburg schlug er aus. Die philosophische wie die theologische Kieler Fakultät verliehen ihm den Ehrendoktor. Der dänische König machte ihn zum Ritter vom Danebrog. Er „leuchtete im kirchlichen Leben Kiels wie ein Komet auf" – aber „er hat nicht das kirchliche Leben Kiels geprägt".[6] Dafür sind zwei Gründe zu nennen: 1. ließ der aufkommende Liberalismus den lutherischen Konfessionalismus bald als überholt erscheinen, und 2. führte die lawinenartige Bevölkerungszunahme der Stadt dazu, daß die Masse am kirchlichen Leben kaum noch teilnahm.

Während die drei Predigerstellen der Nikolaikirche stets besetzt waren, ging es bei der Heiligengeistkirche, zu der ja keine eigene Gemeinde gehörte, weniger regelmäßig zu: Bis 1632 versahen die Nikolaipastoren oder die Lehrer der Lateinschule den Predigtdienst; dann gab es eigene Prediger, die aber z. T. gleichzeitig Adjunkten von Nikolai oder Garnisonprediger waren (seit Kiel 1721 zur Residenz der aus Gottorf vertriebenen Herzöge geworden war, gab es hier eine kleine Garnison).

Schließlich hatte auch die Schloßkapelle von 1729 bis 1774 ihre eigenen Prediger, die aber zur Stadtgemeinde keine Beziehungen hatten.

Im Schloß gab es, seit Herzog Karl Friedrich 1725 die Zarentochter Anna Petrowna geheiratet hatte, noch eine zweite Kapelle für den Gottesdienst nach orthodoxem Ritus, an der ein russischer Priester mit zwei Sängern bis 1801 amtierte. Als 1819 die Kieler Katholiken darum baten, diese verwaiste Kapelle nutzen zu dürfen, wurde ihnen das abgeschlagen: Dies Lokal sei seit längerer Zeit dem Jägerkorps zu gymnastischen Übungen überlassen.

In der Nikolaikirche wurden sonntäglich drei Gottesdienste (um 7, 10 und 14 Uhr) gehalten, außerdem waren mittwochs und freitags Wochengottesdienste. In der Heiligengeistkirche war sonntags um 10 Uhr Gottesdienst; in der St. Jürgenkapelle wurde donnerstags Gottesdienst gehalten *(Abb. 8)*.

Für die Hauptgottesdienste galt seit der Reformation bis ins 18. Jahrhundert die Schleswig-Holsteinische Kirchenordnung von 1542, die Adam Olearius 1665 ins Hochdeutsche übertragen hatte[7] *(Abb. 9 und 10)* und die 1735 durch die „Kielische Agende" *(Abb. 11)*[8] um einige Ausführungsbestimmungen ergänzt wurde. Sie wurde 1797 durch die rationalistische Agende Jakob Georg Christian Adlers ersetzt[9], die statt einer festen Ordnung nur unverbindliche Vorschläge enthielt *(Abb. 12)*. Daran wird sich der rationalistische Hauptpastor Fock gehalten haben. Sein Nachfolger Claus Harms hatte kein ausgeprägtes liturgisches Interesse. Erst Hauptpastor (seit 1872 Generalsuperintendent) Andreas Detlev Jensen und der Heiligengeist-Prediger (seit 1879 Propst) Theodor Wilhelm Jeß bemühten sich um die Wiederherstellung der Liturgie; beide waren maßgeblich beteiligt an der 1892 eingeführten „Gottesdienstordnung in der evangelisch-lutherischen Kirche der Provinz Schleswig-Holstein".[10]

Im Gottesdienst sang die Gemeinde lange Zeit auswendig. Das erste offizielle Gesangbuch des Herzogtums, das „Kielische Gesangbuch", erschien um 1712 und erschien bald in neuen Auflagen *(Abb. 13)*. Mit seinen über 1000 Nummern bewahrt es das reformatorische und orthodoxe Liedgut, doch werden auch die „modernen" pietistischen Lieder aufgenommen. Abgelöst wurde es 1780 durch das rationalistische Gesangbuch Johann Andreas Cramers, das schon Claus Harms so ungenügend fand, daß er es durch einen Anhang ergänzen wollte. Aber erst das Gesangbuch von 1884 – auch hieran haben Jensen und Jeß mitgearbeitet – gab der Gemeinde das alte Liedgut zurück.

Zwei Lieder unseres Evangelischen Kirchengesangbuches sind in Kiel entstanden: „Wer nur den lieben Gott läßt walten" (Nr. 298), das Georg Neumark dichtete, nachdem er, als wandernder Student von Straßenräubern ausgeplündert, in Kiel eine Hauslehrerstelle gefunden hatte; und „Das sollt ihr, Jesu Jünger, nie vergessen" (Nr. 159) – das einzige noch gesungene von den 228 Liedern, die Johann Andreas Cramer für das von ihm herausgegebene Gesangbuch dichtete.

Für die musikalische Gestaltung der Gottesdienste an St. Nikolai waren Kantor und Organist zuständig. Der Kantor war zugleich Lehrer an der Lateinschule und bildete aus seinen Schülern den Chor. Der namhafteste, auch als Komponist bekanntgewordene Kantor war Petrus Laurentius Wockenfuß (Nikolaikantor 1708–1721). – Eine Orgel besaß die Nikolaikirche schon vor der Reformation; die Namen der Organisten sind seit 1563 bekannt. Unter ihnen hat Georg Christian Apel († 1841) sich durch ein weitverbreitetes Choralbuch einen Namen gemacht.

Kompliziert ist die Frage der kirchlichen Leitung in diesem Zeitabschnitt. Nach damaliger Anschauung unterstand dem jeweiligen Landesherrn auch die Kirche; er war ihr summus episcopus. Die Kirchenleitung übte er durch Generalsuperintendenten aus; kirchenrechtliche Fragen hatte das Oberkonsistorium zu entscheiden. Auf mittlerer Ebene gab es – nicht überall und nicht immer – die Pröpste und Unterkonsistorien. Der Kieler Hauptpastor Mauritii wurde 1587 Propst für die Ämter Kiel und Bordesholm; doch diese Institution wurde offenbar bald wieder aufgehoben. Für die Stadt

Abb. 8 Abendmahl 1590

Abb. 9/10 Die Kirchenordnung von 1542 in der hochdeutschen Übersetzung des Adam Olearius von 1665, abgedruckt im Schleswigschen und Holsteinischen Kirchenbuch

Kiel gab es das aus den Predigern und Ratsmitgliedern bestehende Stadtkonsistorium, das zwar formell dem Generalsuperintendenten unterstand, tatsächlich aber bis in die Mitte des 19. Jahrhunderts nicht von ihm visitiert wurde. Als 1811 die Propstei Kiel mit eigenem Unterkonsistorium gegründet wurde, gehörten dazu außer dem Kieler Landgebiet die Kirchspiele Flemhude, Flintbek, Brügge, Bordesholm, Neumünster, Großenaspe, Schönkirchen, Lebrade, Selent, Preetz, Schönberg, Hagen, Elmschenhagen und Barkau, nicht aber der Stadtbezirk Kiel. Die Propstei (= Kirchenkreis) Kiel gibt es erst seit 1878.[11]

Kirchliche Fürsorge für Arme, Kranke und Alte hat es in Kiel seit Gründung des Franziskanerklosters und der anderen klosterähnlichen Einrichtungen gegeben. Diese haben die Reformation zwar überdauert; sie konnten aber den mit der Zeit sich wandelnden Ansprüchen immer weniger genügen. Eine Verbesserung war überfällig. Dazu kam es aber nicht von kirchenamtlicher Seite, sondern durch verschiedene Privatinitiativen:

1. Ein Sohn des Generalsuperintendenten Hinrich Muhlius, der Vizekanzler Friedrich Gabriel Muhlius, stiftete auf dem ihm gehörenden Damperhof ein Knabenwaisenhaus, das 1781 eröffnet wurde. Es war mit einem Lehrerseminar verbunden, das den Unterricht an der Waisenschule besorgte. Dieses Seminar wurde 1822 geschlossen; städtische Knabenschulen machten die Waisenschule überflüssig; so wurde das Waisenhaus 1861 abgebrochen.

2. 1792 gründeten Professor Niemann und Apotheker Christiani die „Gesellschaft freiwilliger Armenfreunde", die in der Folgezeit eine ganze Reihe von Schulen, Horten, Stiften und anderen sozialen Institutionen einrichtete. Da auch die Einnahmen des Klingelbeutels und der kirchlichen „Armenblöcke" dieser Gesellschaft zugute kamen, kann es eine besondere kirchliche Armenpflege in größerem Umfang nicht gegeben haben.

3. 1808 stiftete Friederica von Ellendsheim, Tochter eines hohen Staatsbeamten, mehr als 10 000 Reichstaler für ein Stadtkloster, das an der Stelle des alten St. Jürgenklosters errichtet und so groß werden sollte, daß die Bewohner der vier alten „Klöster" darin unterkommen konnten. Dieses Stadtkloster bestand bis 1909 und mußte dann dem

Abb. 11 Titelblatt der „Kielischen Agende" von 1735

Abb. 12 Titelblatt der Schleswig-Holsteinischen Kirchen-Agende Georg Christian Adlers von 1797

wachsenden Verkehr weichen; es wurde durch ein erheblich größeres Haus in der Harmsstraße ersetzt.

Die Kieler Kirche in preußischer Zeit bis zur Gründung des Parochialverbandes (1908)

1864 trat Dänemark die Herzogtümer Schleswig und Holstein an Preußen und Österreich ab. Holstein bekam einen österreichischen, Schleswig einen preußischen Statthalter. Die Städte Rendsburg und Kiel wurden gemeinsam verwaltet, indem man sie in zwei Bezirke teilte. So gehörte in Kiel die Nikolaikirche zum preußischen, die Heiligengeistkirche zum österreichischen Teil. Damals war St. Nikolai für kurze Zeit Garnisonkirche für die etwa 500 preußischen Marinesoldaten. Doch schon 1867 wurde Schleswig-Holstein von Preußen annektiert. Kiel wurde 1871 zum Reichskriegshafen erklärt. Auf dem Ostufer entwickelten sich die großen Werften; in der Feldstraße, später in der Wik, wurden Kasernen gebaut. Durch Werftarbeiter, Soldaten und Verwaltungspersonal wuchs die Einwohnerzahl Kiels von 18 800 (1864) auf 175 100 (1905; inzwischen waren 1869 Brunswik, 1893 die Wik und 1901 Gaarden-Ost eingemeindet). Mit dieser Bevölkerungsexplosion war die kirchliche Arbeit überfordert; die Kirche reagierte zu spät und nicht ausreichend. Nicht sie, sondern der Staat tat den ersten Schritt:

Für den Gottesdienst der Soldaten (deren Teilnahme damals noch selbstverständlich war), wurde in der Nähe der Feldstraßen-Kasernen 1878/82 die Pauluskirche gebaut *(Abb. 85 und 86; Farbtafel XV)*, und zwar als Simultankirche für beide Konfessionen. Diese erwies sich angesichts der starken Zunahme des Militärs und der weiten Entfernung zu den neuen Kasernen in der Wik aber schon bald als unzureichend; deshalb wurde für die Garnison 1905/07 die (evangelische) Petruskirche *(Farbtafeln XX und XXI)* und 1907/09 die (katholische) St. Heinrichskirche *(Abb. 176 und 177)* gebaut; die für den ursprünglichen Zweck nicht mehr benötigte Pauluskirche wurde 1925 dem Kirchengemeindeverband überlassen und (anstelle der Heiligengeistkirche, die zur Universitätskirche wurde) Pfarrkirche der Heiligengeist-Gemeinde.

Bis 1872 war Kiel ein einziger Pfarrbezirk mit drei Predigtstellen (Nikolai- und Heiligengeistkirche und St. Jürgenkapelle) und vier Pastoren. Dann endlich wurde diese Gemeinde in vier Pfarrbezirke aufgeteilt: St. Nikolai mit zwei Pfarrstellen, St. Jürgen, St. Jakobi und der Heiligengeist-Bezirk mit je

Abb. 13 Titelblatt des Kieler Gesangbuchs, neue und veränderte Auflage, Kiel 1770

einem Pastor. Zum ersten Kirchenneubau (St. Jakobi) kam es 1886 durch die Bemühungen Theodor Wilhelm Jeß', erster Pastor des Jakobi-Bezirkes und seit 1879 Propst von Kiel. Die St. Jürgenkapelle wurde 1902/04 durch eine Kirche ersetzt *(Abb. 169 und 170)*. Nach dieser ersten Teilung folgten rasch weitere Unterteilungen und Kirchbauten: Ansgar 1888 (Kirche 1903; *Abb. 73*), Michaelis 1902 (Kirche 1911; *Abb. 104 und 105*), Vicelin 1908 (Kirche 1916; *Abb. 174 und 175*) und Luther 1909 (Kirche 1912; *Abb. 172 und 173*). Auch das Ostufer, bislang zu Elmschenhagen bzw. Schönkirchen gehörend, wurde in neue Bezirke bzw. Gemeinden gegliedert: Gaarden 1880 (mit der Johanneskirche von 1883; *Abb. 92 und 168*), Ellerbek 1895 und Wellingdorf 1909 (mit der Bugenhagenkirche von 1896; *Abb. 76*) und Neumühlen-Dietrichsdorf 1896. So gab es 1908 für die ca. 185 000 Einwohner Kiels 18 evangelische und zwei katholische Gemeindepastoren; dazu hatten 15 evangelische und sechs katholische Militärpfarrer Kiel zum Standort.

Nominell waren die neuentstandenen Bezirke noch immer Filialen von St. Nikolai. Erst 1908 wurden sie zu selbständigen Gemeinden, die sich jedoch zugleich zu einem Parochial-(Kirchengemeinde-)Verband zusammenschlossen, um gemeinsame Verwaltungsangelegenheiten zentral zu erledigen.[12]

Die Propsteibildung von 1811 hatte sich als unpraktikabel erwiesen, deshalb wurden 1878 die entfernteren Kirchengemeinden (Flintbek, Brügge, Bordesholm, Neumünster, Großenaspe, Lebrade, Selent, Preetz, Schönberg, Hagen und Barkau) ausgegliedert; dafür wurden Westensee und vor allem der eigentliche Stadtbezirk einbezogen. Damit erreichte die Propstei – abgesehen von den späteren Erweiterungen nördlich des Kanals – ihren heutigen Umfang. Sie war und ist nicht deckungsgleich mit dem Parochial-Verband, weil die Randgemeinden der Propstei sich diesem nicht anschlossen.

Der Anschluß an Preußen hatte auch eine Veränderung der landeskirchlichen Verwaltung zur Folge: An die Stelle der Oberkonsistorien von Glückstadt und Schleswig trat 1867 das evangelisch-lutherische Konsistorium in Kiel. Auch beide Generalsuperintendenten hatten hier ihren Amtssitz. So wurde Kiel in kirchlicher Hinsicht schon damals Landeshauptstadt; politisch hat es diesen Rang erst 1946 mit der Gründung des Landes Schleswig-Holstein erhalten.

Kiel wurde zur Großstadt – groß wurden auch die sozialen Probleme. Um die kirchenfremden und sozial gefährdeten Menschen zu erreichen und ihnen missionarisch-diakonisch zu helfen, bedurfte es neuer kirchlicher Initiativen. Es begann damit auf Gemeindeebene: Schon 1883 hatte der Nikolai-Pastor und spätere Propst Wilhelm Becker für seine vielfältige Gemeindearbeit das Lutherhaus in der Gartenstraße gebaut. Daraus erwuchs bald der „Frauenverein für das Nikolaiheim der Mädchenhorte", der für gefährdete Kinder zwei Heime errichtete: eine Internatsschule in Sundsacker/Schlei und ein Kinderheim in der Körnerstraße, das später zum Altersheim wurde. Doch für eine Einzelgemeinde waren die sozialen Aufgaben zu groß; es mußten sich Christen aus der ganzen Stadt verbinden, um den Notständen entgegenzuwirken. Deshalb begründete 1904 Propst Becker zusammen mit Professor Erich Schaeder die „Kieler Stadtmission".[13]

Auch in Kiel faßte der 1877 in Genf gegründete, christlich geprägte „Internationale Verein der

Freundinnen junger Mädchen" Fuß. Durch ihn entstand 1897 die Kieler evangelische Bahnhofsmission, die zunächst nur über ein Beratungszimmer in der Herzog-Friedrich-Straße verfügte, bis sie seit 1904 im Henriettenhaus in der Körnerstraße jungen Mädchen auch längerfristig eine Unterkunft anbieten konnte.

Nach dem Vorbild der Kaiserswerther Diakonissenanstalt (1863) kam es auch in Schleswig-Holstein zur Gründung solcher Anstalten (Altona 1867, Flensburg 1874, Kropp 1895). In Kiel wurde 1873 in der Annenstraße das Anschar-Mutterhaus für die Ausbildung von „Jungfrauen und Frauen evangelischen Bekenntnisses [...] zu tüchtigen Krankenpflegerinnen" gegründet. Es trat 1895 dem Roten Kreuz bei; die anfängliche konfessionelle Bindung wurde allmählich aufgegeben. Katholischerseits wurde 1906 durch Elisabeth-Schwestern aus Reinbek eine Gemeindepflegestation in der Lindenstraße eingerichtet.

Natürlich übte auch in diesem Zeitraum die Kieler theologische Fakultät großen Einfluß auf die Kieler Pastoren aus, nicht nur durch deren Ausbildung, sondern auch danach durch persönliche Kontakte, Professorenpredigten und Schriften.[14] Eine „große" Fakultät, die die Kapazitäten anlockte und eine „Schule" bildete, war Kiel nie, eher ein Startplatz, von dem aus berühmte Theologen wie Hans von Schubert, Ernst Sellin und Gerhard Kittel ihre Laufbahnen begannen. Gerade der Elan dieser jungen Gelehrten verlieh der Fakultät einen besonderen Reiz.

1 Vgl. hierzu insgesamt Willert, bes. S. 37 ff.
2 Ramm, Wegbereiter, S. 309.
3 Hein, Spiritualisten, S. 337.
4 Vgl. hierzu Volbehr, Prediger-Geschichte, bes. S. 14 und S. 16.
5 Feddersen, S. 353.
6 Asmussen, S. 7.
7 Abgedruckt in: Das Schleswigsche und Holsteinische Kirchenbuch. Schleswig 1665.
8 Abgedruckt in: Hoch-Fürstliche Schleswig-Holsteinische Verordnung..., 1735.
9 Adler.
10 Vgl. Chalybaeus, S. 543 ff.
11 Vgl. Chalybaeus, S. 91 ff.
12 Vgl. hierzu den Beitrag Witt, u. S. 133–137.
13 Vgl. hierzu den Beitrag Schröder, u. S. 149–153.
14 Vgl. hierzu den Beitrag Alwast, u. S. 139 ff.

Literatur

Georg Christian Adler: Schleswig-Holsteinische Kirchen-Agende. Schleswig 1797.
U. Albrecht: Reste einer alten Kapelle an der Stadtmauer sollen erhalten bleiben. In: Kieler Nachrichten vom 3. 7. 1974.
H. Asmussen: Die Kirche Kiels gestern und heute. In: Gemeindebuch Kiel. Stuttgart 1952, S. 6 ff.
R. Bülck: Dether Mauritii, Propst und Pastor an der Nikolaikirche zu Kiel. In: Mitteilungen der Gesellschaft für Kieler Stadtgeschichte. H. 44/1940.
H. F. Chalybaeus: Sammlung der Vorschriften und Entscheidungen betreffend das Schleswig-Holsteinische Kirchenrecht. 2. Aufl. Schleswig 1902.
Chronologische Sammlung der im Jahre 1811 ergangenen Verordnungen und Verfügungen für die Herzogthümer Schleswig und Holstein. Kiel 1812.
H. Eckardt: Alt-Kiel in Wort und Bild. Kiel 1899.
E. Feddersen: Kirchengeschichte Schleswig-Holsteins. Bd. II 1517–1721. Kiel 1938.
E. Freytag: Die Klöster als Zentren kirchlichen Lebens. In: Schleswig-Holsteinische Kirchengeschichte Bd. 1. Neumünster 1977, S. 147 ff.
K. H. Gaasch: Die mittelalterliche Pfarrorganisation in Dithmarschen, Holstein und Stormarn. In: Zeitschrift der Gesellschaft für Schleswig-Holsteinische Geschichte 77, 1953.
K. H. Gaasch: Die Struktur der Kirchenorganisation Nordelbiens. In: Zeitschrift der Gesellschaft für Schleswig-Holsteinische Geschichte 78, 1954.
F. Gleiß: Handbuch der Inneren Mission in Schleswig-Holstein. Bordesholm 1917.
A. Gloy: Aus Kiels Vergangenheit. Kiel 1926 [Reprint Frankfurt a. M. 1979].
U. Haensel: Petrus Laurentius Wockenfuß. In: Die Musik in Geschichte und Gegenwart Bd. 14. Kassel 1968, S. 751 ff.
C. Harms: Ausgewählte Schriften und Predigten. Hrsg. v. P. Meinhold. Flensburg 1955.
C. Harms: Leben in Briefen. Kiel 1909.
P. Hasse: Kieler Stadtbuch aus den Jahren 1264–1289. Kiel 1875.
L. Hein: Claus Harms – Leben und Werk. In: Schleswig-Holsteinische Kirchengeschichte Bd. 5. Neumünster 1989, S. 77 ff.
L. Hein: Spiritualisten und Täufer. In: Schleswig-Holsteinische Kirchengeschichte Bd. 3. Neumünster 1982. S. 331 ff.
Hoch-Fürstliches Schleswig-Holsteinisches Gesangbuch („Kielisches Gesangbuch"). 4. Aufl. Kiel 1745.
Hoch-Fürstliches Schleswig-Holsteinische Verordnung betreffend den öffentlichen Gottesdienst und einige dazugehörige Ritus. Kiel 1735.
G. E. Hoffmann: Johann Georg Fock. In: Schriften des Vereins für Schleswig-Holsteinische Kirchengeschichte Reihe II Bd. 10.2, 1950, S. 65 ff.
M. Jakubowski-Tiessen/H. Lehmann: Der Pietismus. In: Schleswig-Holsteinische Kirchengeschichte Bd. 4. Neumünster 1984, S. 269 ff.
G. Kaufmann: Das alte Kiel. Hamburg 1975.
D. Lafrenz: Das Kieler Schloß. Hamburg 1987.
H. Mau: Die Gesellschaft freiwilliger Armenfreunde in Kiel von 1793 bis 1907. Kiel 1907.
C. Mehlert und P. Nissen: Ut der stat tom Kyle. Kiel/Leipzig 1907.
A. Nitzsche: Aufsätze in den Kieler Nachrichten: Die Pauluskirche war die alte Garnisonkirche (26. 11. 1975); Wie eine Witwe die Preise diktierte (24. 12. 1977); Stationspfarrer klagten über Kirchennot (27. 12. 1977); Zwei Binnenländer bekamen den Auftrag (28. 12. 1977); Amerikaner spendeten Geld für den Aufbau (29. 12. 1977).
E. Pomsel: Die Organisten der Kieler Nikolaikirche. In: Mitteilungen der Gesellschaft für Kieler Stadtgeschichte H. 1/2/1959, S. 41 ff.
H. J. Ramm: Anfänge von Innerer Mission und Diakonie. In: Schleswig-Holsteinische Kirchengeschichte Bd. 5. Neumünster 1989. S. 291 ff.
H. J. Ramm: Wegbereiter der reformatorischen Predigt und ihre katholischen Gegner. In: Schleswig-Holsteinische Kirchengeschichte Bd. 3. Neumünster 1982, S. 279 ff.
M. Redeker: Kieler Kloster und Theologische Fakultät. Kiel 1964.
C. Rodenberg: Aus dem Kieler Leben im 14. und 15. Jahrhun-

dert. In: Mitteilungen der Gesellschaft für Kieler Stadtgeschichte H. 12/1894.

C. Reuter: Das älteste Kieler Rentebuch. In: Mitteilungen der Gesellschaft für Kieler Stadtgeschichte H. 9/1891.

R. Rosenbohm: Wann wurde die Stadt Kiel gegründet? In: Kieler Nachrichten vom 10./11. 1. 1959.

Die Schleswig-Holsteinische Kirchenordnung von 1542. Hrsg. v. W. Göbell. Neumünster 1986.

Das Schleswigsche und Holsteinische Kirchenbuch. Schleswig 1665.

Schleswig-holstein-lauenburgische Regesten und Urkunden. Hrsg. v. P. Hasse. Bd. I 1886 usw.

H. Sievert: Aufsätze in den Kieler Nachrichten: Wann wurde die Stadt Kiel gegründet? (24./25. 1. 1959); Rußlands Zarin ermöglichte Stiftung des Kieler Stadtklosters (28. 8.1969); Rätsel um St.-Annen-Kloster gelöst (5. 12. 1973).

F. Volbehr: Beiträge zur Topographie der Stadt Kiel: In: Mitteilungen der Gesellschaft für Kieler Stadtgeschichte H. 3/4/1881.

F. Volbehr: Kieler Prediger-Geschichte seit der Reformation. In: Mitteilungen der Gesellschaft für Kieler Stadtgeschichte H. 6/1884.

E. Völkel: Kloster und Kirche der Augustiner Chorherren zu Bordesholm. Bordesholm 1973.

H. Willert: Anfänge und frühe Entwicklung der Städte Kiel, Oldesloe und Plön. Neumünster 1990.

St. Nikolai in diesem Jahrhundert

Christoph Kretschmar

Die St. Nikolaikirche hat in ihrer 750jährigen Geschichte viel erlebt. Wahrscheinlich aber sind die neun Jahrzehnte dieses Jahrhunderts mit ihrer dichten Folge politischer, sozialer und kultureller Veränderungen, mit soviel Schrecklichem und auch Wunderbarem unvergleichlich *(Farbtafel I)*.

Es gibt viel Bemerkenswertes in der jüngsten Geschichte dieser Kirche. Einiges von dem, was ich entdecken konnte, möchte ich erzählen.

Am Anfang dieses Jahrhunderts war Wilhelm Becker Pastor an St. Nikolai und Propst von Kiel *(Abb. 129)*. Becker war ein streitbarer Mann, oft unbeherrscht und ein schroffer Gegner der „liberalen" Pastoren, die das „Christentum der Tat" predigten. Aber gerade dieser orthodoxe Propst Bekker war es, der damals die Zeichen der Zeit erkannte und eine christliche Antwort auf die sozialen Probleme gab, die bis heute noch Gültigkeit hat. Propst Becker war der Gründer der Kieler Stadtmission. Hans Asmussen *(Abb. 118)*, sein fünfter Nachfolger im Propstenamt, hielt ihn für den größten Propst, den Kiel gehabt hat.

Neben der sozialen Herausforderung für die Kirche gab es eine politische, die Propst Becker wahrnahm. In einer Zeit des aufkommenden Nationalismus widersprach er auf der Nikolai-Kanzel mutig dem bekannten Bismarckwort: „Wir Deutschen fürchten Gott, sonst nichts auf der Welt." Er drehte es um: Wir Deutschen fürchten alles, nur Gott nicht.

Mit dem Ersten Weltkrieg begann die Zeit der radikalen Lernprozesse. Auch in der Nikolaikirche standen viele Predigten unter dem Motto: „Mit Gott für Kaiser und Vaterland". Aber die Schrecken des Krieges zerstörten alle Illusionen. Freilich verloren viele mit Kaiser und Vaterland auch den Glauben an Gott. Pastor Cornils, von 1909 bis 1925 an St. Nikolai, erzählt von vielen großen Volksversammlungen, in denen er sich der Kritik an der Kirche und den Glaubenszweifeln gestellt hatte. Bewegend ist seine Abschiedspredigt, in der er seine Bemühungen beschreibt, dem modernen Menschen ein Moderner zu sein, und wie er gerade daran scheiterte. „Hier auf dieser Kanzel habe ich die tiefste Wandlung meines Lebens erfahren."

1921 war für die St.-Nikolai-Gemeinde ein besonderes Jahr. Unter Propst Schmidt wurde die Frauenhilfe gegründet. Sie hat sich in den notvollen Jahren nach dem Ersten und nach dem Zweiten Weltkrieg ehrenamtlich und oft in aufopfernder Weise der Hilfsbedürftigen rund um St. Nikolai angenommen. Im gleichen Jahr konnte der dynamische Kirchenmusiker Fritz Stein den Bau einer modernen Konzertorgel mit 60 Registern für St. Nikolai in Auftrag geben.

Und im Mai 1921 war Ernst Barlach in Kiel. Die St.-Nikolai-Gemeinde hatte ihn gebeten, ein Ehrenmal zum Gedenken an die Gefallenen zu schaffen. Dieser Auftrag bedeutete für Barlachs künstlerische Entwicklung sehr viel. Es war seine erste Arbeit für einen sakralen Raum. Das fertige Schnitzwerk stellte keine Helden des Krieges dar, sondern eine Mutter, die betend die Hände vor das Gesicht hält. Sieben Schwerter sind auf sie gerichtet *(Abb. 14)*. Es ist bemerkenswert, daß Barlachs „Schmerzensmutter" nicht wie z. B. der „Geist-

Abb. 14 Schmerzensmutter von Ernst Barlach

Abb. 15 Bischof Adolf Mordhorst (1866–1951)

Abb. 16 Propst Johannes Lorentzen (1881–1949)

kämpfer" *(Abb. 54)* von den Nationalsozialisten als entartete Kunst entfernt wurde. Propst Lorentzen weist in seinem Kirchenführer von 1941 nachdrücklich auf das „Gedenkwerk" hin, allerdings ohne den Namen des Künstlers zu erwähnen. Das eindrucksvolle Ehrenmal ist bei der Zerstörung der Kirche 1944 verbrannt.

Nach der Trennung von Staat und Kirche wurde in Schleswig-Holstein das Bischofsamt eingeführt. Der frühere Propst an St. Nikolai (1908–1917) und anschließend Generalsuperintendent Adolf Mordhorst *(Abb. 15)* wurde 1924 zum Bischof von Holstein gewählt. Von da an bis zur Gründung der Nordelbischen Kirche 1977 war St. Nikolai zugleich Bischofskirche. Am Anfang des Dritten Reiches wurde Bischof Mordhorst von der Synode aus seinem Amt entfernt. Die Kirche war in Abhängigkeit von Staat und Partei geraten. Im Januar 1934 wurde der Kieler Pastor Adalbert Paulsen durch Reichsbischof Müller in der St. Nikolaikirche als Landesbischof eingeführt. Paulsen wollte die Kirche in Schleswig-Holstein im Geist des nationalsozialistischen Denkens umgestalten.

Seit 1925 war Johannes Lorentzen *(Abb. 16)* Pastor an St. Nikolai. In der schweren Zeit der Hitler-Diktatur, des Krieges und der ersten Nachkriegsjahre war dieser unbekümmert mutige und freundliche Pastor und spätere Propst ein geschätzter Seelsorger und geachteter Kämpfer für seine Gemeinde. „So offen, wie er dem Nationalismus widerstanden hatte, war er auch gegen den englischen Gouverneur, als er diesen im Namen Gottes wegen der Demontagen in Kiel zur Rede stellte" (Asmussen).

An dieser Stelle erinnere ich auch an den unbeugsamen Pastor Theodor Pinn (Flemhude), der kompromißlos der NS-Ideologie widerstanden hatte und dafür siebenmal verhaftet und sogar aus Schleswig-Holstein ausgewiesen wurde. Nach dem Krieg war er für eine kurze Zeit Pastor an St. Nikolai.

Als während des Krieges die wertvollen Kunstschätze der Kirche wie z. B. die Taufe, der Altar und die Kanzel nach Bordesholm in Sicherheit gebracht wurden, blieb das Triumphkreuz an seinem Platz. Bei einem Bombenangriff stürzte es durch die starken Erschütterungen herab. Es fiel aber auf Polstermöbel, die von Bewohnern der Altstadt in der Kirche zeitweilig untergebracht worden waren. So ist das Triumphkreuz wunderbar erhalten geblieben. Heute prägt es den Innenraum der St. Nikolaikirche *(Abb. 17)*.

Nach der fast vollständigen Zerstörung der Kirche im Mai 1944 war lange Zeit umstritten, ob St. Nikolai überhaupt wieder aufgebaut werden sollte. Erst 1949 wurde damit begonnen, die Trümmer wegzuräumen. Bernhard Fröhler, der neue, tatkräftige Küster, hatte Gemeindeglieder für die Aufräumarbeiten gewonnen.

Der Wiederaufbau der Kieler Hauptkirche ist vor allem Propst Asmussen zu verdanken. Dieser Propst und Pastor an St. Nikolai hat wegen seiner maßgeblichen Mitwirkung am Zustandekommen des „Barmer Bekenntnisses" von 1934 und seiner führenden Rolle als Lutheraner im Kirchenkampf einen festen Platz in der jüngeren Kirchengeschichte Deutschlands. Seine Entscheidung, die zerstörte Kirche nicht zeit- und kostenaufwendig zu restaurieren, sondern baldmöglichst einen neuen Raum für den Gottesdienst zu schaffen, wurde 1950 von den Bürgern Kiels leidenschaftlich diskutiert. Das Ergebnis ist bis heute umstritten *(Abb. 18)*. Es ist verständlich, daß viele ihre altvertraute Kirche vermissen. Mich selbst aber beeindruckt die von dem Hamburger Architekten Gerhard Langmaack gefundene Lösung immer neu: ein weiter, nicht erdrückender Raum, dessen Architektur zurücktritt zugunsten der geistlich so gehaltvollen alten und neuen Kunstwerke.

Schon Pfingsten 1951 konnte die neue Kirche eingeweiht werden. Es war ein großer Tag in der Geschichte der St.-Nikolai-Gemeinde, ein großer Tag für ganz Kiel.

In den folgenden Jahren wurde die St. Nikolaikirche zunehmend mit Leben erfüllt. Sie ist täglich geöffnet für das stille Gebet, für Andachten oder für Gottesdienste verschiedener Art. Hinzu kommt das musikalische Leben. Der von Anfang an überragende Sankt-Nikolai-Chor, 1922 von Oskar Deffner gegründet, wurde von dessen Nachfolgern Willy Mehrmann, Hans Gebhard und Rainer-Michael Munz weitergeführt und erneuert. So kommen in St. Nikolai die großen geistlichen Werke in künstlerisch hoher Qualität zu Gehör. Seit 1975 hat auch der Kieler Knabenchor, unter der Leitung von Guntram Altnöder, in Kiels Hauptkirche seine Heimat.

Die neue Kirche bekam auch eine neue Gedenkstätte für die Opfer des Krieges. Pastor Kraft, seit 1947 an St. Nikolai, hatte sich dafür eingesetzt. 1956 konnte er das von dem Bremer Künstler Heinz Lilienthal geschaffene Glasfenster „Der sinkende Petrus" einweihen.

Zwei Kreuze in unserer Kirche sind für die Geschichte der St.-Nikolai-Gemeinde bemerkenswert. Da ist das Coventry-Kreuz aus Nägeln der 1940 von Deutschen zerstörten Kathedrale der englischen Stadt Coventry. Gleich nach der Zerstörung, mitten in der Zeit der furchtbaren Feindschaft, entschlossen sich die dortigen Geistlichen, nach dem Krieg diese Zeichen der Versöhnung nach Deutschland zu schicken. Und da ist das Fenster in der Pommernkapelle mit den eindrücklichen Bildern von der Flucht aus dem Osten und dem Kreuz in der Mitte. Es erinnert nicht nur an Unrecht und Vertreibung, sondern auch daran, daß die Heimatvertriebenen unter den Kreuzen dieser Kirche Geborgenheit gefunden haben. Die Flüchtlinge mit ihrem kirchlichen Engagement sind aus der jüngeren Geschichte unserer Gemeinde nicht wegzudenken.

Schließlich sollen noch zwei Namen genannt werden. 1955 kam Frau Hanna Augustin nach St. Nikolai, die treue und bis heute unentbehrliche Gemeindehelferin. Und Rumold Küchenmeister,

Abb. 17 Nikolaikirche. Triumphkreuz, 1490 angebracht

Abb. 18 Markt mit Nikolaikirche, Aufnahme 1980

der predigende Propst und Freund Israels. Er liebte seine Nikolaikirche, in der er über 20 Jahre durch seine großartigen Predigten viele Menschen angesprochen hatte.

Propst Lorentzen hat sein Büchlein zum 700jährigen Jubiläum unserer Kirche mit den Worten geschlossen:

„Die St. Nikolaikirche am alten Markt in Kiel soll sein und bleiben: Das Haus, wo Gottes Ehre wohnt. Das Haus, wo Gottes Wunder verkündet werden. Das Haus, wo die Stimme des Dankens gehört wird. Das Haus, das wir lieb haben sollen und wollen!"

Die Pröpste der St. Nikolaikirche in diesem Jahrhundert

1880–1908 Wilhelm Becker *(Abb. 129)*
1908–1917 Adolf Mordhorst *(Abb. 15)*
1919–1935 Niels Schmidt
1946–1949 Johannes Lorentzen *(Abb. 16)*
1949–1955 D. Hans Asmussen *(Abb. 118)*
1955–1966 Kurt Sontag
1966–1976 Bertold Kraft* *(Abb. 19)*
1976–1987 Rumold Küchenmeister
1987– Karl-Behrnd Hasselmann

* Bis zum Ausscheiden von Propst Kraft war der Propst zugleich Seelsorger der St.-Nikolai-Gemeinde.

Abb. 19 Propst Bertold Kraft (1915–1976)

Abb. 20 Nikolaikirche. Nordseite

Die Nikolaikirche

Zur Baugeschichte und Ausstattung

Lutz Wilde

Das heutige Aussehen der Nikolaikirche spiegelt zugleich das wechselvolle Geschehen in der Geschichte Kiels wider. Entstanden mit der Gründung der Stadt hat der Bau in der langen Zeit seines Bestehens mehrfach sein Aussehen verändert und schwerwiegende Eingriffe in seine Substanz erdulden müssen, von denen die nahezu totale Zerstörung durch Bomben 1944 sicherlich der schmerzlichste gewesen sein dürfte. So bietet der jetzige Zustand im wesentlichen einen Einblick in die gotische Elemente tradierende Formgebung des späten 19. und den Gestaltungswillen des 20. Jahrhunderts, obwohl er aus der Ferne das scheinbar intakte Bild einer mittelalterlichen Backsteinkirche vermittelt *(Abb. 18 und 20; Farbtafel I)*. Dagegen bewahrte eine glückliche Fügung weitgehend die wertvolle Ausstattung, und diese ist es auch, die in dem verhältnismäßig nüchtern wiederaufgebauten Inneren noch eine Vorstellung von der ehemaligen Pfarrkirche geben kann.

Baugeschichte und Erscheinungsbild

Über die Frühzeit der dem Heiligen Nikolaus als Patron der Schiffer geweihten Kirche gibt es nur wenige Nachrichten, so daß Kenntnisse über den Beginn der Bauarbeiten fehlen. Die Nennung von „Lodewicus Plebanus eiusdem Civitatis" als einer der Zeugen, die bei der Verleihung des Stadtrechts an Kiel 1242 in der Urkunde aufgeführt werden, läßt den Schluß zu, daß zumindest die Pfarrgemeinde in dem seit den dreißiger Jahren des 13. Jahrhunderts planmäßig wachsenden Ort bereits bestanden hat, möglicherweise zunächst mit einem provisorischen Bau. Ein Ziegelstein mit der Jahreszahl 1241 war älteren Chroniken zufolge in die Choraußenwand eingelassen. Dieses Datum galt daher als das Gründungsjahr von St. Nikolai.

1264 wird die Kirche in Kiel zum ersten Mal urkundlich anläßlich einer Schenkung erwähnt. Damals kann also schon der erste feste Bau vorhanden gewesen sein, auf den sich die weiteren Nachrichten aus dem letzten Jahrhundertviertel beziehen, nämlich Stiftungen 1283 zur Beleuchtung, 1284 für den Bau des Chores und 1300 zum Bau. Man vermutet, daß es sich dabei um eine in Formen der frühen Gotik ausgeführte dreischiffige Hallenkirche mit einer Länge von drei Jochen handelte, was die beiden älteren Wandpfeiler mit Viertelstabprofilen, die heute noch an der Wand des nördlichen Seitenschiffs erhalten sind, unterstreichen. Möglicherweise hatte diese Kirche nur einen kurzen Kastenchor. Von ihrem Turm standen um 1300 erst die unteren Teile. Ähnlicher Ausbildung waren die gleichzeitig erbauten Pfarrkirchen in Neustadt und in Burg auf Fehmarn, auch die erste Kirche des Kieler Franziskanerklosters folgte diesem Planschema. Die Nennung des Chores 1284 und von Bauarbeiten um 1300 deuten auf die Erneuerung dieses Bauteils, der nun in einer dieser Zeit entsprechenden Form einschiffig mit zwei Jochen und polygonalem Schluß vor das alte Langhaus gelegt wurde.

Nicht zuletzt auch wegen der bestehenden formalen Unterschiede zwischen den älteren und jüngeren Bauteilen wird der Gedanke einer Modernisierung bald gereift sein, hatte doch gerade im 14. Jahrhundert überall in den Städten die große Erneuerungswelle eingesetzt. So wurde letztlich im dritten Viertel des Jahrhunderts der Umbau in Angriff genommen. Die Bautätigkeit bestätigen insbesondere die durch die testamentarischen Vermächtnisse Kieler Bürger nach 1350 überlieferten Stiftungen für den Bau von St. Nikolai. Zum Vorbild des neuen Langhauses nahm man das kurz vorher vollendete von St. Petri in Lübeck, dessen besondere räumliche Gestaltung die Raumform der Halle mit drei gleich hohen Schiffen durch die besondere Pfeilerstellung und die identische Schiffsbreite nachhaltig betonte. Allerdings war in Kiel infolge der durch den Vorgängerbau und seine einbezogenen Teile bestimmten Abmessungen die in Lübeck anzutreffende Weiträumigkeit nicht zu erreichen, so daß das Ergebnis die provinziellere Variante des kühnen Lübecker Entwurfes bleiben mußte.

Dem wohl noch vor 1400 fertiggestellten Langhaus folgte im 15. Jahrhundert die Vollendung des Westturms. Wiederum weisen viele Stiftungen, 1433 und 1434 ausdrücklich unter Nennung des Turmes, auf umfangreiche Bautätigkeit in dieser Zeit. Des weiteren entstanden damals mehrere Kapellenanbauten, so die Kreuzkapelle zwischen Turmsüdwand und südlichem Seitenschiff, von welcher bereits 1414 die Rede ist, und der zweigeschossige Sakristeianbau im Anschluß an das nördliche Seitenschiff vor der Chornordseite 1455.

Auch die folgenden Jahrhunderte brachten für den Kirchenbau Erweiterungen. Der freistehende Turm wurde durch die jetzt ausgeführten Nebenkapellen in das Gesamtgefüge eingegliedert, wobei die Dächer von Langhaus und Turmkapellen eine Zusammenbindung erfuhren. Zuerst war die nördliche fertig; sie diente als Begräbnisstätte der Familie von Rantzau. 1513 folgte die an der Südseite. Sie trat an die Stelle der hier seit rund hundert Jahren vorhanden gewesenen Marien- oder Heilig-Kreuz-Kapelle und wurde fortan als Ratskapelle genutzt. 1652 kam eine weitere Kapelle hinzu, die vor dem mittleren Langhausjoch an der Südseite lag und wegen der hier für die Universitätsdozenten eingebauten Empore später den Namen Professorenchor erhielt. In Verbindung mit ihr standen zwei kleinere Gruftanbauten *(Abb. 21)*. Überhaupt waren seit der zweiten Hälfte des 17. Jahrhunderts eine Reihe von niedrigen eingeschossigen Grablegen dem Kirchenbau angefügt worden, die den Chor im Anschluß an die Sakristei um das Polygon im Norden herum wie ein Kapellenkranz umgaben *(Abb. 22)*. Des weiteren gab es einen hohen dreigeschossigen Anbau an das erste Chorjoch nach Süden, dessen Pultdach sich quer vor die Ostwand des südlichen Seitenschiffs legte.

Abgesehen von diesen das ursprüngliche Erscheinungsbild der Nikolaikirche die Jahrhunderte hindurch mehr und mehr wandelnden Zutaten und den laufend erforderlichen Reparaturen zur Instandhaltung des Baus, insbesondere mußte der Turm häufig an Mauerwerk und Helm überholt werden, hat natürlich auch das Innere häufig Erneuerungen durchgemacht. Nicht nur die Ausstattung ist dabei mehrmals neu geordnet und durch weitere Stücke bereichert worden, auch die Raumgestaltung unterlag dem wechselnden Zeitgeschmack. So ist beispielsweise schon für 1495 anläßlich einer vorhergehenden Gewölbeausbesserung das Weißen von Chor und Langhaus überliefert, was die Übertünchung der bis dahin vorhandenen gotischen Ausmalung bedeutet haben dürfte. Möglicherweise erschien der Innenraum später zu nüchtern, denn 1624 und 1636 erhielt der Maler Ludewig Langeloe den Auftrag, die Kirchenschiffe auszumalen, aber schon 1705 wird wieder vom Weißen des Inneren berichtet.

Der allgemeine Zustand von St. Nikolai im 19. Jahrhundert wird dazu beigetragen haben, anstelle der sich mehrenden Reparaturen über eine umfassende Gesamtwiederherstellung nachzudenken. So fertigte Stadtbaumeister Gustav Ludolf Martens 1867 Bestandspläne an, aus denen die Vor-

Abb. 21 Nikolaikirche. Südseite nach der Bauaufnahme von Martens, 1867

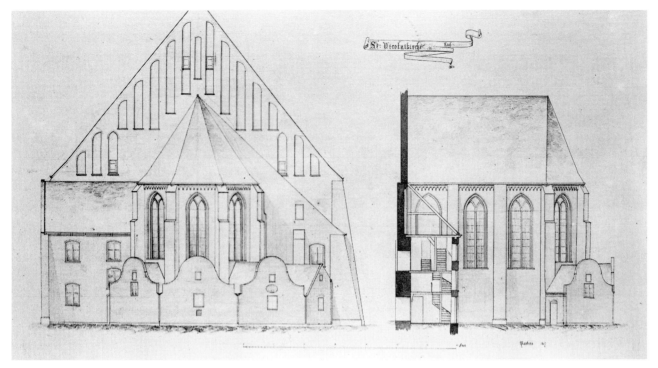

Abb. 22 Nikolaikirche. Chor nach der Bauaufnahme von Martens, 1867

schläge für die Restaurierung hervorgingen *(Abb. 23)*. Diese wurden ein Jahr später dem in Hannover tätigen und als Sachverständigen für den neugotischen Backsteinbau anerkannten Baurat und Architekten Conrad Wilhelm Hase zur Begutachtung vorgelegt und von ihm befürwortet. Es sollte jedoch noch einige Zeit verstreichen, ehe das Projekt verwirklicht werden konnte. Martens starb 1872, sein Nachfolger kam nicht weiter voran, erst Stadt- und Kirchenbaumeister C. W. Schweitzer griff die Planung wieder auf, so daß der Umbau außen und innen schließlich 1878–1884 ablief.

Das Ergebnis der einschneidenden Umgestaltung war ein nunmehr im Sinne der damaligen Auffassung von gotischer Baukunst bereinigter, späterer Stilformen entledigter und akademisch

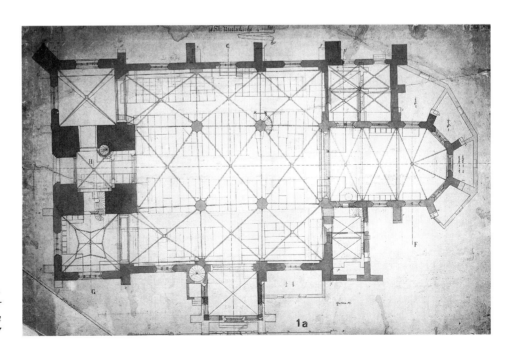

Abb. 23 Nikolaikirche. Grundriß mit der Einzeichnung der geplanten Veränderungen, 1867

trocken geformter Kirchenbau, zu dem der damalige Provinzialkonservator Richard Haupt ergänzend als Nachtrag im Bau- und Kunstdenkmälerband handschriftlich anmerkte: „Durch den Umbau Schweitzers hat die Kirche ein ganz neues Wesen erhalten, Mörtel schwarz, das Ganze recht taub, fremdgotisch. Das Innere ist in gleicher Weise behandelt und fast allen Wertes als Baudenkmal beraubt [...] auch der herrliche Reichtum der Ausstattung ist dahin!"

In dieser Form blieb St. Nikolai unverändert bis zum Zweiten Weltkrieg. Als die Luftangriffe auf deutsche Städte zunahmen, begann man vorsorglich, die verheerenden Zerstörungen an Lübecks Kirchen 1942 vor Augen, die wichtigsten Ausstattungsstücke auszulagern. Sie fanden vorübergehend in der Bordesholmer Klosterkirche Aufbewahrung. Nach geringeren Schäden bei einem Bombenangriff am 13. Dezember 1943, dem das alte Rathaus zum Opfer fiel, vernichtete der Großangriff auf Kiel am 22. Mai 1944 das Gotteshaus. 14 Tage vorher waren die letzten Teile der Ausstattung nach Bordesholm abtransportiert worden. Turmhelm und Dach verbrannten, ihre herabstürzenden Trümmer zerschlugen die Gewölbe, so daß nur noch Schiffspfeiler und Außenmauern stehenblieben (Abb. 24).

Erst 1949 erfolgten wirkungsvolle Enttrümmerungsmaßnahmen in der Ruine (Abb. 25). Noch 1948 waren voreilig die vier Langhauspfeiler angeblich der Sicherheit wegen gesprengt worden und damit unnötigerweise wichtige Bauteile verlorengegangen. Zugleich begannen die Bemühungen um den Wiederaufbau, mit dem dann 1950 der Hamburger Architekt Gerhard Langmaack beauftragt wurde. Entsprechend damaliger Vorstellungen sollte es dabei nicht um eine Rekonstruktion des bis zur Zerstörung vorhanden gewesenen Zustandes gehen, sondern mit einer im Zeichen der Zeit stehenden Formgebung die Ergänzung der erhalten gebliebenen Bauteile erfolgen. Am Äußeren fand neben der in moderner Prägung wiederholten

Abb. 24 Nikolaikirche nach dem Bombenangriff am 22. Mai 1944; Durchblick nach Nordosten

Abb. 25 Ruine der Nikolaikirche von Süden, Zustand 1949

Chorausbildung ein Rückgriff auf die vor der neugotischen Veränderung bestehende Dachausbildung sowie auf die alten Abmessungen von Turm und Turmhelm statt. Der Innenraum bestand fortan aus dem Gegensatz zwischen alter Hülle und den die flache Massivdecke tragenden dünnen Betonstützen, die an die Stelle von Wölbung und Backsteinpfeilern traten. Diese gewollte Diskrepanz vermag heute nicht mehr zu überzeugen, fehlt dem Inneren doch letztlich die einheitliche Grundstimmung, die historisch gewachsene Räume trotz ihrer im Laufe der Zeit immer wieder durch Umgestaltungen veränderten Beschaffenheit besitzen. 1951 waren Chor und Langhaus fertig, 1953 folgte der Turm, Hauptdach und Dachreiter kamen 1957 zur Ausführung. Parallel zum Fortgang der Baumaßnahmen kehrten die Ausstattungsstücke allmählich wieder in die Kirche zurück. 1959 präsentierte sich das wiederaufgebaute Gotteshaus in neuem Glanz.

Seither haben in Fortsetzung des Wiederaufbaus vielfältige Maßnahmen an und in St. Nikolai stattgefunden. 1964 entstand der ehemalige Professorenchor an der südlichen Langhausseite in neuer Form als Nebenraum *(Abb. 26)*. Zu den älteren Kunstwerken im Inneren traten Ausstattungsstük-

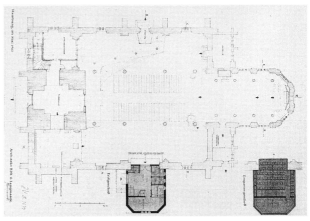

Abb. 26 Nikolaikirche. Grundriß nach dem Wiederaufbau mit Einzeichnung des geplanten neuen Professorenchores, 1965

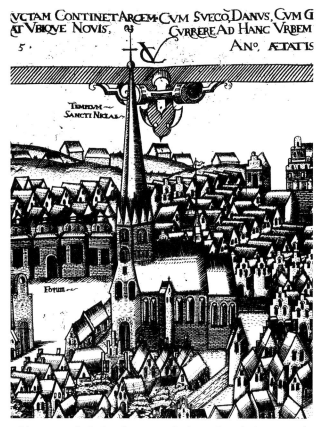

Abb. 27 Nikolaikirche von Süden. Ausschnitt aus der Stadtansicht von Johann Greve. Kupferstich 1585

ke von Künstlern unserer Zeit. Außerdem wurden kontinuierlich Restaurierungsarbeiten durchgeführt, die dazu beitrugen, daß gefährdete Denkmäler gesichert und ausgelagerte beschädigte ihren ehemaligen Platz wieder einnehmen konnten. Die letzte umfassende Instandsetzung des Inneren unter teilweiser Neuordnung der Ausstattung erfolgte 1986.

Der Außenbau im Laufe der Jahrhunderte

Die früheste bildliche Darstellung der Nikolaikirche erscheint auf dem von Johann Greve 1585 gearbeiteten Kupferstich mit der Ansicht Kiels von Süden *(Abb. 27)*. Hierbei sind die wesentlichen Merkmale erfaßt: der Turm mit dem Spitzhelm, das gedrungene Langhaus und der schmale Chor. Wenn auch Einzelheiten nicht stimmen, beispielsweise die überhöhte Turmspitze und die Anordnung der Fenster, so finden sich doch charakteristische Eigenheiten wie die Ecktürmchen am Helmansatz, die allerdings mit den Schildgiebeln zusammengezogen werden, der Treppenturm an der Südseite des Langhauses und das Westportal. Das etwa hundert Jahre später um 1695 von einem unbekannten Künstler geschaffene Ölgemälde mit dem Blick auf die Stadt vom Gaardener Ufer aus zeigt St. Nikolai von Südosten mit weiteren interessanten Details *(Abb. 28)*. Der Dreieckgiebel des Langhauses besitzt eine schmückende Gliederung mit steigenden Hochblenden oberhalb des Chordachansatzes sowie eine davon abgesetzte gesonderte Blendengruppe an der Stirnseite des südlichen Seitenschiffs. Am Turm befindet sich die im Zusammenhang mit dessen Wiederherstellung 1686 eingebrachte Uhr.

Aus den späteren Stadtansichten Kiels lassen sich weitere Aufschlüsse zum Außenbau gewinnen, da vereinzelt auch die hinzugekommenen Anbauten auftauchen. So findet sich auf einem Stadtplan in dem von Samuelis Reyher 1714 veröffentlichten Buch Mathesis Biblica die Nikolaikirche aus der Vogelschau dargestellt mit Strebepfeilern zwischen den Fenstern sowie der niedrigen doppelgiebeligen Sakristei an der Nordostseite

Abb. 28 Nikolaikirche von Südosten. Ausschnitt aus der Stadtansicht vom Ostufer der Förde. Ölgemälde um 1695

Abb. 29 Nikolaikirche von Nordwesten. Ausschnitt aus dem 1714 veröffentlichten Stadtplan

Abb. 30 Nikolaikirche von Süden. Ausschnitt aus der Stadtansicht vom Ostufer der Förde von Friedrich Bernhard Werner. Federzeichnung 1727

(Abb. 29). Die Federzeichnung Friedrich Bernhard Werners von 1727 mit der Kieler Ansicht vom gegenüberliegenden Fördeufer gibt die Südseite der Kirche mit dem Schweifgiebel des hervorspringenden Professorenchores wieder *(Abb. 30).*

Zuverlässigere Außenansichten der Kirche stammen aus dem 19. Jahrhundert. Um 1820 entstand die Handschrift von Jensen über Gemeinden, Kirchen und Geistliche in Schleswig-Holstein. Die hierin enthaltene Federzeichnung der Kirchennordseite zeigt die von Anbauten freie Langhauswand mit offensichtlich später verstärkten geböschten Strebepfeilern und spitzbogigen breiten Fenstern, denen schmalere am Chor gegenüberstehen, umlaufende Bogenfriese an Langhaus und Chor und schließlich auch den Blendenschmuck am Ostgiebel des Langhauses *(Abb. 31).* Das Dach besitzt über dem mittleren Schiffsjoch eine Gaube, offenbar für einen Windenausleger. An der Sakristei ist der ehemalige Doppelgiebel einem heruntergezogenen Schleppdach gewichen. Diese Darstellung ergänzt die 1853 von Adolf Burmester ge-

Abb. 31 Nikolaikirche. Nordseite. Federzeichnung von Hans Nicolai Andreas Jensen, um 1820

33

Abb. 32 Nikolaikirche von Südosten. Aquarellierte Bleistiftzeichnung von Adolf Burmester, 1853

fertigte aquarellierte Bleistiftzeichnung mit dem Bau von Südosten *(Abb. 32)*. Es erscheinen die gleichen Gestaltungsmerkmale des gotischen Bauwerks, genauer noch die Blendenanordnung am Langhausgiebel. Deutlich wird die Zufälligkeit der Anbauten, die sich schmucklos dem mit prächtiger Fassade ausgestatteten Professorenchor anschließen.

Leider gibt es nur wenige Fotografien von St. Nikolai vor dem Umbau. Zu den ältesten Aufnahmen gehört die Ansicht des Marktes mit dem Blick auf die Kirche von etwa 1870 *(Abb. 33)*. Hier sind die formale Ausbildung des Turmes mit Blenden und Lukendurchbrüchen, der Aufbau der Eckürmchen, von denen das nordwestliche anstelle des Spitzhelmes eine barocke Laterne trägt, was auch Jensen festgehalten hatte, das mächtige Pfannendach und die Gestalt des Dachreiters deutlich

Abb. 33 Markt mit Nikolaikirche. Ausschnitt aus einem Foto etwa 1870

Abb. 34 Nikolaikirche vom Markt aus. Foto um 1925

zu erkennen. Genaue Aufschlüsse vermittelt des weiteren die von Martens 1867 erstellte Bauaufnahme, die u. a. Aufrisse der Süd- und Ostseite enthält. Sie bestätigt die Sorgfältigkeit der älteren zeichnerischen Darstellungen und zeigt im Detail den späteren Fachwerkabschluß des gotischen Treppenturmes an der Südseite neben dem Professorenchor, dessen Schweifgiebel einen kleinen Ädikulaaufsatz mit Sonnenuhr trägt. Am Chor erscheint die offensichtlich bei späteren Ausbesserungen überformte Blendenaufteilung sowie die Reihung der schweifgiebelbekrönten Gruftanbauten.

Die radikale neugotische Renovierung ließ von den geschilderten vielfältigen Ergänzungsteilen, die das Baugeschehen über die Jahrhunderte lebendig überlieferten, nichts übrig. Bis auf den umgestalteten Professorenchor verschwanden sämtliche Anbauten, das alte Mauerwerk wurde durchweg erneuert, so daß die Außenhaut mit neuen Maschinenziegeln gleichmäßig gegliedert erschien, was die Vereinheitlichung der Fenster in Breite und Aufteilung noch zusätzlich unterstrich. Besonders auffällig war die Veränderung des Satteldaches. Sein hoher First verschwand zugunsten einer niedrigeren, Seitenschiffe und Turmkapellen durch abgewalmte Querdächer betonenden Konstruktion mit Schieferdeckung, die den Gegensatz zwischen Langhaus und Chor nahezu aufhob. Der Dachreiter wurde auf das Chorende verschoben. Auch am Turm fand eine Korrektur mit strengerer Komposition der Fenster und Geschosse statt, wobei die Westfassade durch einen übergiebelten und von Glasurschichten sowie tiefem profiliertem Gewände betonten, flachen Portalvorbau bereichert wurde *(Abb. 34).*

Die seitdem äußerlich wie ein Neubau des späten 19. Jahrhunderts wirkende Nikolaikirche hat nach ihrer Zerstörung im Zweiten Weltkrieg beim Wiederaufbau mit der einstigen Dachform wenigstens ein wesentliches Merkmal zurückbekommen. Dagegen ist die Turmgestaltung infolge des Verzichts auf die Ecktürmchen vereinfacht worden. Der am stärksten betroffene Chor wurde durch einen in den Abmessungen gleichen, jedoch in der Fensterausbildung bewußt modernen Bauteil ersetzt. Heute sind die neugotischen Partien an der Nordseite, wo auch die damals erneuerte Sakristei bestehen blieb, ferner an Westfront und Turm am besten erhalten. Von ihnen heben sich die wiedererrichteten Teile durch ihre gewollte Schmucklosigkeit ab, was besonders an den Giebelflächen der Turmseitenkapellen deutlich wird.

Das Innere und seine Ausstattung

Im Gegensatz zu den zahlreichen älteren Außenansichten von St. Nikolai stammt die früheste Wiedergabe des Innenraumes erst aus dem 19. Jahrhundert. Die hier festgehaltenen Einzelheiten vermitteln jedoch ein genaues Bild von Architektur und Ausstattung der alten Kirche. So schildert die nach 1842 von Theodor Rehbenitz gefertigte lavierte Bleistiftzeichnung das Innere während eines Gottesdienstes, gesehen von der südlich der Orgel

Abb. 35 Nikolaikirche. Inneres nach Nordosten. Lavierte Bleistiftzeichnung von Theodor Rehbenitz, 1842

Abb. 36 Nikolaikirche. Inneres nach Osten. Bleistiftzeichnung, um 1850

liegenden Sängerempore *(Abb. 35)*. Durch die vielen Staffagefiguren der Kirchenbesucher, die im Gestühl sitzen, die Emporen bevölkern und die Schiffe entlang schreiten, wirkt das Bild ungemein erzählend. Neben diesem Szenarium hielt der Künstler aber die unverwechselbaren Merkmale fest, so in erster Linie natürlich die dreischiffige Hallenraumform mit den übereck gestellten achtseitigen Freipfeilern, deren Kantenstäbe sich oberhalb der Kapitellwulste in den Rippen der Kreuzgewölbe fortsetzen. Den Pfeilern entsprechen die Wandvorlagen in den Seitenschiffen, an der Nordseite ist der ältere einbezogene Wandpfeilerrest aus der ersten Bauphase zu sehen. Wände und Wölbung sind einfarbig gekalkt, und in der Bogenzone des vermauerten Fensters an der Ostwand des südlichen Seitenschiffs werden die festgehaltenen Renovierungsdaten 1790, 1819 und 1842 lesbar. Auch eins der breiten, dreibahnig geteilten Langhausfenster erscheint an der linken Seite.

Zur präzisen Darstellung der Architektur gesellt sich die detaillierte Schilderung der Ausstattungsstücke. Beherrschend füllt das in sich unterteilte Kastengestühl gleichmäßig alle Schiffe, in denen nur schmale Durchgänge bleiben. Es wird ergänzt durch die Logen entlang der südlichen Außenwand sowie die zusätzlich Platz bietenden zahlreichen Emporen, eine durchgehend im nördlichen Seitenschiff, eine zweigeschossige in logenartiger Ausführung an der Stirnseite des südlichen Seitenschiffs sowie den Professorenchor, dessen Brüstung in letzteres hineinragt. Natürlich erscheinen auch die Hauptstücke, so der gesamte Aufbau der barocken Kanzel von 1705, auf welcher der predigende Pastor steht, die Abschrankung des Chores mit der 1602 errichteten Sängerempore und darüber das Triumphkreuz von 1490 sowie angedeutet der Hochaltar im Chorhaupt. Im übrigen sind Epitaphien, links das Epitaph Clausen von 1608, rechts ein nicht mehr existierendes, einarmige Wandleuchter und eine der großen Hängekronen im Mittelschiff zu sehen.

Die Genauigkeit, mit der Rehbenitz den Innenraum von St. Nikolai zeichnete, bestätigt der Vergleich mit einer wohl um 1850 entstandenen weiteren Bleistiftzeichnung, die den Blick nach Osten durch alle Schiffe zeigt (Abb. 36). Wieder tauchen sämtliche wichtige Ausstattungsstücke auf, zusätzlich die Gemäldeepitaphien Bodker (um 1598) im nördlichen und Mauritius (1605) im südlichen Seitenschiff. An den dem Mittelschiff zugewandten Flächen des Kanzelpfeilers ist eine rahmende barocke Draperiemalerei um die Kanzel zu erkennen. Außerdem wird durch die spätgotische Vergitterung der Lettnerschranke der im Chor über dem an der Südwand aufgestellten Taufbecken hängende barocke Deckel sichtbar.

Beide Bilder ergänzt das älteste bisher bekannte, etwa um 1870 gemachte Foto, das wiederum das Mittelschiff nach Osten von erhöhtem Standpunkt zeigt (Abb. 37). Neu sind die wohl inzwischen eingebrachten hölzernen Sicherungsanker in allen Schiffen sowie im Chor, die den unzureichenden statischen Zustand des Bauwerks verdeutlichen. Außerdem haben die vielen, wie zufällig an allen Pfeilern angeordnet gewesenen barocken Wandleuchter neuen dreiarmigen Leuchtern Platz gemacht.

Auch vom Chor gibt es ein Aquarell unbekannter Herkunft aus dem Jahre 1817 (Abb. 38). Hier erscheinen die zweibahnigen hohen Fenster im unteren Teil zugemauert, da in dieser Zone von außen die Grabkapellen anstoßen. Das Südfenster im ersten Joch ist wohl gegen die Einstrahlung auf den Hochaltar mit einer nicht völlig heruntergezogenen Sonnenblende versehen. Der Fußbodenbelag besteht aus Platten, in der Mitte liegen große ältere Grabsteine. Bestimmend steht der geöffnete Flügelaltar im Chorpolygon. Ihm in der Mitte aufgesetzt waren damals der heute noch erhaltene ehemalige Nebenaltar aus dem 15. Jahrhundert sowie das kurz nach 1400 entstandene kleine Kruzifix. Unmittelbar nördlich daneben hängt das bei den Bombenangriffen untergegangene Epitaph Anna Pogwisch von 1700. An den Wänden stehen barocke Logen und gotisches Chorgestühl. Rechts vorn erscheint die 1344 gegossene Bronzetaufe auf dem von einem schmiedeeisernen barocken Gitter

Abb. 37 Nikolaikirche.
Inneres nach Osten.
Foto um 1870

Abb. 38 Nikolaikirche. Chor nach Osten. Aquarell, 1817

Abb. 39 Nikolaikirche. Mittelschiff nach Osten. Foto während der Instandsetzungsarbeiten. Zustand etwa 1883/84

umgebenen, erhöhten Unterbau, darüber hängt der hölzerne Taufdeckel.

Im ersten Band der „Bau- und Kunstdenkmäler der Provinz Schleswig-Holstein" von 1886 erscheint ein Foto des Inneren nach Osten mit dem Hinweis „vor Abschluß der Erneuerung" *(Abb. 39)*. Merkwürdigerweise wurden einige hier zu entnehmende wichtige Hinweise bisher nicht weiter registriert. Zunächst fällt der Zwischenzustand auf. Der Chor besitzt bereits die neugotischen Fenster. Im Mittelschiff zeigen sich an den Gewölben zum Teil stärkere Schäden. Der Fußboden des Mittelschiffs besteht aus in Längsrichtung verlegten, teilweise abgesunkenen Grabplatten. Ein Teil der Ausstattung ist schon entfernt, so die Lettnerschranke mit der Empore, das Gestühl im Chor, wo der Taufkessel ohne Unterbau und Deckel vor dem noch mit Aufsatz versehenen Altar steht. Schon vom Chor an die Ostwand des nördlichen Seitenschiffs versetzt erscheint das Pogwisch-Epitaph. Das Triumphkreuz befindet sich noch am alten Platz. Der begonnene Abbau des Kastengestühls wird im Fehlen der Türen deutlich. Möglicherweise entstand das Foto 1883/84. Ende 1882 war die äußere Wiederherstellung abgeschlossen, die Erneuerung des Inneren begann im April 1884.

Abb. 40 Nikolaikirche. Inneres nach der neugotischen Wiederherstellung. Foto 1941

Die neue innere Durchgestaltung verwandelte den bis dahin durch seine Vielfalt so lebendig wirkenden Kirchenraum vollkommen, obwohl die wertvollsten Ausstattungsstücke geblieben waren. Der Grund hierfür lag zweifellos in der die bisherigen Zufälligkeiten bereinigenden Gesamtordnung. Das alte „geschmacklose und unbequeme Gestühl" machte einheitlichen Bankreihen Platz, die auf neu verlegtem, ebenem Plattenfußboden standen, in den Seitenschiffen erfolgte der Einbau neuer Emporen, auch die Orgelempore erfuhr eine Vergrößerung, im Chor fand das stark ergänzte Chorgestühl mit zusätzlichen Plätzen Aufstellung. Mit Beseitigung der Trennung zwischen Langhaus und Chor entfielen auch die Kirchensitze an den Stirnwänden der Seitenschiffe, das Triumphkreuz kam über den weiter in den Chorraum vorgerückten Altar. Die Taufe erhielt ihren Platz nun nördlich der Stufen zum Chor. Schließlich vereinheitlichte die etwas düster wirkende schablonenhafte Ausmalung des gesamten Kircheninneren zusammen mit der neugotischen farbigen Fensterverglasung die einzelnen Raumteile und ließ den Eindruck einer perfekt durchgestalteten neuen Kirche aufkommen *(Abb. 40)*.

Das mit dem Wiederaufbau entstandene weiß getünchte Kircheninnere von heute hat mit dem bis zur Zerstörung vorhanden gewesenen nichts Gemeinsames mehr. Pfeiler und Gewölbe als raumbestimmende Architekturteile sind nicht mehr vorhanden. Die in Anlehnung an die ursprüngliche Schiffsteilung eingebrachten schlanken Betonstützen setzen sich auch im neu aufgerichteten Chor fort und lassen diesen damit viel schmaler wirken. Die kassettierte Flachdecke über Langhaus und Chor zieht beide Raumabschnitte zusammen und ist ohne Bezug zu den an den Außenmauern noch erhaltenen Resten der ehemaligen Wand- und Gewölbeglieder *(Abb. 41)*. Nur in der hohen Turmhalle, deren gotisches Kreuzgewölbe die Schäden unversehrt überdauerte, blieb die alte Raumform greifbar. Im Durchgang zur südlichen Turmseitenkapelle, der jetzigen Pommernkapelle, kamen 1947 Reste von Wandmalerei zum Vorschein, die unter später aufgebrachten Tünch- und Putzschichten lagen. Es handelt sich um Szenen der Legende von der Auffindung des Kreuzes Christi; die Malerei schmückte einst den Zugang zu der Anfang des 15. Jahrhunderts hier gebauten Heilig-Kreuz-Kapelle *(Abb. 42)*. Im übrigen sind durch die Unterteilung der nördlichen Turmkapelle sowie die Umführung der neuen Orgelempore in das nördliche Seitenschiff hinein auch im Westteil des Langhauses neue Verhältnisse geschaffen worden. Unverändert blieb nur das Innere der erhaltenen neugotischen Kapellen am Chor.

Das neue Raumbild lebt vor allem vom Glanz der in ihm als Einzelkunstwerke wirkenden Ausstattungsstücke *(Farbtafel II)*. Der prächtige Flügelaltar im Chor, das wieder am Übergang vom Langhaus zum Chor angebrachte Triumphkreuz, die im Ostjoch des nördlichen Seitenschiffs aufgestellte Taufe, die nun am östlichen Langhauspfeiler der Südseite befestigte Kanzel, deren Aufgangstür jetzt als Kapellenportal dient, Epitaphien, Pastorenbilder und Leuchter halten die Geschichte der Nikolaikirche wach. Die farbigen Glasfenster der Gegenwart, die neuen Orgeln und weitere, nach dem Wiederaufbau entstandene Ausstattungsteile führen die Tradition fort.

Zu den Ausstattungsstücken

Die Ausstattung der Nikolaikirche ist in vielen Veröffentlichungen schon eingehender behandelt worden. In diesem Rahmen kann nur ein kurzer Überblick gegeben werden, doch wird daraus ersichtlich, daß die Zeugnisse künstlerischer Tätigkeit zugleich Gemeindegeschichte dokumentieren und an Künstler, Stifter und Gemeindeglieder erinnern.

Die stets Veränderungen, Erneuerungen und Auswechselungen unterworfen gewesene Inneneinrichtung hat im Laufe der Zeit viele Kunstwerke wieder verloren, insbesondere die aus den frühen Jahren. So vertritt die von dem Gießer Johann Apengeter 1344 gefertigte, von Kieler Familien gestiftete großartige Bronzefünte, die in einer Reihe mit den vom gleichen Meister gegossenen Taufkesseln in Wismar (um 1335) und in Lübeck (1337) steht und zu den frühesten Vertretern dieser Gattung in Schleswig-Holstein gehört, als einziges Ausstattungsstück die Anfangszeit. Der auf vier aufrecht sitzende Löwen gestellte Kessel zeigt in zwei durch einen Wappenstreifen geteilten Reliefreihen szenische Darstellungen aus dem Marienleben unten und aus dem Leben Christi oben. Als Ersatz für den verlorengegangenen älteren Taufdeckel kam der als offene Laterne geschnitzte hölzerne aus dem frühen 17. Jahrhundert dazu *(Abb. 43)*.

Mehrere Ausstattungsgegenstände stammen aus dem 15. Jahrhundert. An erster Stelle ist hier der 1460 datierte Doppelflügelaltar, der zu den am besten erhaltenen Beispielen dieses Typs im Lande zählt, zu nennen. Er kam jedoch erst 1541 aus der

Abb. 41 Nikolaikirche. Inneres nach Westen

Abb. 42 Nikolaikirche. Reste gotischer Wandmalerei im Durchgang zur südlichen Seitenkapelle, Anfang 15. Jh.

Abb. 43 Nikolaikirche. Bronzetaufe und Taufdeckel; im Hintergrund ehemaliges Portal der Kanzeltreppe

nach der Reformation in einen protestantischen Predigtraum umgewandelten ehemaligen Franziskanerklosterkirche hierher. So erscheinen auf den gemalten Außenseiten in geschlossenem Zustand auch sechs in einer Reihe stehende Franziskanerheilige. Geöffnet zeigt der Schrein mit den Innenseiten der inneren Flügel reich geschnitzte Reliefs: im durchgehenden Mittelfeld die Kreuzigung mit der im Vordergrund knieden Familie des Stifters Johann von Ahlefeldt *(Farbtafel III)*, beiderseits davon in zwei Reihen zu je fünf Feldern Szenen aus dem Leben Mariae und Jesu unten und darüber aus der Passionsgeschichte, jeweils abgeschlossen durch maßwerkverzierte Baldachinreihen. Die rundbogigen Arkaden in der Predella enthalten halbfigurig gearbeitete Propheten. Bei den Szenen agieren die Figuren vor in Flachrelief ausgearbeiteten, als Architektur oder Landschaft gegebenen Hintergründen *(Abb. 44)*. Der geschlossene Mittelschrein bietet mit geöffneten Außenflügeln die bemalte zweite Ansicht mit wiederum zweizonig durchlaufenden Bildern, insgesamt vier auf jedem Flügel, also acht oben und unten, die Darstellungen aus dem Alten Testament enthalten *(Farbtafel IV)*. Nach neueren Forschungen gilt es als wahrscheinlich, daß die Schnitzarbeit, deren originale Bemalung weitgehend bewahrt blieb, lübischer Herkunft ist. Auch die Malerei mit den sorgfältig ausgeführten Landschaftshintergründen und Innenräumen deutet neben den Einflüssen altniederländischer Meister auf Beziehungen zu Lübeck. Vermutlich wurde das Flügelretabel dort geschaffen.

Aus der Reihe der einst vorhandenen zahlreichen Nebenaltäre blieb nur einer übrig, der kleine Flügelaltar mit dem Relief der Taufe Christi zwischen zwei Heiligenfiguren. Die knittrige Gewandbehandlung weist ihn als Werk des späten 15. Jahrhunderts aus. Als zugehörige Malerei finden sich noch die Heiligenfiguren der Flügelaußenseiten, die Innenseiten wurden in barocker Zeit mit den Evangelisten neu bemalt.

Kurz nach 1400 dürfte der kleine Kruzifixus gearbeitet worden sein, der sich wie der Nebenaltar

Abb. 44 Nikolaikirche. Flügelaltar in geöffnetem Zustand

Abb. 45 Nikolaikirche. Kanzel von Theodor Allers, 1705 aufgestellt; rechts Hängeleuchter von 1661; im Hintergrund Fenster von Heinz Lilienthal, 1956, mit der Darstellung „Christus rettet Petrus aus dem Meer"

in der nördlichen Kapelle neben dem Chor befindet. Das mächtige Triumphkreuz mit der überlebensgroßen Figur des Gekreuzigten wurde 1490 in der Kirche angebracht. An den Enden des von Kreuzblumen dekorativ umzogenen Balkenkreuzes enthalten konkav einschwingende Sechseckfelder die gemalten Evangelistensymbole *(Abb. 17)*.

In der Renaissancezeit entstand das einzige noch verbliebene alte Gestühl, das sog. Rantzaugestühl von 1543 mit reich geschnitzten hohen Seitenwangen. Auf der linken erscheinen über der Szene des Sündenfalls das Wappenschild mit den Leidenswerkzeugen Christi, oben ein weiteres Wappen mit Nixe, die rechte Seite zeigt drei Reliefs: unten die Opferung Isaaks, in der Mitte die Kreuzigungsgruppe und oben Gottvater mit Weltkugel und der Taube des Heiligen Geistes.

Die barocke Kanzel geht auf eine Stiftung zurück, die Henning von Wedderkop 1705 der Kirche vermachte. Sie ist ein Werk von Theodor Allers, des Hofbildhauers von Herzog Christian Albrecht. Den Kanzelkorb trägt die Statue des die Gesetzestafeln haltenden Moses. Die Aufteilung in von Säulen flankierte Nischen, in denen die Statuetten der Apostel stehen, setzt sich an der Brüstung des geschwungenen Aufgangs fort, wobei die Architekturteile von üppigem Akanthusblattwerk umspielt werden. Auf dem Schalldeckel erhebt sich der auferstandene Christus über einer aus Engeln und Putten gebildeten Figurengruppe, in welcher auch die Stifterwappen erscheinen *(Abb. 45)*. Das zur Kanzeltreppe gehörige Portal, heute am Eingang der nördlichen Chornebenkapelle, trägt auf seinem Aufsatz die allegorischen Statuetten „Glaube", „Liebe" und „Hoffnung" *(Abb. 46)*.

Von den vielen Epitaphien, die Pfeiler und Wände der alten Kirche schmückten und an ihre Stifter gemahnten, sind die meisten untergegangen, zuletzt bei der Zerstörung 1944. An den erhaltenen, die sämtlich in Holz gearbeitet wurden, läßt sich die zeitunterworfene Gestaltung dieser Gedächtnismale ablesen. So handelt es sich bei dem 1573 geschaffenen Epitaph Telemann um ein großes Gemälde auf Holz, das von einem schlichten beschrifteten Rahmen umgeben ist und eine Darstellung des Jüngsten Gerichts zeigt. Aufwendiger hinsichtlich der Rahmung wirkt das um 1598 entstandene Epitaph Bodtker, wo das Leinwandbild mit der Grablegung Christi, eine Kopie nach dem Gemälde des Italieners Fredrico Barocci von 1582, unter einem auf Säulen ruhenden Gebälk liegt, dessen ehemaliger Giebelaufsatz ebenso wie der Unterhang fehlt. Eine ornamental reich verzierte Einfassung besitzt das Epitaph Mauritius von 1604 mit dem

Abb. 46 Nikolaikirche. Ehemaliges Portal der Kanzeltreppe am Eingang zur nördlichen Chornebenkapelle

Leinwandgemälde des unter dem Gekreuzigten knienden Pastorenehepaares; hinter dieser Gruppe öffnet sich der Blick in eine Landschaft. Die volle Pracht des Epitaphs der Spätrenaissance wird am Epitaph Clausen von 1608 deutlich, wo der von Beschlagwerkornamentik dekorativ überzogene dreigeschossige Architekturaufbau im Hauptfeld das Relief mit der Kreuzigungsszene enthält. Das einst dem unteren Reliefabschnitt vorgestellte Tafelbild mit der Stifterfamilie hängt heute neben dem Epitaph *(Farbtafel V)*. Im letzten Viertel des 17. Jahrhunderts entstand das Epitaph des Hauptpastors Friedrich Jessen, ein ovales Halbporträt mit breiter Akanthusrankenrahmung. Dagegen blieb vom Epitaph des 1681 verstorbenen Bürgermeisters Johann von Lengerke nur noch das auf Holz gemalte Halbporträt mit Inschrift innerhalb eines als Lorbeerkranz ausgebildeten schmalen Rahmens mit Wappen. Die zugehörige voluminöse Rahmung aus Akanthuslaubwerk wurde bei der neugotischen Renovierung entfernt.

Aus barocker Zeit stammen die beiden großen Kronleuchter. Der reichere von 1638 weist zwischen den beiden Lichterreihen eine mit den Statuetten von Christus und den Aposteln versehene Zierarmreihe auf und wird von einem Pelikan bekrönt *(Abb. 47)*. Nur eine Lichtarmreihe besitzt der andere, der 1661 gegossen wurde und die Statuette des Heiligen Nikolaus trägt. Lediglich einer der früher in der Kirche angebrachte gewesenen Wandleuchter findet sich noch an der Stütze gegenüber der Taufe. Der dreiteilige Lichterarm von 1655 zeigt an seinem verschlungen ausgebildeten Halter den gegen den Drachen anreitenden Heiligen Georg.

Kennzeichnend für die neue Ausgestaltung nach dem Wiederaufbau sind vor allem die von verschiedenen Künstlern geschaffenen farbigen Fenster. Heinz Lilienthal, Bremen, lieferte die Entwürfe mit biblischen Darstellungen für die Fenster im Langhaus: Christus rettet Petrus aus dem Meer (1956), Durchzug durch das Rote Meer (1977), Schöpfung *(Farbtafel VI)*, Himmlisches Jerusalem und Taufe des Kämmerers aus dem Morgenland (alle 1986). Von Siegfried Assmann, Großhansdorf, stammt das dem Theologen Claus Harms gewidmete Fenster in der nördlichen Turmnebenkapelle (1959), während die 1957 eingesetzten Fenster der Pommernkapelle von Lotte Usadel gestaltet wurden. Sie zeigen den gekreuzigten Christus inmitten auf der Flucht befindlichen Menschen sowie die Stettiner Jakobikirche. In dieser wirkte Carl Löwe (1796–1869) als Organist. Für sein auf dem untergegangenen St. Jürgenfriedhof einst angelegtes Grab ist hier ein Gedenkstein gesetzt worden.

Der 1954 an der Nordwestecke der Kirche aufgestellte „Geistkämpfer", den Ernst Barlach 1928 für die Heiligengeistkirche geschaffen hatte, fand hier einen vergleichbaren Platz *(Abb. 54)*. Dieses Werk steht heute stellvertretend für das im Kriege vernichtete, vom gleichen Künstler 1921 gearbeitete Relief vom Mahnmal für die Toten des Ersten Weltkrieges im Chor als Zeugnis der Kunst der Zeit zwischen beiden Kriegen *(Abb. 14)*.

Abb. 47 Nikolaikirche. Hängeleuchter, 1638

Literatur

J. Habich: Die Nikolaikirche zu Kiel. München/Berlin 2. Aufl. 1983.
R. Haupt: Die Bau- und Kunstdenkmäler der Provinz Schleswig-Holstein Bd. I. Kiel 1887.
Die Nicolaikirche in Kiel. Ein Gedenkblatt ihrer Restauration in den Jahren 1878–1884. Kiel 1884.
K. Thiede: St. Nikolai in Kiel. Ein Beitrag zur Geschichte der Stadtkirche. Kiel 1960.

Quellen

Landesamt für Denkmalpflege Schleswig-Holstein
Unveröffentlichtes Inventarmanuskript der Stadt Kiel [nach 1935]

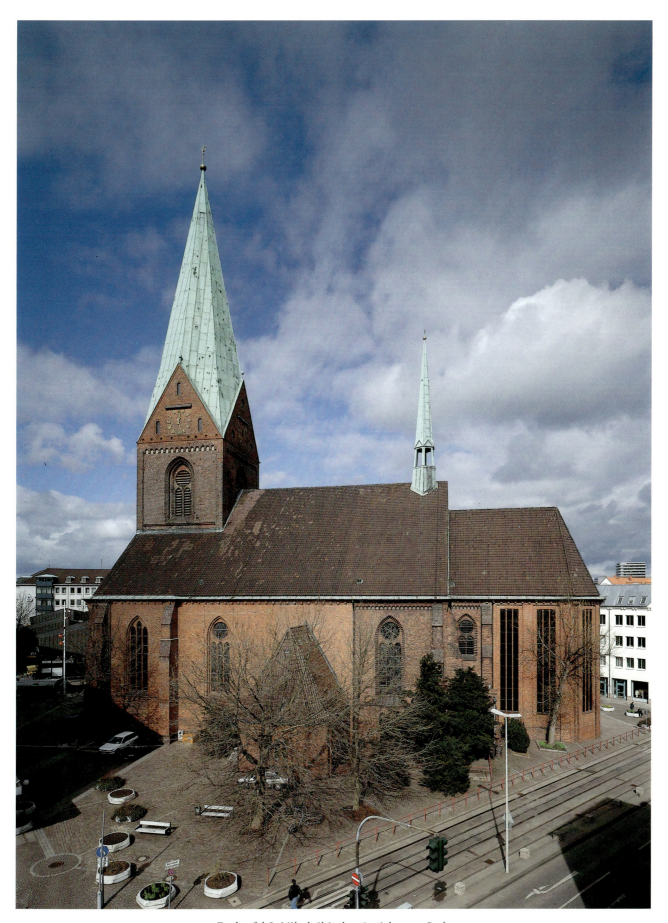

Farbtafel I Nikolaikirche. Ansicht von Süden

Farbtafel II Nikolaikirche. Inneres nach Osten

Farbtafel III
Nikolaikirche. Geschnitzte
Innenseiten des Altars, 1460

Farbtafel IV
Nikolaikirche. Bemalte
Flügelseiten des Altars, 1460

Farbtafel V Nikolaikirche. Epitaph Clausen, 1608

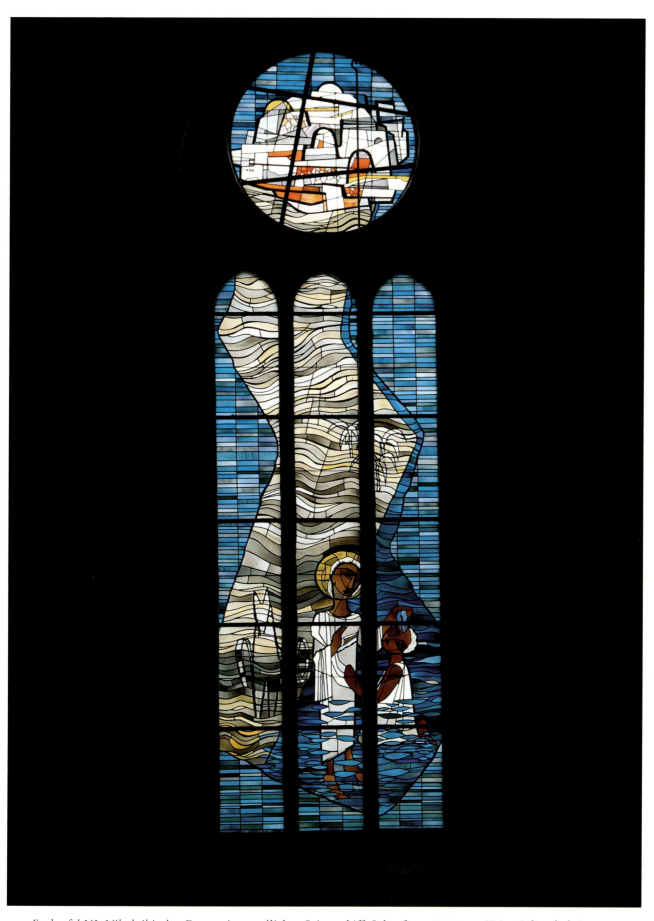

Farbtafel VI Nikolaikirche. Fenster im nördlichen Seitenschiff; Schöpfung, 1986 von Heinz Lilienthal, Bremen

Farbtafel VII Maria-Magdalenen-Kirche, Elmschenhagen. Innenansicht

Farbtafel VIII St. Georg- und Mauritius-Kirche, Flemhude

Farbtafel IX Marienkirche, Schönkirchen

Kloster und Kirche Heiligengeist

Wolfgang Teuchert

Am 15. Dezember 1943 und später noch im Sommer 1944 leisteten Bomben und Brände gründliche Arbeit: Kirche und Kloster zum Heiligen Geist in der Nähe des Marktes, ursprünglich ein Bettelmönchskloster der Franziskaner, wurden fast gänzlich zerstört. Nur noch wiederaufgebaute Reste erinnern an diese einst bedeutsame kirchliche Stätte und ihr wechselvolles Schicksal. Daß sich auf dem davorliegenden buschbestandenen Rasenplatz zwischen Falckstraße und Haßstraße der rote steilbedachte Baukörper der Klosterkirche erhob, daran können sich nur noch ältere Kieler erinnern. In ihrem letzten Zustand vor der Zerstörung freilich entsprachen Kirche und die ihr angeschlossenen Bauten weitgehend nicht mehr dem ursprünglichen Aussehen: Jahrhunderte hatten an der Kirche geformt und verändert und die Klosterbauten immer mehr schwinden lassen.

Die Gründung des Klosters in den 1240er Jahren fiel in eine Zeit, da die Bewegung der Bettelmönche, die sich dem urchristlichen Ideal der Keuschheit und Armut verschworen hatten, im 13. Jahrhundert in ganz Europa und auch früh in Holstein Fuß gefaßt hatte; bereits zwei Jahre nach päpstlicher Bestätigung der Ordensregel war es in Lübeck 1225 zur Gründung eines Franziskanerklosters gekommen. Da die Bettelmönche vornehmlich in Städten ihr Betätigungsfeld hatten, war für die Kieler Klostergründung eine wichtige Voraussetzung die Gründung der Stadt selbst, der Graf Johann I. von Schauenburg 1242 das Stadtrecht verliehen hatte. Als eigentlicher Planer und Gründer der Stadt aber gilt sein Vater Adolf IV., der durch Stadt- und Klostergründungen so entscheidend die politische und kirchliche Landschaft Holsteins geformt hatte, und er war auch zugleich Stifter des Kieler Franziskanerklosters. Den Franziskanermönchen ist Graf Adolf IV. auf eine sehr persönliche Weise verbunden geblieben, indem er auf seine Herrschaft verzichtete und in den Franziskanerorden als Mönch eintrat, später auch im Kieler Kloster lebte und in der Kirche seine letzte Ruhestätte fand.

Für das Kloster, von dem kaum mittelalterliche Baudaten bekannt sind, war ein Bauplatz im wirtschaftlich weniger nutzbaren und nicht durch Straßen erschlossenen nördlichen Stadtviertel im Winkel von Haßstraße und Dänischer Straße gewählt worden. Seine Anlage folgte herkömmlichen Mustern des Klosterbaus: Im Süden die ostwestgerichtete Kirche, ihr nördlich angefügt ein vierseitiger Kreuzganghof mit gewölbten Gängen, denen weitere Klosterbauten verbunden waren. Die ziemliche Regelmäßigkeit der Anlage läßt erkennen, daß sie sich nur nach Westen mit schon bestehender Bebauung zu arrangieren hatte (schiefer Grundriß des Refektoriums). 1261 war sie so weit fertiggestellt, daß Graf Adolf darin begraben werden konnte; die endgültige Vollendung wird noch einige Zeit beansprucht haben. Der nach der Ordensregel turmlose Bau war über einem fast quadratischen, nur wenig längsgestreckten Grundriß dreischiffig angelegt und über drei Joche gewölbt. Im Osten schloß die Kirche wahrscheinlich mit einem kleinen, später wieder verschwundenen Rechteckchor, wie er noch auf Braun und Hogenbergs Stadtansicht von 1588 zu sehen ist. Im Kircheninnern dominierte das Mittelschiff nicht nur wegen seiner wesentlich größeren Breite, es war auch um ein Drittel höher als die Seitenschiffe, so daß sich hier glatte Oberwände ausbildeten *(Abb. 48)*. Diese Oberwände aber waren fensterlos und nur durch kantig eingeschnittene Spitzbogenblenden belebt. Dieser besondere Typ einer im Mittelschiff lichtlosen Basilika, Stutzbasilika genannt, ist in Holstein auch für die Klosterkirche in Preetz, die Stadtkirche in Neustadt, in Lübeck für die Jakobikirche und die Aegidienkirche gewählt worden – alles Bauten aus der Zeit um 1300 und später. Bisher galt die Kieler Klosterkirche als das bauliche Vorbild dieser Kirchen, aber nach begründeter neuer Ansicht war sie zunächst als Hallenkirche, also eine Kirche mit drei gleichhohen Schiffen, geplant und erst im 14. Jahrhundert wohl unter dem Einfluß der Preetzer Klosterkirche stutzbasilikal umgebaut worden. Als Hallenkirche läßt sie sich zwanglos etwa der fast gleich großen Kirche in Neustadt vor ihrem Umbau, vor allem aber der benachbarten Nikolaikirche zuordnen, der sie in deren Erstgestalt bei kleineren Abmessungen, aber angenäherten Verhältnissen und unter Übernahme gleicher Bauformen folgte. Darüber hinaus ist noch deutlicher als bei der Nikolaikirche ein Einfluß des großen Hallenbaus der Lübecker Marienkirche in den 1260er Jahren vor ihrem Umbau zur hochgotischen Basilika nachzuweisen.

Abb. 48 Klosterkirche. Das Kircheninnere nach Südosten vor der großen Instandsetzung 1889/91

Spätere Veränderungen der Kirche und des Klosters rühren von häufig gewandelten Nutzungen her. Das klösterliche Leben endete nach der Reformation 1530 mit der Aufhebung des Klosters durch König Friedrich I. von Dänemark und seiner Übereignung an die Stadt; verbliebenen Mönchen war ein lebenslanges Wohnrecht zugestanden. Zunächst Schule, diente es dann den Stiftungen des Heilig-Geist-Hospitals und 1555 auch des Gasthauses in der Holstenstraße als Unterkunft, bis sich 1665 die neugegründete Universität im Kloster einrichtete und die Stiftungen an das Kütertor verlegt wurden. 1562 wurde die Kirche, in der nun wieder Gottesdienste stattfanden, in Anlehnung an die Stifte in Heiligengeistkirche umbenannt. 1768 zog die Universität um; für den Neubau in der Kattenstraße (im Zweiten Weltkrieg zerstört) hatte man den größten Teil der Klosterbauten abgebrochen und als Baumaterial gebraucht. Die Kirche diente von der Mitte des 18. Jahrhunderts bis 1868 als Garnisonkirche und ab 1872 in der rasch wachsenden Stadt einer der neugegründeten Pfarrgemeinden, die schließlich 1923 in die 1880 als Marinegarnisonkirche erbaute Pauluskirche überwechselte, aber den Namen Heiligengeistgemeinde behielt. 1887 ging der Kirchenkomplex von der Stadt in das Eigentum der Kirchengemeinde über. Bis zu ihrer Zerstörung wurde sie für den Universitätsgottesdienst und für besondere Veranstaltungen genutzt.

Das Verhältnis der Kieler Bürger und der Institutionen zur Heiligengeistkirche ist als eine Mischung von Vernachlässigung durch die Institutionen und liebevoller Zuwendung und Aneignung durch die Bürger zugleich zu umschreiben. Vernachlässigung insofern, als die Quellen von einer Reihe Bauschäden berichten. So stürzte 1598 ein Teil der Kirche ein – vielleicht der gotische Chor, und der schlimmste Schaden traf sie 1729 durch den Einsturz der Gewölbe des nördlichen Seitenschiffes, das dann bis 1890 flachgedeckt blieb. Vom Kircheninnern hieß es 1827: „Außen den Stühlen war der Fußboden im Alten Chor so versunken und bestand aus solchen Bruchstücken von Leichensteinen, daß der Prediger nur mit Gefahr die Kanzel erreichen konnte, auch waren die Bänke der Zuhörer nicht mehr zum Stehen zu bringen [...]." Und 1837: „[...] die Wände sind schmutzig, die Stühle ohne Farbe, einzelne der letzteren mit neuem Holze ausgebessert, beleidigen auch das unästhetische Auge und solchergestalt bedarf das ganze Innere der Kirche einer Aufmunterung."

Am Außenbau siedelten sich wohl schon vom Ende des 16. Jahrhunderts an bis ins 18. Jahrhundert hinein kleine Grabkapellen an, die schließlich zusammen mit einem Vorhaus im Süden einen an drei Seiten fast geschlossenen Kranz um die Kirche bildeten *(Abb. 49)*. Auch das Kircheninnere diente als Begräbnisstätte; ein Plan von 1790 verzeichnet eine fast durchgehende Belegung des ganzen Fußbodens – ganz sicher ist hierin ein Grund für die Einstürze zu sehen. Solche bevorzugten Grabplätze in Kapellen oder der Kirche konnten sich nur besitzender Adel oder vermögendere Bürger leisten.

Im Innern suchte man sich nach und nach im Sinne einer protestantischen Predigtkirche einzurichten. Von einem Teil der mittelalterlichen Ausstattung der zunächst funktionslosen Mönchskirche trennte man sich. Den materiell wertvollsten Bestand, das Kirchensilber, darunter 15 Kelche, zog – und dies sicher nicht zur Freude der Kieler – 1530 der Gottorfer Hof ein, von wo es nach Kopenhagen gelangt sein wird. Das „neue" (aber noch mittelalterliche) Gestühl wurde 1541 in den Chor der Nikolaikirche überführt, doch blieb ein einfaches spätgotisches Chorgestühl in der Heiligengeistkirche erhalten, das im Osten des Mittelschiffes den Altarraum umgrenzte. Vermutlich mit dem Gestühl gelangte auch das liturgische und künstlerische Hauptstück, der doppelflüglige Aufsatz des Hochaltars von 1460, in die Nikolaikirche, wo er noch heute in gleicher Funktion dient. Seine Stelle nahm ein kleinerer spätgotischer Kreuzigungsaltar von 1506 ein, bis er im 18. Jahrhundert durch einen barocken Aufsatz protestantischer Art mit einer Abendmahlsdarstellung als Hauptgemälde ersetzt wurde. Von der alten Ausstattung blieb selbstverständlich ein recht großes Triumphkreuz ähnlich dem in der Nikolaikirche, das in Altarnähe hing, doch in den Jahrzehnten nach 1900 verlorenging. Zur weiteren Ausstattung trugen Stiftungen bei. Bereits 1558 stiftete Bürgermeister Cörper eine stattliche Kanzel als unabdingbares Ausstattungsstück jeder protestantischen Kirche, und dies war sicher veranlaßt durch den Einzug der Stifte ins Klosterareal. Den abgeräumten Tisch des Herrn bereicherten Margarete und Jürgen von Ahlefeldt 1559 um zwei große, noch heute erhaltene Messingleuchter; Angehörige des Geschlechtes der Ahlefeldt sind sowohl in klösterlicher Zeit wie später dieser und der Nikolaikirche mit Schenkungen verbunden geblieben. Von recht unbekümmerter Fürsorge zeugt die Zuweisung eines Kelches, einer Patene und eines großen Schrankes, alles Beute aus dem Feldzug gegen die Dithmarscher und aus dem Meldorfer Dom bzw. aus dem Kloster dort geraubt. Der Glanz fürstlicher Huld fiel auf die Kirche durch die Stiftung einer Kanzel 1761 von Karl Peter Ulrich, dem russischen Thronfolger aus gottorfischem Hause, der ja in Kiel seine Kindheit verlebt hatte. Wie jüngst festgestellt, schuf die hölzerne Kanzel der Eutiner Hofbildhauer Johann Georg Moser. Beziehungen zum Gottorfer Hofe bestanden schon früher, denn in einem Verzeichnis aus dem späteren 17. Jahrhundert werden der Fürstenstuhl (sicher für Herzog Christian Albrecht), fürstliche Frauenstühle und des Präsidenten Kielmanns Stuhl in der Kirche aufgeführt. Außer diesen sicher aufwendiger gestalteten Stühlen, unter denen mehrsitziges Gestühl zu verstehen ist, gab es ebenerdig in Einzelblöcken zusammengefaßtes Gemeindegestühl. Es war ebenso wie Emporen im Westen und Süden vornehmlich auf die Kanzel hin, die am nordwestlichen Pfeiler stand, ausgerichtet. Außerdem gab es in der Kirche hängende oder aufgeständerte Logen. Die Quellen berichten ferner von einem Taufengel, wie er im 18. Jahrhundert in Schleswig-Holstein allgemein als Taufgerät beliebt war, einer kleinen Orgel, von Epitaphien aus dem 16. und 17. Jahrhundert, vielen Gemälden und Pastorenbildern, Grabplatten, Harnischen und aufgehängten Fahnen aus der Dithmarscher Beute.

Wenn auch diese Ausstattung erst nach und nach zusammengekommen ist und manches wieder verschwunden sein wird wie die vergänglichen Fahnen, wird die Kirche schließlich ein Bild geboten haben wie viele Kirchen unseres Landes: Liebenswert durch den Reichtum ihrer Ausstattung, voll von privaten Zeugnissen der Frömmigkeit und damit ein wahres Geschichtsbuch ihrer Gemeinde, aber auch ein wenig ungeordnet und ständisch geprägt durch die Unterschiedlichkeit von Aufwand und Standort der im privaten Eigentum befindlichen Gestühlsstände, und das galt ähnlich auch für die äußere Erscheinung der Kirche mit ihren privaten Kapellen.

Alledem machte die grundlegende Instandsetzung der Kirche durch den Stadtbaudirektor C. W. Schweitzer 1889–1891 ein Ende, zu der es nach mehreren Anläufen gekommen war. Die schon geschilderten Mißstände in der Kirche, die durch eingebrochene Grabgewölbe geschwächte Nordwand, die gefährdeten nördlichen Freipfeiler erforderten eine bauliche Sicherung, wenn man, wie auch erwogen, die Kirche nicht ganz abbrechen wollte. Die Baumaßnahmen gingen darüber hin-

Abb. 49 Klosterkirche. Außenansicht von Südosten vor der großen Instandsetzung 1889/91. Die Kirche ist nach heutiger Bebauung etwa von der Ecke Dänische Straße/Falckstraße aus gesehen

aus: Wie schon Stadtbaurat Martens 1871 vorgeschlagen hatte, wurde nach Erneuerung des nordwestlichen Pfeilers die Einwölbung des nördlichen Schiffes rekonstruiert und das Mittelschiff um einen Chor von geringer Tiefe verlängert. Das Äußere verwandelte sich nach Abbruch aller Kapellen und unter gänzlicher Neuverblendung und Überformung in einen stilreinen neugotischen Bau *(Abb. 50)*, dessen Regelhaftigkeit zuliebe man sogar zusätzliche, statisch unnütze Strebepfeiler angefügt hatte; das neue dreiteilige Dach ließ außerdem den Bau wie eine Basilika erscheinen.

Weniger einschneidend waren außer den schon genannten Maßnahmen die baulichen Veränderungen im Innern. Doch schufen Egalisierung der Formen und zimmerglatter Putz in Verbindung mit neuer Ausstattung sowie einer Ausmalung von 1908 etwas Neues *(Abb. 51)*: ein Gesamtkunstwerk, das unter Einbeziehung gotischer, strahlend neu gefaßter Ausstattungsstücke, nämlich des Flügelaltars und des allerdings nach Westen verbannten Triumphkreuzes, eine ferne Vergangenheit spiegelte, damit aber in seiner Perfektion den Atem der Geschichte kaum noch spüren ließ. In dieses Erscheinungsbild des Kirchenraumes fügt sich zwanglos ein, daß in den Oberlichtern der Eingangstüren im Süden und Westen Graf Adolf IV. als Sieger der Schlacht von Bornhöved, wo er der Sage nach die Gründung des Klosters beschworen haben soll, aber auch als Befreier von der Dänenherrschaft und als Mönch und Gründer des Klosters dargestellt wurde. Bleibt noch zu bemerken, daß dank einer Stiftung des Oberkonsistorialrates Florschütz 1908 der Kirchenraum um eine Bronzetaufe von Adolf Brütt, ein Werk von origineller Erfindung, bereichert wurde *(Abb. 52)*.

Abb. 50 Klosterkirche. Das Äußere nach der Instandsetzung durch Stadtbaudirektor C. W. Schweitzer 1889/91; Südostansicht

Abb. 51 Klosterkirche. Das Kircheninnere nach Osten nach der großen Instandsetzung von 1889/91 und der Ausmalung von 1908

Durch ihren äußeren Umbau und die Veränderung ihrer Umgebung hatte die Kirche eine neue Qualität bekommen, nämlich eine städtebauliche. War das mittelalterliche Kloster ein abgeschiedener, z. T. mauerumzogener Bezirk gewesen, so hatte sich daran später wenig geändert. Der „Klosterkirchhof" – der Name deutet seine ursprüngliche Bestimmung an – zwischen Kirche und Dänischer Straße war ein in sich geschlossener und intimer, von der Dänischen Straße kaum einsichtiger Bereich und wurde auch nach Norden, zum Kleinen Kiel hin, durch Fachwerkbauten begrenzt. Eine östliche Tordurchfahrt erschloß in der Achse der heutigen Falckstraße einen weiteren hofartigen Bezirk mit Fachwerkbauten, der sich zum „hortus medicus", dem zweiten botanischen Garten der Universität, weitete. Der 1881 einsetzende Abbruch von Gebäuden beiderseits der Kirche und längs der Dänischen Straße sowie die gleichzeitige Anlage der Falckstraße öffnete den Klosterkirchhof zur Dänischen Straße und erschloß Kirche und restliche Klausurbauten dem Blick von der Falckstraße her. Gerade um diese Ansicht ging es dem Architekten W. Voigt, als er den Bereich nördlich der Kirche mit deutlich repräsentativem Anspruch 1903/04 neu gestaltete *(Abb. 53)*. Einen schlanken Turm, Zeichen und Glockenträger der nunmehrigen Pfarrkirche Heiligengeist, setzte er nördlich

Abb. 52 Klosterkirche. Bronzetaufe 1908 von dem Bildhauer Adolf Brütt, gegossen in den großherzoglichen Werkstätten Weimar. Das Werk ist verschollen

neben die Westfront der Kirche, der zugleich den Eckpfeiler einer teils schon bestehenden, teils neu errichteten Bautengruppe um den ehemaligen, nun nach Osten offenen Kreuzganghof, den sogenannten Abtenhof, bildete. Die Binnenhofgrenzen der verlorenen Kreuzgangflügel im Osten und Norden markierte er durch niedrige Mäuerchen, während der erhaltene mittelalterliche Westflügel mit angeschlossenem Refektorium in den Neubau einbezogen wurde. Den Mittelpunkt des gärtnerisch angelegten Hofes sollte nach Voigts Vorstellung eine Brunnenplastik Graf Adolfs bilden, doch ist es dazu nicht gekommen.

Platz- und Straßenbereich südlich der Kirche aufzuwerten veranlaßte auf Anregung von Stadtbaurat Willy Hahn die Stadt Kiel zu einem bemerkenswerten Schritt: Um „die Altstadt an einer besonders hierfür geeigneten Stelle zu verschönern", empfahl die städtische Kunstkommission die Errichtung eines „plastischen Monuments" nach dem Entwurf Ernst Barlachs vor der Südostecke der Heiligengeistkirche, dem Winkel von Klosterkirchhof und Falckstraße *(Abb. 54)*. Barlachs anspruchsvolle und gedankentiefe Plastik des „Geistkämpfers" fand bereits bei ihrer Aufstellung 1928 frostige Aufnahme und verfiel der Ächtung durch das Dritte Reich. Nach abenteuerlicher Rettung steht sie seit 1954 in vergleichbarer Aufstellung vor

Abb. 53 Entwurf für die Neugestaltung des Klosterhofes durch den Architekten Wilhelm Voigt 1903/04, aquarellierte Pause. In der Ausführung hielt man sich eng an den Entwurf

Abb. 54 Klosterkirche. Der „Geistkämpfer" von Ernst Barlach, 1928 vor der Südostecke der Kirche aufgestellt. Die Plastik steht heute vor der Nikolaikirche

der Nikolaikirche, wird aber wegen der (späteren) Überbauung des Marktes in ihrer Wirkung eingeschränkt. Einer ironischen Fügung des Schicksals ist es zu danken, daß die Plastik des Geistkämpfers durch ihre Beseitigung vom alten Standort das Los der Klosterkirche nicht zu teilen brauchte; sie wäre 1943 von Bombensplittern zersiebt worden *(Abb. 55)*.

Was ist geblieben? Von der Kirche steht der jüngste Bauteil, der schlanke Turm von 1903, doch gestutzt und ohne Helmspitze *(Abb. 56)*. Von ihr selbst sind nur die Grundmauern, kaum sichtbar im Gebüsch, bewahrt geblieben, dazwischen eingestreut einige Grabplatten. Die Klausurreste mit dem westlichen Kreuzgangflügel *(Abb. 57)* und dem angeschlossenen sog. Refektorium, beide überwölbte Räume aus dem ausgehenden 13. Jahrhundert, wurden nach Brand und Teilzerstörung einschließlich des Obergeschosses wiederinstandgesetzt und dienen als theologisches Studienhaus und Studentenwohnheim „Kieler Kloster", und damit ist wieder geistliches Leben in die Räume eingezogen. Aus den Trümmern der Kirche barg man die Grabplatte des Stadt- und Klostergründers und stellte sie im Kreuzgang auf *(Abb. 1)*. Die schlichte Platte mit der eingeritzten Gestalt Graf Adolfs in Mönchstracht und einer rühmenden Umschrift stammt allerdings erst aus dem späteren Mittelal-

Abb. 55 Klosterkirche. Die Kirche nach ihrer Zerstörung im Zweiten Weltkrieg; Blick von Südosten (Aufnahme von 1943)

Abb. 56 Die Klosterkirche nach dem Zweiten Weltkrieg. Erhalten blieben lediglich der helmlose Turm von 1903/04 und das sog. Studienhaus mit dem westlichen Kreuzgangflügel und dem Refektorium (Aufnahme von 1951)

Abb. 57 Klosterkirche. Der westliche Kreuzgangflügel nach Beseitigung der Kriegsschäden (Aufnahme von 1968)

ter, zeugt aber von der Wertschätzung, die man auch später noch dem Landesherrn, Stadt- und Klostergründer entgegenbrachte. Daneben steht die ebenfalls geborgene älteste Grabplatte Kiels für das Bürgermeisterehepaar Margareta († 1347) und Johannes Vysch († 1365); sie ist mehrfach wiederverwendet worden und daher in Text und Bild verstümmelt. Einige Holzplastiken hatten schon früher den Weg ins Thaulowmuseum, das heutige Landesmuseum, gefunden, auch die vom russischen Thronfolger Karl Peter Ulrich gestiftete Kanzel; von ihr wurde jüngst die reizvolle Entwurfszeichnung entdeckt, die einzige, die sich von Bildhauer Johann Georg Moser erhalten hat. Gerettet sind auch die Leuchter von 1559, aber vernichtet wurden der gotische Altar, die Bronzetaufe Adolf Brütts und sonst alles, was die Kirche zur Ehre Gottes schmückte. Dank kluger Voraussicht vor der Vernichtung bewahrt aber blieb das alte bedeutungsschwere Retabel der Mönchskirche, das mit dem größten Teil der Ausstattung aus der Nikolaikirche den Zweiten Weltkrieg schadlos überstand.

Quellen

Stadtarchiv Kiel
Rentamt des Kirchenkreises Kiel
Landesamt für Denkmalpflege Schleswig-Holstein
Unveröffentlichtes Inventarmanuskript [nach 1935], aufbewahrt im Landesamt für Denkmalpflege Schleswig-Holstein

Die Maria-Magdalenen-Kirche zu Elmschenhagen

Gottfried Mehnert

Eine der vier zum heutigen Kirchenkreis Kiel gehörenden alten Landgemeinden ist das Kirchspiel Elmschenhagen auf dem Ostufer der Kieler Förde. Seine Gründung reicht zurück in das 13. Jahrhundert, als im nordwestlichen Ostholstein das Nonnenkloster Preetz gegründet worden war und eine umfangreiche Landschenkung erhalten hatte, deren nordöstlicher Teil das Gebiet der späteren Dörfer Klausdorf, Elmschenhagen, Kroog, Rönne, Neuwühren, Gaarden, Ellerbek und Wellingdorf umfaßte. Dieses Waldgebiet wurde im 13. Jahrhundert allmählich besiedelt. Die kirchliche Versorgung oblag der Preetzer Pfarrkirche, die dem 1211 gegründeten Kloster inkorporiert worden war, das das Recht der Pfarrstellenbesetzung und die Archidiakonatsgewalt vom Lübecker Bischof erhielt.

Die zunehmende Besiedlung dieses weitgestreckten Gebiets machte es schon bald erforderlich, für die kirchliche Versorgung neue Kirchen zu gründen. Der Lübecker Bischof genehmigte 1233 dem Preetzer Klosterpropst, im Dorf Gaarden eine Kirche für das Gebiet des späteren Kirchspiels Elmschenhagen zu bauen. Es ist jedoch urkundlich nicht nachweisbar, ob und wann dort eine Kirche erbaut worden ist. Möglicherweise entstand dort im Zusammenhang mit einem urkundlich belegten Friedhof nur eine schlichte Kapelle.

Offensichtlich aber wurde das Gebiet in dieser Zeit eine eigene Parochie unter dem Patronat des Preetzer Klosters. Zwischen 1260 und 1275 erhielt sie in dem vermutlich um diese Zeit entstandenen Dorf Ellerbek eine Kirche, die wohl kaum mehr als eine bescheidene Dorfkapelle gewesen sein wird. Sie stand in dem von den heutigen Straßen Klausdorfer Weg, Schönberger Straße und Minnastraße begrenzten Gelände.

Diese Kirche hat höchstens 50 Jahre bestanden. 1316 wird sie zum letzten Mal urkundlich erwähnt. Spätestens seit 1327 befindet sich dann die Kirche des Elmschenhagener Kirchspiels in dem erstmals 1286 urkundlich erwähnten Dorf Elmschenhagen. Denn Anfang dieses Jahres wurde sie im Testament des Ritters Otto von Pogwisch neben anderen Kirchen des Preetzer Klosterbezirks mit einer Schenkung bedacht. Der Grund für den Ortswechsel war vermutlich die günstigere zentrale Höhenlage Elmschenhagens.

Auf das Jahr 1327 weist noch ein anderer Umstand, der im Zusammenhang steht mit ihrer Namenspatronin, der Heiligen Maria Magdalena. Ein Jahrhundert zuvor, am 22. Juli 1227, dem Maria-Magdalenen-Tag, hatte der Schauenburger Graf Adolf IV. die Dänen bei Bornhöved geschlagen und ein jährliches Gedächtnis dieses Tages gestiftet. Das hat die Vermutung nahegelegt, daß anläßlich des Jahrhundertgedenkens dieses für das Herzogtum Holstein so bedeutsamen Ereignisses die neu errichtete Kirche der Heiligen Maria Magdalena geweiht wurde.

Die alte Elmschenhagener Maria-Magdalenen-Kirche, die 1865 wegen Baufälligkeit abgerissen werden mußte, müssen wir uns als einen sehr bescheidenen und verhältnismäßig kleinen Bau vorstellen. Sie war ein rechteckiger quaderförmiger Backsteinbau mit einem Spitzdach und maß 20 Meter in der Länge und 8,35 Meter in der Breite. In der Ostwand befanden sich drei schmale Fenster, deren mittleres etwas größer war. An den Längsseiten hatte sie kleine hochliegende Fenster. Der Eingang befand sich an der Nordseite. Zwei einfache Zeichnungen aus der Mitte des 19. Jahrhunderts vermitteln einen Eindruck vom Aussehen der Kirche (*Abb. 58* und *59*). Der freistehende hölzerne, mit Schindeln gedeckte Glockenturm, der neben einer wohl aus der Gründungszeit stam-

Abb. 58 Elmschenhagen, nach einer Skizze in Öl, um 1850

menden kleinen Glocke eine zweite, im Jahr 1617 gegossene Glocke trug, wurde allerdings erst am Ende des Dreißigjährigen Krieges 1648 errichtet. In einer Handschrift aus dem frühen 19. Jahrhundert wird die Kirche folgendermaßen beschrieben:

„Die Kirche ist unansehnlich, ganz einfach von roten Ziegeln aufgeführt und enthält eben nichts merkwürdiges. Das Altarblatt ist noch aus dem Papsttum, wie die Heiligenbilder an demselben zeigen. In der Mitte stellt es die Kreuzigung vor. An der Nordseite des Altars eine zugemauerte Tür (oder die Stelle eines vormaligen Altars). Ein vergoldeter Ziegel trägt das Taufbecken. Ein kleines Positiv."

So einfach die äußere Erscheinung der Kirche war, so dürftig war ihre Innenausstattung, die im Laufe der Zeit durch einige Schmuckstücke ergänzt worden war. Das meiste davon ist beim Abbruch der Kirche abhanden gekommen. Lediglich zwei Schiffsmodelle, die von der Ellerbeker Schiffergilde gestiftet worden waren, blieben erhalten und fanden in der neuen Kirche einen würdigen Platz, haben jedoch den Zweiten Weltkrieg nicht überdauert. Das bescheidene Elmschenhagener Kirchlein hat 538 Jahre dem ausgedehnten Kirchspiel als Gotteshaus gedient. Im Herbst 1864 gab ein starker Sturm, der die Spitze des Glockenturms umwehte, den letzten Anstoß zum Abbruch und zum Bau einer neuen Kirche. Schon 1855 hatte das Preetzer Kloster als Patron einen Neubau angeregt und die Zustimmung des Generalsuperintendenten Koopmann erhalten. Es verging jedoch noch ein Jahrzehnt, bis schließlich 1865 der Entwurf des Kieler Stadtbaumeisters Martens von der holsteinischen Landesregierung genehmigt wurde. Begonnen hatten die Planungen noch in der Zeit der dänischen Herrschaft, die mit der Intervention der verbündeten preußischen und österreichischen Armeen 1864 endete. Nun stand Holstein unter der Statthalterschaft des österreichischen Gouverneurs Ludwig von Gablenz, der im Kieler Schloß residierte. Die Elmschenhagener Kirchenchronik berichtet, daß bei der Grundsteinlegung für die neue Kirche die Elmschenhagener Schulkinder vor dem österreichischen Gouverneur Spalier gebildet haben. Die Zeit der österreichischen Verwaltung, die vor der Vollendung des Baus im Juni 1866 endete, hatte auch im Kirchbau ihre Spuren in Gestalt des österreichischen Doppeladlers hinterlassen. Dieser war in die schmiedeeisernen Beschläge der Kirchentür und die schmiedeeisernen Hängeträger der Schiffsmodelle eingearbeitet und zierte die grünen Samtkissen, die vermutlich ursprünglich zum Patronatsgestühl gehörten, später aber als Kniekissen dienten.

In verhältnismäßig kurzer Zeit wurde der stattliche Neubau von 48 Metern Länge und 20 Metern Breite und mit einem 56 Meter hohen Turm errichtet und am 19. Dezember 1866, dem vierten Adventssonntag, geweiht. Die neue Maria-Magdalenen-Kirche gehört zu den ersten in Schleswig-Holstein im neugotischen Stil gebauten Kirchen. Der Historiker der Baukunst in Nordelbingen, Richard Haupt, urteilt über sie: „[...] ausgezeichnet ist und doch ganz landfremd und befremdend die zu Elmschenhagen von Martens 1866 statt der alten erbaut[e Kirche] [...]."[1]

Die Kosten für den Neubau konnten großenteils aus einem Legat gedeckt werden, das die Preetzer Konventualin Hedwig Dorothea von der Wisch Anfang des Jahrhunderts gestiftet hatte. An sie erinnert eine Gedenktafel im nördlichen Querschiff, neben der sich auch zwei weitere Gedenktafeln für den damaligen Klosterpropst Carl von Qualen und die Priörin des Preetzer Klosters Mathilde Gräfin zu Rantzau befinden. Beide hatten zur reichen Ausstattung der Kirche mit Altarleuchtern, Abendmahlsgerät und bunten Fenstern beigetragen. Auch die zum Kirchspiel gehörenden Dörfer Gaarden, Ellerbek, Klausdorf, Elmschenhagen und Rönne stifteten für die Kirche Buntglasfenster. Zwei Jahre nach der Einweihung erhielt die Kirche auch eine Orgel.

Mit der Einführung der Kirchengemeinde- und Synodalordnung von 1876 kam Elmschenhagen zur neu entstandenen Propstei Kiel, wobei jedoch

Abb. 59 Elmschenhagen, nach Milde

Abb. 60 Ortsansicht Elmschenhagen

die Bindung an das Preetzer Klosterpatronat erhalten blieb. Die Bevölkerung des ausgedehnten Kirchspiels wuchs nun infolge der wirtschaftlichen Entwicklung – Kiel war kaiserlicher Kriegshafen und Standort einer sich kräftig entwickelnden Werftindustrie geworden – rasch an. 1885 schon war die Seelenzahl von 8756 im Jahre 1878 auf 12 685 gestiegen. Das einst ländliche Kirchspiel nahm im Bereich von Gaarden und Ellerbek städtische Verhältnisse an. Das führte schließlich dazu, daß für diese verstädterten Wohngebiete eigene Kirchen gebaut wurden, in Gaarden die Johanneskirche und für Ellerbek und Wellingdorf die Bugenhagenkirche. Beide wurden Mittelpunkte selbständiger Gemeinden, die sich 1904 von der Muttergemeinde trennten.

Der der Maria-Magdalenen-Kirche verbliebene Teil behielt seinen dörflichen Charakter weitgehend noch drei Jahrzehnte und änderte sich grundlegend erst mit der Eingemeindung Elmschenhagens nach Kiel im Jahre 1939. In diesem Jahr wurde mit dem Bau der „Gartenstadt Elmschenhagen" begonnen, in der 7000 neue Wohnungen entstanden. Die bald einsetzenden Bombenangriffe auf Kiel verursachten nicht nur in den Wohngebieten zunehmend Schäden. Auch die Maria-Magdalenen-Kirche blieb nicht verschont. Im Oktober 1942 wurde sie so stark beschädigt, daß sie erst nach größeren Instandsetzungen im Frühjahr 1943 wieder benutzt werden konnte. Am 24. Juli 1944 wurde die Kirche dann so schwer getroffen, daß sie wegen Einsturzgefahr des Deckengewölbes nicht mehr betreten werden konnte. Auch alle gestifteten Fenster und die Orgel waren zerstört. Zwei wertvolle Kunstwerke jedoch überstanden den Krieg, das Gemälde „Maria Magdalena am Auferstehungstage am Grab" des Kunstmalers Langbein und der aus fünf Figurengruppen bestehende „Nachfolge-Altar", den der Segeberger Holzbildhauer Otto Flath 1939 geschaffen hatte.

Die Wiederherstellung durch den Elmschenhagener Bauunternehmer Arthur Rausch konnte erfreulicherweise schon drei Jahre nach Kriegsende begonnen und am 24. März 1949 mit der feierlichen Wiedereinweihung abgeschlossen werden *(Abb. 60; Farbtafel VII).*

---

1 R. Haupt: Geschichte und Art der Baukunst in Nordelbingen, in den Herzogtümern Holstein und Lauenburg sowie den Fürstentümern Lübeck und Ratzeburg. Heide 1925, S. 639 f.

Die St. Georg- und Mauritius-Kirche zu Flemhude

Uwe Baumgarten

Die Kirche der Flamen

Eine alte Sage berichtet von der Gründung unserer Kirche: „Die Flamländer oder Flemminger aus den Niederlanden hätten bereits vor Jahrhunderten die Eider herauf, auf dazu geeigneten platten Fahrzeugen, durch den Flemhuder und Westensee einen nicht unbeträchtlichen Handel geführt und vorzüglich zwei Ladungsplätze, die sie in ihrer Sprache Hui genannt, gehabt, nämlich hier und an dem Einfluß der Eider in den Westensee. [So] behauptet die Sage, wäre dadurch das hiesige Dorf und der Name desselben entstanden, und habe man späterhin das Waaren- oder Packhaus der Flemminger, hart und unmittelbar am See gelegen, zu einer Kirche gemacht [...]."[1]

Diese Nachricht von Pastor Düncker, wiewohl erst 1831 aufgeschrieben, gewinnt hohes Gewicht vor dem Hintergrund neuester Forschungen über die Entstehung Kiels. Helmut Willert erinnert an eine historische Erscheinung, die mit dem Mittelalter verschwunden ist: die Kaufmannskirche.[2] In den unerschlossenen und politisch unsicheren Gebieten an den Grenzen des Reiches oder im fernen Ausland erbauten sich die Händlergilden eigene Kirchen, die ein ganzes Bündel von Funktionen hatten:

- In einem gesetzlosen Raum waren sie sichere und leicht zu verteidigende Stapelplätze.
- Die Waren standen unter dem Schutze Gottes und des jeweiligen Heiligen, den die Kaufmannsgilde erkoren hatte.
- Der Christenglaube wurde in die entferntesten Ecken der Welt gebracht.
- Die Kaufleute eines Landstriches oder einer Branche hatten eine Kette von Niederlassungen in den entferntesten Provinzen, die Kommunikation und gegebenenfalls Unterstützung möglich machten.[3]

Wenn man dies einmal akzeptiert, beginnen die Informationsquellen zu sprudeln:
- Die „alte Sage" ist die verblüffend genaue Beschreibung einer Kaufmannskirche und eines vorhansischen Handelsweges.
- Die Lage der Kirche direkt am Flemhuder See (der bis zum Bau des Nord-Ostsee-Kanals kaum 20 Schritte vor dem Westportal schwappte) und nicht auf dem höchsten Punkt des Ortes spricht durchaus für eine Anlage durch die Flamen.
- Der Name des Gotteshauses ist ein weiteres Argument für flämische Händler: Als Weber und Tuchhändler hatten sie eine besondere Zuneigung zu Mauritius, dessen Legende kurz erzählt werden soll: Als christlicher Offizier einer christlichen Legion sollte der übrigens wohl farbige Mauritius etwa 300 n. Chr. in Lyon einige Christen töten. Weil er und seine Truppe sich weigerten, wurden alle geschaßt, nun aber nicht mit vollen Bezügen, sondern mit der vollen Härte des Kriegsrechts: Sie wurden am Ufer der Rhône hingerichtet, ihr Blut färbte das Flußwasser rot, der Patron der Färber und Tucher[4] war aus der Taufe gehoben. Der zweite Namenspatron, St. Georg, spricht für den wehrkirchlichen Charakter des Gotteshauses.

Von Flemhude aus wurden die Waren auf dem Landwege nach Kiel transportiert. Ob es hier ebenfalls frühzeitig eine Kaufmannskirche (etwa die im Kieler Stadtbuch erwähnte „ecclesia antiqua") gegeben hat oder ob die Anlage der Stadt Kiel als Konkurrenzgründung zu Lübeck den schon vorhandenen flämischen Handel über die Eider aufgriff, mag von späteren Forschern entschieden werden. Tatsache ist, daß Flemhude mit der Ausdehnung des hansischen Handels und der Weiterentwicklung des Schiffbaus bald seine Bedeutung als Stapelplatz verlor.

Läßt sich nun etwas Genaueres über die Bauzeit der Kirche sagen? Die erste urkundliche Erwähnung spricht vom „kerspel to vlemmigechuden unde dessen dorp", die also beide schon bestanden. Der Ort Flemhude, die Wassermühle Quarnbek (Quern ist ein altes Wort für Mühle) und das Bauerndorf Stampe werden 1280, 1283 bzw. 1288 erstmals erwähnt. Die Bauweise legt nach einhelliger Ansicht der Forscher eine Bauzeit um 1240 nahe.

Hierfür spricht auch die Entwicklung der Pfarrstellen im Kieler Raum. Ein Blick auf die Karte zeigt die alten und die jüngeren Kirchspiele Holsteins um 1300 *(Abb. 61)*.

Während die alten Gemeinden von sehr unterschiedlicher Größe sind, haben die neuen im Norden fast die gleiche Fläche. Das ist kein Zufall, denn im Mittelalter wie heute hatte die Seelenzahl erhebliche Auswirkungen auf die Finanzkraft der

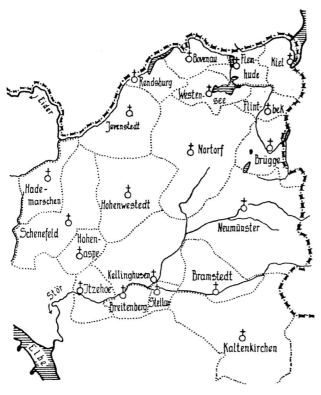

Abb. 61 Kirchspiele Holsteins um 1300

Gemeinden. Die Besoldung der Priester wurde damals aus folgenden Einkünften gespeist:
1. Stolgebühren, d. h. eine gewisse, genau festgelegte Summe für Amtshandlungen, Besuche etc.;
2. freiwillige Gaben, die als Naturalien auf dem Altar abgelegt wurden. Geldstiftungen kamen dem Kirchenvermögen zugute;
3. der Pfarrzins war eine regelmäßige Abgabe in Naturalien, einem Deputat vergleichbar;
4. die sog. Pfründe, d. h. das zur Stelle gehörige Land.[5]

Aus Kiel wird in etwas späterer Zeit von einem Priester berichtet, der eine Prostituierte beschäftigte.[6] Dies gehörte sicher nicht zu den regelmäßigen Pfarreinnahmen. Interessant ist, daß der Kollege sein Erbe unter die vier Söhne der Dame verteilt hat. Ob daraus zu schließen ist, daß er bei seiner Mitarbeiterin auch Kunde war oder ob dies als Bußleistung anzusehen ist, läßt sich wohl nicht mehr klären.

Um also eine leistungsfähige kirchliche Infrastruktur herzustellen, gehörte die Festlegung der Gemeindegrenzen zu den ersten Handlungen. Die Konstituierung der Kirchengemeinden Flintbek, Flemhude und Kiel wird nicht viel nach 1238 stattgefunden haben. Denn Brügge wurde in diesem Jahr von Neumünster abgenabelt, die Abhängigkeit Flintbeks vom dortigen Chorherrenstift wird also kaum viel länger gedauert haben, und der Kieler Pastor Lodewig, der 1242 die Kieler Stadtgründungsurkunde unterschrieb, war bis 1235 in Plön als Kaplan tätig.

Die Bauweise der Kirche selbst, besonders im oberen Teil weniger sorgfältig ausgeführt als etwa in Westensee oder Bovenau, ist als Argument für eine Datierung des Baues nicht eindeutig. Ist sie der Prototyp, den die Flamen als Mehrzweckbau schnell hochzogen und dessen Mängel bei den jüngeren Kirchen vermieden wurden? Oder ist der Bau, gleichzeitig oder gar später begonnen, schlampig beendet, weil abzusehen war, daß Flemhude als Handelsstützpunkt aufgegeben werden mußte? Die Tatsache, daß Flemhude am Ende eines alten Handelsweges liegt, macht das erstere wahrscheinlicher – mehr läßt sich zur Zeit nicht sagen.

Vom ursprünglichen Bau gibt die Rekonstruktion von Hermann Kobold ein anschauliches Bild *(Abb. 62)*.

Neben der Priestertür im östlichen Teil der Südwand gab es einen Nord- und einen Südeingang für Frauen und Männer, die damals wegen der sittlichen Gefahren auf verschiedenen Seiten der Kirche ihre Plätze hatten. Die dämonengefährdete Nordseite war den Frauen vorbehalten. (Dieser Brauch währte übrigens bis nach dem Ersten Weltkrieg.) An ursprünglichem Inventar findet sich außer dem Kern des Altarblocks (1962 ummauert) und der Kuppa (der eigentlichen Taufschale) der gotländischen Tauffünte (der Fuß kam erst 1987 durch Schenkung nach Flemhude) nichts mehr. Allerdings wird es auch kaum mehr gegeben haben, denn vor der Reformation gab es weder Kanzel noch Orgel noch Bänke. Allenfalls das Fresko an der Nordwand stammt aus der Frühzeit der Kirche – sein künstlerischer Wert ist bescheiden, verraten doch die zwei linken Füße Jesu etwas über die Hände des Malers.

Abb. 62 Vermutetes ursprüngliches Aussehen der Kirche zu Flemhude

Die Kirche des Adels

Flemhude wurde als Handelsniederlassung bald aufgegeben. Die Kirche kam unter das Patronat der adeligen Gutsbesitzer. Diese Einrichtung entstammt der Zeit, in der die Adeligen am Ende der von ihnen vorgenommenen Besiedelung eines Landstriches – sozusagen als Abschluß der Infrastrukturmaßnahmen – eine Kirche bauten, die ihnen dann natürlich gehörte und die sie auch zu unterhalten hatten. Im Zusammenhang mit dem Investiturstreit wurde aus diesem sogenannten Eigenkirchenrecht (wobei in unserem Falle die Adeligen als Erben der Flamen anzusehen sind) das Patronat. Über dessen Frühzeit ist in Flemhude nichts bekannt. In den Jahrhunderten hat sich jedoch herausgebildet, daß der Patronatsherr das Recht hatte, einen Kandidaten seiner Wahl als Gemeindepastor vorzuschlagen (Präsentationsrecht). Im Gegenzug war er verantwortlich für die Bezahlung des Pastors und die Unterhaltung der kirchlichen Gebäude. Von diesen ganzen Herrlichkeiten sind nur noch ein sehr eingeschränktes Präsentationsrecht und die Pflicht übriggeblieben, der Kirchengemeinde im Wechsel mit Marutendorf die Tannenbäume für die Kirche zu stellen.

Aus dem zunächst alleinigen Patronat Quarnbeks wurde der Kirchenkonvent, die Zusammenkunft aller adeligen Gutsbesitzer. Nach der Eroberung Schleswig-Holsteins durch die Preußen 1864 wurde in mehreren Stufen das Kirchenvolk an der Gemeindeleitung beteiligt.[7]

Ab wann das Patronat durch Quarnbek wahrgenommen wurde, ist ungewiß. Zu vermuten steht allerdings, daß die Umbauten, die im Zusammenhang mit der Reformation (vor 1527) erforderlich wurden, schon von adeligen Sponsoren bezahlt wurden. Dazu gehört der Einbau von Kanzel und Kirchenbänken. Während in der mittelalterlichen Kirche um die Kommunion herum ein stetiges Kommen und Gehen herrschte, bedarf der reformatorische Gottesdienst mit seiner Konzentration auf die Predigt der Ruhe und Andacht, die heute bis zur Sterilität des Gottesdienstes perfektioniert wurde. Und dafür sind Bänke hilfreich.

Im Inventar der Kirche finden sich neben den später besprochenen eine ganze Reihe von Stücken, die sich adeligen Sponsoren verdanken:

Ein silberner Abendmahlskelch, den Jungfrau Elisabeth von Ahlefeld 1573 hat reparieren lassen, trägt auf dem Knauf die Inschriften „ihesvs" (Jesus) und „o maria", was die Vermutung nahelegt, daß er vorreformatorisch ist.

Die erste Glocke der Kirche trug die Inschrift: „Christoffer ransow [Rantzau] erfgesette [Erbherr] tom quarnebeke hefft mi laten geten. Anno domini M CCCCC 60".

Der Klingelbeutel, der noch heute im Gebrauch ist, wurde 1724 von der achtjährigen Anna Margaretha von Wedderkopf auf Marutendorf gestiftet.

Mit dem Einfall der kaiserlichen Truppen im Dreißigjährigen Krieg begann für die Gemeinde eine Leidenszeit. Die Bevölkerung wurde mit den üblichen Soldateskastreichen drangsaliert. Der Flemhuder Pastor Georg Wagner entkam mit Frau und Tochter nur, weil er sich zwei Stunden lang im Wasser des Flemhuder Sees verbarg, bis er durch seinen Küster gerettet wurde und mit dem Kahn auf eine Insel im See entweichen konnte. Die Soldaten haben „also haus gehalten, daß weder auf allen höfen noch in allen kirchen nichts nachgeplieben".[8] „Nach dem Friedensschluß von Lübeck [Mai 1629] zogen die Truppen langsam aus Holstein ab. Sie hinterließen ein ausgeplündertes Land, in dem Pest und Pocken wüteten."[9]

Die Renovierung der Kirche, die „wegen Alters und böser Zeiten fast zusammengebrochen war" (so die Stiftertafel auf der Rückseite des Altars), war eine gewaltige Aufgabe, der sich der bedeutendste Patron unserer Gemeinde unterzog: Hans-Henrich von Kielmannsegg[10] hatte 1667 Quarnbek gekauft. Er spendierte seiner Kirche nach und nach eine fast vollständige Inneneinrichtung, wobei er, damit heutigen Sponsoren nicht unähnlich, großzügig vieles mit seinem Wappen versah: eine zinnerne Taufschale, die offenbar den Übergang von der Taufe durch Untertauchen zur Taufe durch Besprengen dokumentiert, ein vollständiges Abendmahlsgeschirr mit Kelch, Patene (Hostienteller) und Oblatendose, die erste Orgel der Flemhuder Kirche und vor allem den Altar, der nach der Renovierung von 1962 jedem ins Auge fällt, der das Gotteshaus betritt *(Abb. 63)*.

Der Altar wurde, wie auf seiner Rückseite nachzulesen ist, aufgrund eines Gelübdes gestiftet. Kielmannsegg kam im Zusammenhang mit dem Gottorfer Versuch, die Oberhoheit Dänemarks abzuschütteln, 1676 samt Vater und Brüdern in Dänemark in Haft. Der Vater starb an einem Schlaganfall, den Brüdern wurde die Freilassung gegen ein horrendes Lösegeld angeboten. Vermutlich stammt das Gelübde aus „seiner schlimmsten Bedrängnis in der Zitadelle von Kopenhagen. Und er wird damals nicht die Stiftung irgendeines Altares gelobt, sondern auch dessen Thema bestimmt haben. Es liegt nahe, daß der um seine Ehre Gebrachte und von der Todesstrafe Bedrohte zum Gethsemane-

63

Abb. 63 Altar der Kirche zu Flemhude (Ausschnitt)

gebet und zum Ecce Homo eine besondere innere Beziehung hatte."[11]

Der Schnitzer des Altars ist Theodor Allers. Dieser Mann, der wenig später Gottorfer Hofbildhauer wurde und in Schleswig-Holstein ein ansehnliches Œuvre hinterlassen hat, zu dem auch die Kanzel der Kieler Nikolaikirche gehört, war gerade in den Norden gekommen. Bis heute ist unbekannt, wann und wo Kielmannsegg und Allers aufeinander trafen. Aber offenbar gelang es Allers schnell, mit seinem Musterkoffer Eindruck auf Kielmannsegg zu machen.

Ulrike Schillmeier[12] benennt einige der Vorlagen, aus denen Allers seine Motive schöpfte. Sie macht jedoch auch deutlich, wie Allers mit seinen Vorlagen künstlerisch Eigenes schuf. Der Flemhuder Altar ist das erste größere Werk von Theodor Allers, und es wird nicht falsch sein, es als eine Art Visitenkarte eines Künstlers anzusehen, der im Norden sein Glück machen wollte. Abbildung 64 zeigt, wie Allers den Kupferstich des Gregoir Huret aufnahm und veränderte. Dieses zentrale Motiv läßt sich, wenig verändert, jedoch wegen anderer Räumlichkeiten und eines anderen theologischen Programms in andere Zusammenhänge gestellt, in den Altären zu Probsteierhagen und Tellingstedt besichtigen.

Auch das sogenannte Ecce-Homo-Motiv, Jesus vor Pilatus, geht auf eine Vorlage zurück.[13]

Dem nächsten bedeutenden Patron der Kirche verdankt die Gemeinde ihr Wahrzeichen: das Rokkokotürmchen, das im Zusammenhang mit einer Dachsanierung angebracht wurde und angeblich von dem Baumeister der Michaeliskirche in Hamburg, E. G. Sonnin, entworfen wurde. Jean Henri Desmercieres war der uneheliche Sohn einer Modistin aus der Pariser Rue des Merciers (daher der Name) und des hugenottischen Verlegers J. H. Hugetan, der sein bewegtes Leben als dänischer Graf Gyldensteen beschloß. Vater und Sohn waren offenbar Finanzgenies, so daß aus dem mittellosen Flüchtling ein Mann wurde, der neben der Grafschaft, die ihm den Namen gab, als Kapitalanlage im Holsteinischen die Güter Quarnbek, Warleberg, Rathmannsdorf und Emkendorf erwarb – alles in allem einige tausend Hektar. Desmercieres war offenbar ein umtriebiger Kopf. Schon bevor er Emkendorf verkaufte, um die Landgewinnung an der Westküste zu finanzieren – er gewann der Nordsee insgesamt 1500 Hektar Land ab –, nahm er die Verkoppelung seiner Ländereien vor, d. h. durch die damals gerade aufgekommene Anlage von Knicks wurde die Winderosion verhindert. Desmercieres steigerte die Erträgnisse seiner Ländereien erheblich, einerseits durch Lockerung der Leibeigenschaft, was wohl die Motivation der Landarbeiter und hintersässigen Bauern erhöhte, andererseits durch die Verbesserung landwirtschaftlicher Methoden. Er starb 1778 fast 90jährig in Kopenhagen und wurde in einem Anbau der Kirche beigesetzt, in dem sein Marmorsarkophag in etwas fragwürdigem Französisch das Motto seines Lebens nennt: Le droit chemin – der rechte Weg.

Auch die Spuren des Adels in unserer Kirche sind dem Wandel unterworfen: Einige Zeit vor 1708 sind die ersten herrschaftlichen Gestühle eingebaut worden. Dabei waren die Herren wenig zimperlich: Sie bauten ihre Logen einfach an irgendeinen Platz der Kirchenwand, und die Zugänge wurden teils schlicht durch die Mauer gebrochen, teils durch die Fenster geführt, die mit einem Vorbau zugänglich gemacht wurden. Schließlich gab es sieben Gestühle, wobei die alten Güter auch die besten Plätze in der Nähe von Altar und Kanzel besaßen: Der Quarnbeker Stuhl befand sich auf gleicher Höhe und gegenüber der Kanzel; Klein-, Groß- und Neu-Nordsee, die ursprünglich ein Gut Nordsee gewesen waren[14], lagen dicht dabei; die Stühle von Schwartenbek, Blockshagen und Marutendorf wurden später in der Nähe der Orgel angebracht. Interessant ist, daß im Laufe der Jahre auch der Pastor für sich und seine Familie ein Gestühl ergatterte. Dies zeigt, daß er sich weder theologisch noch soziologisch dem Kirchenvolk zugehörig fühlte.

Wie so oft ist auch die Geschichte der „Kirche des Adels" nur die Geschichte der Herren (und ihrer Damen). Zu leicht geraten die in Vergessenheit, die mit ihrer Knochen Arbeit erst den Reichtum schufen, der die noblen Stiftungen möglich machte: die Namenlosen, die Armen, die Leibeigenen. Von deren Leben daher einige Anmerkungen:

„Die weltliche Obrigkeit war der Gutsherr. Die geistliche Obrigkeit, der Pastor, war von ihm abhängig, weil der Gutsherr Pastor und Kirche weitgehend finanzierte. Der Pastor durfte nur trauen, wenn die Erlaubnis des Gutsherrn vorlag. [...]. Wenn die Gutsherrschaft auch die Ehe verbieten konnte, die Liebe konnte sie nicht verbieten. Und so wurden die Kinder eben unehelich geboren [...]. Die Kirche ließ nun die unverheiratete Mutter ihre ganze Macht spüren, demütigte und strafte sie [...]. Sie mußte zum Pastor und ihm ihre Schwangerschaft melden. Der Pastor mußte diese Tatsache der Gutsherrschaft melden. Diese schickte die Frau vor das Gutsgericht, wo sie, wie es hieß, den Schwängerer angeben mußte. Beide mußten eine hohe Buße zahlen, nämlich beim ersten Kind einen halben Jahreslohn [...]." Nach dieser weltlichen Strafe kam die Kirchenbuße. Das war bis 1767 eine öffentliche Schandausstellung vor der Kirche zur Kirchgangszeit als „wohlverdiente Strafe und anderen zum Exempel", wie es hieß.[15]

Abb. 64 Gregoir Huret. Christus am Ölberg, 1664; Kupferstich

Wenn man weiter weiß, daß die Leibeigenen nicht ohne Erlaubnisschein der Gutsherrschaft auch nur aus dem Gutsbezirk fortgehen durften, dann kann man sich vielleicht vorstellen, wie der Reichtum zustandekam, der Kelch und Kanzel finanzierte ... Die Leibeigenschaft wurde in Schleswig-Holstein erst zum 1. Januar 1805 aufgehoben.[16]

Bei der Kirchenrenovierung 1962 wurden die Zugänge und die Gestühle mit Ausnahme des Quarnbekers abgebrochen. Dieser Stuhl war bis zum Tode unseres letzten Patrons, Ulrich Milberg, im Jahre 1988 sehr regelmäßig besetzt. Seine Tochter, die ihm als Besitzerin von Quarnbek auch als Patrona unserer Kirche nachgefolgt ist, macht von ihrem Recht, im Gestühl zu sitzen, keinen Gebrauch – sie sitzt mit ihrer Familie während des Gottesdienstes in der Gemeinde.

Die Gemeinde im Wandel

Zu den beliebtesten Spielen der Historiker gehört es, darüber nachzusinnen, wann ein Jahrhundert denn anfängt. Dahinter steht die Frage, ob nicht ein historisches Ereignis für den Übergang einer Epoche prägender sein kann als ein zufälliges Datum. Für die damals eher verschlafene Landgemeinde ist die Wasserscheide zwischen den Jahrhunderten der Kanalbau von 1886 bis 1895.

Als Momentaufnahme der Vergangenheit soll ein Stück aus der Chronik von Pastor Harmsen zitiert werden, der von 1893 bis 1931 in Flemhude amtierte.[17]

Flemhude, am 1. Januar 1901
1. Die Kirchengemeinde besteht aus 7 adeligen Gütern und einer Landgemeinde (Melsdorf seit 1899) mit 1647 Seelen, und zwar: Gutsbezirk Quarnbek (535), Gemeindebezirk Melsdorf (301), Kanalgutsbezirk (21)[18], Gutsbezirke Hohenschulen (249), Marutendorf (207), Blockshagen (77), Kl. Nordsee (151), Neu-Nordsee (76) und Schwartenbek (30).
2. Die Gottesdienste in der Kirche sind in gleicher Weise und mit gleichem Besuch wie früher (ca. 1 %). Genaue Zählungen haben nicht stattgefunden. Die Bibelstunden auf den Dörfern wurden gewöhnlich auf [wenige] ermäßigt, weil die Bauern nicht gern öfter fahren wollen, dagegen wurde in den letzten Jahren im Winter ein Missionsfest an einem Sonntagabend im Wirtshaussaal in Flemhude mit reger Beteiligung gefeiert. Der Durchschnitt der Kommunikanten im letzten Jahrfünft war (z. T. durch höhere Konfirmandenzahl veranlaßt) wesentlich höher, er betrug 261, immerhin noch nicht die in früheren Jahrzehnten erreichte [Zahl].
3. Die Durchschnittszahl der Getauften: 48; der Konfirmanden: 36; der Getrauten: 14; der kirchlich Beerdigten: 24 (Gestorben: 30);
4. der unehelichen Geburten: 5; der konstatierten unehelichen Brautpaare: ?; der Selbstmörder: 2 in 5 Jahren.
5. [...].
6. Kirchliche Vereine sind nicht vorhanden. Der Kirchenvorstand ist Mitglied der Landesbibelgesellschaft und des Vereins gegen den Mißbrauch geistiger Getränke.
7. Im vergangenen Jahrfünft sind keine Gemeindeglieder ausgetreten oder eingetreten. Die Zahl der Mischehen beträgt 4. Ansässig ist ein Reformierter, ein altes Ehepaar, Baptisten, und etwa 12 Katholiken.

Soweit die Chronik. Ich habe etwas ausführlicher zitiert, um die geistige Atmosphäre der Jahrhundertwende deutlich zu machen. Wir finden eine Landgemeinde vor, in der das Leben in geordneten Bahnen verläuft. Die Zahl der Amtshandlungen ist, gemessen an der Bevölkerungszahl, höher als heute. Das liegt sicher vor allem an den jetzt geringeren Geburtenziffern und der geänderten Alterspyramide, aber auch die Kirchenaustritte tragen ihren Teil zu diesem Befund bei. Entgegen dem immer behaupteten Trend ist die Zahl der Gottesdienstbesucher deutlich geringer als heute. Das mag daran liegen, daß es „keine kirchlichen Vereine" gab – heute würden wir sagen: Es gab keine Gruppen.

Die Idylle hatte keinen Bestand. Hatte schon der Kanalbau die Landschaft gravierend verändert – bis dahin lag Flemhude an einem weiten See, seither nur noch am Ringkanal, durch den ab Achterwehr die Eider fließt –, so brachte der Krieg die rauhe Wirklichkeit in die verträumte Gemeinde.

„1. August 1914
Der Weltkrieg ist ausgebrochen. Was lange gedroht, bricht als ein Schrecken herein, aber wir wollen treu und fest zusammenhalten, zu unserem Kaiser stehen und den Sieg, so schwer er auch sein mag, mit Gottes Hülfe erringen."

Diese erstaunlich nüchternen Worte leiten eine lange Phase der Chronik ein, in der endlose Berichte über Kriegshilfe (1914: 206 Flaschen Obstsaft, 5 Dosen Obstkonserven, 100 Paar Strümpfe, 95 Pulswärmer, 60 Taschentücher, 20 Hemden, 3 Dtz Fußlappen, 4 Leibbinden, 5 Ohrschützer, 3 P Kniewärmer ... 24 Bettpfühle ... 1915: Eier wurden im Sept. gesammelt: Flemhude 306, Stampe 287, Schönwohld 230, aus Brandsbek 78 ...), vorsichtige Traurigkeit über das Einziehen der zinnernen Orgelpfeifen sowie der Bronzeglocken für die Rüstung und die Normalität des Alltags eine rührende Einheit bilden. Ein Vorbote des großen Wandels zeigt sich an überraschender Stelle: „Am 8. Sept. [1918] wurden zwei Kinder getauft, bei denen Se. Majestät der Kaiser eine Patenstelle übernommen [...]. Die Patengeschenke betragen 50 M resp. 65 M, eine letzte Wohltat des Kaisers für die hiesigen Einwohner."

„Die schmerzlichen Ereignisse des Novembers" äußern sich in Flemhude in häufigen Durchsuchungen des Pastorates, wo immer wieder Flüchtlinge Unterschlupf fanden. Erbost berichtet Pastor Harmsen: „Die Matrosen haben hier alles besetzt, [...] um uns zu bewachen, wie sie sagen, trotzdem werden gerade jetzt dem [Achterwehrer] Wirt die Gänse gestohlen."

Die neue Zeit kommt nach Flemhude: „Am Sonntag, dem 16. Februar [1919] nachmittags Gemeindeversammlung in der Kirche. Vortrag des Herrn Oberkonsistorialrates v. Heintze über die Trennung von Staat und Kirche [...]. Anschließend Sitzung des Kirchenkollegiums, dieses beauftragt [sic!] den Kirchenvorstand, mit der Allg. Elektr. Ges., welche im Auftrag des Gutes Quarnbek die Ortschaft Flemhude mit elektr. Licht versorgt, über eine entsprechende Anlage in der Kirche zu verhandeln. [...]. Am 11. Mai (Jubilate) wird im Abendgottesdienst die elektrische Beleuchtung der Kirche eingeweiht."

Während der letzten Amtsjahre von August Harmsen wird wieder über große und kleine Ereignisse des Guts- und Dorflebens berichtet. Breiten Raum nimmt in der Chronik die Witterung ein: In der Landgemeinde bangt der Pastor mit „seinen" Bauern. Von dem politischen Sturm, der über Deutschland aufzieht, findet sich in Harmsens Chronik nichts.

Erst sein Nachfolger, Theodor Pinn (Abb. 65), geriet mit der NSDAP in Kontakt, und, selten genug in Schleswig-Holstein, in Konflikt. Dabei gehörte Pinn zunächst zu den vielen, die ihre Hoffnungen auf das Dritte Reich setzten: „Hitler wurde im Pastorat mit Freuden begrüßt, und auch noch gewählt, als die deutschen Christen schon ihr verwirrendes Wirken begonnen hatten. [...]. Es war schön, sich national begeistern zu lassen." So kam es, daß am Erntedankfest 1933 am Kirchturm die Hakenkreuzfahne flatterte.[19] Im Gemeindeblatt findet sich über dieses denkwürdige Erntedankfest folgender Bericht:[20]

Abb. 65 *Pastor Theodor Pinn (1898–1989); Aufnahme um 1955*

Erntedankfest in Melsdorf.
Nach dem Gottesdienst in der Kirche wurde am Nachmittag des Oktober das Erntedankfest hier in festlicher Weise begangen. Alle Kreise der Dorfbewohner nahmen daran teil. Es war ein Tag der Einigkeit und Volksgemeinschaft, wie ihn Melsdorf wohl kaum je erlebt hat. Der Festzug wurde von drei Reitern als Herolden eröffnet. Es folgte dann der Erntezug, der mit Liebe und Sorgfalt zusammengestellt war, und das Werden unseres Brotes von der Saat bis zur Ernte darstellte. Daran schlossen sich die Bauernschaft und die Arbeiter, die vaterländischen Verbände, die Turner, die Schuljugend und die übrige Bevölkerung an. Das Handwerk war mit festlich geschmückten Wagen vertreten. Unter den Klängen einer SS-Kapelle von 8 Mann marschierte der Zug durch das Dorf über Rothenhof durch Neu-Melsdorf nach Fegefeuer und zurück zum Festplatz auf dem Schulhof. Nach der Aufstellung ertönte unter Musikbegleitung der gemeinsame Gesang „Großer Gott, wir loben dich!" Der Gemeindevorsteher Hermann Damlos begrüßte die Festversammlung und erteilte dem Lehrer der Melsdorfer Schule das Wort. Dieser sprach 1. Dankesworte für den reichen Erntesegen und 2. für die große Schicksalswende des Deutschen Reiches aus. Es wurde darauf hingewiesen, daß der Dank sich praktisch auswirken müsse im Winterhilfswerk, durch Spenden an den Verein für das Deutschtum im Ausland und durch das Streben nach Volksgemeinschaft, ähnlich wie es heute im Erntedankfest zum Ausdruck komme. Der stellvertretende Ortsgruppenleiter der NSDAP in Russee sprach über die hohen Aufgaben, die unserem Volk in der Gegenwart gestellt seien und schloß mit dreifachem Sieg-Heil. Mit dem Singen des Horst-Wessel-Liedes endete die eindrucksvolle Feier. Die Kinder erlebten zum Schluß noch eine besondere Freude, indem der Bäckermeister Schurbohm einen großen Korb voll feinem Gebäck unter sie verteilen ließ.   C. Jessen

Obwohl der Pastor zunächst sogar mit dem Ortsgruppenleiter „Volksgemeinschaftsabende" organisiert hatte, erhielt die Harmonie bald Risse. Schon früh schloß sich Pinn der Bekennenden Kirche an. „Sie organisierte sich und gab mir die Mitgliedsnummer 10." Er wiederholt hier, vermutlich ohne es zu merken, den Kult der Nazis mit den niedrigen Mitgliedsnummern. Es dauerte nicht lange, und der Konflikt brach aus: Nachdem er schon 1934 vom Propst Niels Schmidt („ein gläubiger Nordschleswiger und Deutscher Christ") unter Druck gesetzt worden war, mußte er 1935 nach Kiel: „Eine Denunziation erwirkte eine Vorladung auf das Landeskirchenamt, das deutschchristlich war und dessen Beamte das Parteiabzeichen trugen. Oberkonsistorialrat Carstensen nahm die Vernehmung zurückhaltend vor; ich nahm kein Blatt vor den Mund, er protokollierte und meinte, es sei wohl allerhand, was ich da sagte." Wohl nicht immer ohne eigenes Verschulden („Mein Temperament [...] wird die Not zwischen mir und anderen unnötig verschärft haben") wurde Pinn am Osterdienstag 1937 der Ausweisungsbefehl mit den Worten überreicht: „Schleswig-Holstein ist kirchlich das ruhigste Land. In Ihrer Gemeinde soll kein Unruheherd entstehen." Obwohl Pinn eine komplexe, manchmal sogar schillernde Persönlichkeit war, ist er doch mit seiner Größe und seinen Grenzen einer der Lichtblicke in der Kirchengeschichte jener Zeit.

Der Zusammenbruch des Dritten Reiches veränderte unsere Gemeinde vollständig. 1901 hatte sie 1647 Einwohner, 1933 waren es 1850. Bei der nächsten Volkszählung 1939 waren es ein glattes Drittel mehr, und diese Zahl verdoppelte sich durch die Flüchtlinge noch einmal bis 1950 auf 5030. Zwar nahm die Bevölkerungszahl dann vorübergehend ab, aber es begann die Zeit der Siedlungen und später der Baugebiete. Wer mit wachem Blick durch die Dörfer geht, der sieht straßenweise die jeweiligen Baumoden realisiert. Diese Entwicklung setzt sich bis heute fort.

Das hatte natürlich Auswirkungen auf die Gemeinde. Im Rückblick ist es faszinierend festzustellen, wie die Pastoren nach dem Krieg sehr spezifische Antworten waren auf die Herausforderungen der Zeit.

Pinn war 1946 von befreundeten Gemeindegliedern zurückgerufen worden. Doch neben seinen Freunden fand er seine alten Gegner vor, so daß er Flemhude bald wieder verließ. Sein Nachfolger, Johann Schmidt (1948–1950), erlebte vielleicht die einzige Phase in der Geschichte der Gemeinde, in der Predigt und Seelsorge wirklich das Zentrum der Arbeit waren. Die vielen Flüchtlinge mit ihrer wesentlich kirchlicheren Tradition, aber auch Not, Leid und Konflikte in Dörfern und Familien führten die Menschen in die Kirche.

Pastor Emil Walther (1950–1959), ein Mann von großer Menschlichkeit, verkaufte eine ganze Reihe von Grundstücken – es hört sich überraschend an als Charakteristikum einer Amtszeit, es ist aber die getreue Widerspiegelung der Situation: Es waren die Siedlungsjahre.

Sein Nachfolger Hermann Kobold (1960–1969) hatte zwei wichtige Arbeitsschwerpunkte: In seiner Zeit wurden Mettenhof und Schwartenbek abgepfarrt, und die Bausubstanz erfuhr die dringend nötige Pflege. Die Renovierung der Kirche, die im damaligen Zeitgeschmack die alten klaren Formen des Gotteshauses wieder zur Geltung bringen sollte, erscheint heute vielen als recht kühl. Neben dem Neubau des Pastorates wurden zu Kobolds Zeit die Kapellen in Stampe und Schönwohld gebaut. Wieder einmal, wie vor 700 Jahren, wurde die Besiedelung der Dörfer mit dem Bau von Gotteshäusern beantwortet.

Das damalige Kapellenbauprogramm hat sich jedoch als problematisch erwiesen. Denn nachdem die Generation der alten frommen Flüchtlinge gestorben war, sanken die Gottesdienstzahlen erheblich. Da zudem durch die Motorisierung eine Neigung entstanden ist, in die schöne alte Feldsteinkirche *(Farbtafel VIII)* zu fahren, mußte die Stamper Kapelle 1990 verkauft werden. Sie war die erste, der in Nordelbien sicher noch manche folgen wird. Es war dann Raimund Schneider (1970–1975) vorbehalten, den Anschluß der Gemeinde an die moderne Zeit zu finden. Er stärkte das Laienelement erheblich; er setzte den Bau des Hauses der Kirche in Melsdorf durch, dessen wenig attraktives Äußere allerdings ein stetiges Konfliktfeld in der Gemeinde ist; er begründete die Kinderstube, die inzwischen in zwei Dörfern angeboten wird; er stellte Mitarbeiterinnen ein, die bei der Erfüllung der zahlreichen Arbeiten in der verzweigten Gemeinde halfen.

Wo die Pastoren Schmidt und Walther auf die Veränderungen reagierten, wo Kobold die baulichen Voraussetzungen schuf, da brachte Raimund Schneider Leben in die Gottes- und Gemeindehäuser.[21]

Und heute?

Wir finden eine moderne Stadtrandgemeinde vor, die mit weiterführenden Schulen, mit Kultur (soweit vorhanden) und Versorgung auf Kiel konzentriert ist. Viele leitende Persönlichkeiten von Universität, Verwaltung und Wirtschaft wohnen in unseren Dörfern. Junge Menschen mit dem entsprechenden geistigen Hintergrund sind „ins Grüne" gezogen und gewinnen in den Dörfern an Gewicht. Die alte ländliche Bevölkerung ist fast eine

Randgruppe geworden. Beamte prägen die mittleren Jahrgänge.

Die Kirchengemeinde mit ihren vielen Angeboten ist ein wohlakzeptierter Teil des Dorflebens. Sie hat den Abschied von der Pastorenkirche vollzogen: Seit 1984 ist mit Rotraut Naucke eine Laiin Vorsitzende des Kirchenvorstandes, und während 1960 die erste Frau in den Vorstand berufen wurde, findet sich 1991 nur noch ein gewählter Mann. Gute Arbeit eines fleißigen und qualifizierten Kirchenvorstandes ist bei den Kirchenwahlen 1990 mit der höchsten Wahlbeteiligung im Kirchenkreis honoriert worden. Pastorin und Pastor teilen sich die Kanzel mit Prädikantinnen – die Kirchengemeinde Flemhude sieht der Zukunft mit Zuversicht und Gelassenheit entgegen.

1 N. Falck (Hrsg.): Staatsbürgerliches Magazin mit besonderer Rücksicht auf die Herzogtümer Schleswig-Holstein und Lauenburg. Schleswig 1831, S. 647.
2 H. Willert: Anfänge und frühe Entwicklung der Städte Kiel, Oldesloe und Plön. Neumünster 1990, S. 39 f.
3 P. Johansen: Die Kaufmannskirche im Ostseegebiet. In: Studien zu den Anfängen des europäischen Städtewesens. Reichenau Vorträge 1955–1956. Darmstadt 1970.
4 Auch das gleichnamige Bier führt einen Mohren im Wappen!
5 W. Weimer: Der Aufbau der Pfarrorganisation im Bistum Lübeck: In: Zeitschrift der Gesellschaft für Schleswig-Holsteinische Geschichte 74/75, 1951, S. 171 f.
6 Willert, S. 114; der Kieler Klerus fällt bedauerlicherweise nicht durch vorbildliche Moral auf. Auch der schon erwähnte Lodewig hatte mehrere (!) eigene Kinder zu versorgen (Willert, Anm. 246). Allerdings darf man dies nicht mit heutigen Augen sehen. Die Durchsetzung des Zölibates war gerade im Mittelalter sehr umstritten.
7 Siehe hierzu S. 67.
8 H. Kobold: Die St. Georg- und Mauritius-Kirche in Flemhude. Flemhuder Hefte Nr. 1. Flemhude 1990, S. 69.
9 A. a. O., S. 71.
10 H. Kobold: Hans-Henrich von Kielmannsegg – Ritter und Patron. Unveröffentlichter Vortrag, gehalten in Flemhude am 12. 2. 1990.
11 A. a. O., S. 13.
12 U. Schillmeier: Theodor Allers. Ein Barockbildhauer in Schleswig-Holstein-Gottorf von 1684 bis 1704. Diss. Kiel 1989.
13 A. a. O., S. 96.
14 Es gibt zu diesem Namen zwei wenig wahrscheinliche Etymologien. 1. Das Gut lag am Nordsee (= Flemhuder See) im Gegensatz zum Westensee. Das ist geographisch nicht ganz stimmig, denn zwar liegt der Flemhuder See nördlich des Westensees, aber von welchem bedeutenden Platz aus liegt der Westensee im Westen und der Nordsee im Norden? 2. Im Namen des Sees findet sich die Errinnerung daran, daß hier einmal der Endpunkt des Nordseehandels war.
15 A. Wiegand/G. Berendonk: Kurioses aus den Flemhuder Kirchenbüchern. Unveröffentlichter Vortrag, gehalten in Flemhude am 18. 9. 1990.
16 Diese Geisteshaltung findet sich aber noch in diesem Jahrhundert: Die unehelichen Melsdorfer Schüler wurden vom Lehrer auf eine gesonderte Bank gesetzt, und Christian Reimer erzählt immer noch mit Wut und Trauer in der Stimme, wie der Pastor nach Abschluß der Konfirmandenzeit gesagt habe: „Das letzte Wort will ich euch hier sagen, wenn ihr sterben tut, der Teufel soll eure Seelen holen." Zitiert bei R. Dornbusch: Melsdorfer Chronik. Neumünster 1990, S. 199.
17 Alle weiteren, durch Anführungsstriche kenntlich gemachten Zitate entstammen der Chronik der Kirchengemeinde, die im Pastorat aufbewahrt wird.
18 Die Kanalverwaltung hatte bei Landwehr einen sog. Kanalgutsbezirk unter ihre Hoheit gestellt, der nach Abschluß der Bauarbeiten wieder aufgelöst wurde.
19 Diesen Hinweis verdanke ich Herrn Karl Vogt aus Flemhude.
20 Archiv der Kirchengemeinde Flemhude: Hör zu. Gemeindeblatt.
21 Zur Tätigkeit des Vorgängers und zur eigenen schreibt man nichts.

Abb. 66 Schönkirchen. Kanzel der Marienkirche von 1591

Die Marienkirche zu Schönkirchen

Mutterkirche der Ortschaften zwischen der Schwentinemündung und der Kieler Förde

Eckart Ehlers

Noch heute, trotz starker Bebauung, blickt die Schönkirchener Marienkirche weit ins Land. Der wuchtige Feldsteinbau steht auf einer kleinen Anhöhe, so daß auch das Turmkreuz als Zeichen des Ostersieges den Besucher Schönkirchens schon frühzeitig grüßt *(Farbtafel IX)*.

1294 wird der Ort erstmalig erwähnt. Es ist anzunehmen, daß um diese Zeit die Marienkirche erbaut wurde. Die Anregung hierzu gaben Mönche des erst wenige Jahrzehnte vorher gegründeten Franziskanerklosters in Kiel. So ist zu erklären, daß es sich um eine schlichte Saalkirche handelt. Als Baumaterial verwendete man seinerzeit das Billigste: Feldsteine und Eichenholz.

Jahrhundertelang stand dieses Bauwerk als Mutterkirche für alle Dörfer und Ortschaften zwischen der Schwentinemündung und der Kieler Förde. In den ersten Jahrzehnten des 19. Jahrhunderts jedoch zeigten sich in den Feldsteinen am Turm Risse, die trotz aller Reparaturen im Laufe der Jahre so stark wurden, daß man den Turm abtragen mußte. Es gab Überlegungen, die Kirche turmlos zu lassen; den Bemühungen des Dobersdorfer Gutsinspektors Dittmann, dessen Grabstein sich noch heute auf dem alten Kirchhof befindet, ist es aber zu verdanken, daß der heutige Turm aus Ziegelsteinen und wiederum mit einem Satteldach 1838 errichtet wurde.

Es ist anzunehmen, daß der Innenraum der Kirche – getreu den Prinzipien des Bettelordens der Franziskaner – weitgehend schlicht und schmucklos war. Ihr wertvollstes Stück war aus unserer heutigen Sicht sicher der Taufstein, im gotischen Stil gearbeitet und aus dem 14. Jahrhundert stammend. Leider ist dieses wertvolle sakrale Kunstwerk 1862 auf das nahegelegene Gut Schrevenborn gebracht worden. Dort steht der Taufstein heute noch und wurde, trotz mehrerer herzlicher Bitten von seiten der Kirchengemeinde, der Kirche noch nicht zurückgegeben. Dem Alter nach folgte dann die Kanzel. Die stammt aus dem Jahre 1591 und ist mit Holzschnitzereien im Renaissancestil versehen *(Abb. 66)*. Die vier Darstellungen zeigen die Geburt Christi, seine Kreuzigung, die Auferstehung und das jüngste Gericht. Wie die Aufschrift zeigt, wurde dieser Kanzelkorb der Kirche von Frau Anna Rantzau geschenkt – wer der Schnitzer ist, wissen wir nicht.

Besonders großzügig zeigte sich rund 200 Jahre später eine Gräfin Katharina Rantzau, die der Kirche eine 1790 eingeweihte Orgel schenkte. Vorher hatte es kein Instrument in Schönkirchen gegeben. Diese erste Orgel ist 1863 einer weiteren gewichen. Die heutige Orgel stammt aus dem Jahre 1968. Sie ist zweimanualig, hat 24 Register und eine mechanische Spieltraktur. Orgelbauer war Detlef Kleuker.

Das schönste und größte Schmuckstück unserer Kirche ist allerdings der Altar von 1653, geschnitzt von dem Sriniario d. h. Schreiner und Bildschnitzer Hans Gudewerth dem Jüngeren aus Eckernförde *(Abb. 67; Farbtafel X)*. Gudewerth hat noch drei weitere solcher Altäre geschnitzt, einen für die Kirche seiner Vaterstadt Eckernförde, einen für die Nikolaikirche in Kappeln und einen für die Kirche in Dänischenhagen, der heute jedoch in der Klosterkirche zu Preetz steht. Der Altaraufsatz ist reich verziert, und man bezeichnet diese Kunstform gern als Norddeutsches Knorpelbarock. Er nimmt die ganze Höhe der Kirche ein, seinen Abschluß bildet ein mächtiger Engel, der mit ausgebreiteten Flügeln und segnenden Händen auf das Kirchenschiff blickt.

Man könnte die Darstellung den Brückenschlag unseres Gottes nennen. Auf der linken Seite finden sich Bibelworte und Darstellungen aus dem Alten Testament. Das beginnt links unten mit einem Engelchen, das einen Korb mit Manna in seiner Hand hält. Darüber finden wir die entsprechende Bibelstelle aus dem 2. Buch Mose. Ein wenig höher hält ein größerer Engel die Bundeslade mit dem Hut des Hohen Priesters auf seinem Schoß; ebenfalls versehen mit der entsprechenden Bibelstelle aus dem Buch Exodus. Links oben finden wir dann Mose, den Wegbereiter des Volkes Israel. Gegenüber kann der Betrachter entsprechende Darstellungen aus dem Neuen Testament sehen. Rechts unten der kleine Engel hat die Hand frei und weist auf die Bibelstelle aus dem Johannes-Evangelium, wo Jesus sagt: „Ich bin das Brot des Lebens." Auch der darüber sitzende, größere Engel zeigt auf die Stelle des Hebräerbriefes, in der Jesus als der wahre

Abb. 67 Schönkirchen. Altar der Marienkirche von 1653 (Detail)

Hohe Priester genannt wird. Und gegenüber von Mose steht Johannes der Täufer, der Wegbereiter Jesu und letzte Prophet im Neuen Testament.

Der Brückenschlag Gottes wird durch die beiden Hauptdarstellungen vom Gründonnerstag und Karfreitag deutlich. Wir sehen Jesus Christus beim Abendmahl in dem Augenblick, wo er seinen Jüngern sagt: „Einer wird mich verraten!" Alle Jünger, bis auf den Judas, schauen erstaunt und fragen: „Herr, bin ich's?" Folgerichtig sehen wir darüber den Gekreuzigten mit den trauernden Frauen. Der Strahlenkranz über dem Kreuz jedoch zeugt bereits von der aufgehenden Ostersonne. Jesus Christus, der Brückenschlag Gottes vom alten zum neuen Bund, zeigt sich eben in seiner Liebe zu den Menschen durch die Hingabe von Leib und Blut und das Selbstopfer am Kreuz.

Die vier Evangelisten, die ebenfalls selbst bei flüchtigem Hinschauen nicht zu übersehen sind, haben jeder ein Buch in der Hand – die Bibel, Gottes Wort. Daraus erkennt man, daß dieser Altaraufsatz aus der Zeit der lutherischen Orthodoxie stammt.

Der Stifter des Altars hat sich mit seinem Adelswappen auch ein Denkmal setzen lassen. Es ist Dietrich Blome. Sein Name und der seiner Gattin Anna, sowie seiner verstorbenen Ehefrau Elisabeth, finden sich ebenfalls ins harte Eichenholz eingeschnitzt. Zwei kleinen Engeln bei den Namen der Frauen hat der Schnitzer vermutlich ihren Gesichtsausdruck gegeben.

An äußerst bescheidener Stelle hinter dem Altarblatt hat Meister Gudewerth selbst seinen Namen festgehalten. Er hat den Altaraufsatz 1653 in Natureiche abgeliefert, nachdem er mit seinen Gesellen etwa fünf Jahre – freilich mit Unterbrechungen – daran gearbeitet hatte. Im Laufe der Jahrhunderte wurde das Holz mehrfach mit einem Ölanstrich versehen. Glücklicherweise wurde der Altaraufsatz während des Zweiten Weltkrieges in die Rittergruft eingemauert und erst 1953, nachdem die Schäden des Krieges an der Kirche endgültig behoben waren, wieder aufgestellt. Dabei wurden die Farbreste abgebrannt. Auch bei der weiteren Restaurierung 1976 achtete ein erfahrener Holzbildhauermeister peinlich darauf, daß die Naturfarbe erhalten blieb.

Ein weiterer Hinweis soll nun der Gruft gelten, die sich seit 1937 unterhalb des Rantzauanbaues befindet. Seit diesem Jahr wird der obere Teil als Leichenhalle genutzt, unten befinden sich mehrere Särge Adeliger, unter ihnen auch der Sarg des Altarspenders Dietrich Blome.

Wie in anderen alten Dorfkirchen hängen auch in Schönkirchen Bilder von früheren Pastoren an den Wänden. Getreu dem Bibelwort: „Gedenket eurer Lehrer, die euch das Wort Gottes gesagt haben, und folget ihrem Glauben nach" ließ die Gemeinde Schönkirchen vier Ölbilder anfertigen. Das größte Bild stammt allerdings aus der Heiligengeistkirche in Kiel und zeigt Peter Sperling, der von 1666 bis 1677 Pastor von Schönkirchen war. Kurios ist, daß sich auf einem Tischchen neben ihm – zwischen Bibel und Gesangbuch – ein Hühnerei befindet und in der unteren Ecke des Bildes eine lateinische Inschrift ebenfalls in der Form eines Eies dargestellt ist. Die wenigen Sätze sprechen vom Schicksal Peter Sperlings und seinem frühen Tod.

Ein weiteres Bild zeigt den in Schönkirchen überaus beliebten Pastor Christian August Müller, der von 1801 bis 1842 sein Amt versah. Von ihm heißt es, er sei derart freigebig gewesen, daß er sich selbst dadurch in Schulden stürzte. Dabei war sein Gerechtigkeitssinn so groß, daß er sich nicht auf den Vorschlag seines Anwalts einließ, seine Gläubiger mit 25 % ihrer Forderungen abzufinden. Das Konsistorium veranlaßte ihn darum, in einem Sonntagsgottesdienst öffentlich die Höhe seiner Schulden zu verlesen. Es wird erzählt, an diesem Sonntag sei die Schönkirchener Kirche besonders gut besucht gewesen.

Pastor Müller war trotzdem guten Muts und bewahrte sich seine Fröhlichkeit. Dem Bibelwort entsprechend: Den Seinen gibt's der Herr im Schlaf – machte er einige Jahre später unverhofft eine größere Erbschaft, die es ihm leicht ermöglichte, alle Schulden abzudecken. Hochverehrt von seiner Gemeinde, starb er nach über 40 Amtsjahren und wurde an seinem Lieblingsplatz unter einer Trauerweide hinter der Kirche beigesetzt.

Unmittelbar neben dieser Stelle befindet sich der Grabstein seines Nachfolgers und in Schönkirchen ebenso angesehenen Pastors Carl Friedrich Christian Johann Mertz, den ein weiteres Bild im Kircheninneren zeigt. Insgesamt 33 Jahre versah er treu seinen Dienst. Von ihm heißt es, er habe ein gewinnendes, liebenswürdiges Wesen gehabt und muß darüber hinaus ein Mann der Praxis gewesen sein. Auf ihn geht nämlich die Gründung einer Sparkasse im Jahre 1848 zurück.

Der wohl interessanteste Pastor der Gemeinde Schönkirchen in dieser Runde war Ernst Jacob Mühlenhardt. Er folgte Pastor Mertz 1877, nachdem er zuvor als junger Kandidat Hauslehrer beim Herzog Friedrich von Schleswig-Holstein war. Er unterrichtete die Prinzessinnen Auguste Viktoria und Feodora sowie den Erbprinzen Ernst Günter. Alle drei müssen sehr an ihrem Lehrer gehangen haben, denn es entwickelte sich zwischen ihnen und Pastor Mühlenhardt ein reger Briefverkehr. Selbst als die Prinzessin Auguste Viktoria 1881 den Hohenzollernprinzen Wilhelm heiratete und später an seiner Seite deutsche Kaiserin wurde, wechselten noch viele Briefe von Potsdam ins Schönkirchener Pastorat und umgekehrt. Die Kaiserin schrieb ihrem alten Lehrer von ihren Kindern und ihren Alltagssorgen, wie es jede andere Frau und Mutter sicher auch getan hätte. Aus ihren handschriftlichen Briefen spürt man förmlich, welch ein Vertrauen sie in ihren alten Lehrer setzt. Man schmunzelt, wenn man beispielsweise liest, daß sie ihn bittet, doch seine Augen einmal offen zu halten und sich in der gesunden Luft Ostholsteins nach einer drallen Magd umzusehen, die bei ihr Ammendienste leisten könnte. Und Auguste Viktoria vermerkt ausdrücklich: Es solle nicht zum Schaden dieses jungen Mädchens sein!

So hatte Pastor Mühlenhardt ein besonderes Vertrauensverhältnis zum deutschen Kaiserpaar. Er wurde mit seiner Gattin zu dessen Hochzeit nach Berlin eingeladen und regelmäßig, wenn das Kaiserpaar zur Kieler Woche in Kiel residierte, zu einem Abendessen mit den Majestäten auf die Yacht Hohenzollern gebeten. Daß er, wie die Telegramme des Hofmarschalls zeigen, solche Besuche „im Gehrock und niedrigem Hut" machen durfte, zeigt sein besonders enges, freundschaftliches Verhältnis zu Kaiser Wilhelm und der Kaiserin Auguste Viktoria. Die Schönkirchener Gemeinde war ihm dankbar, daß er diese guten Beziehungen zu damals höchster Stelle nie dazu nutzte, eine Beförderung für sich zu erwirken. Dies wäre sicherlich in der preußischen Staatskirche für die Kaiserin ein Leichtes gewesen. Es war ein Stück besonderer Gnade, daß Ernst Jacob Mühlenhardt im Juli 1918, wenige Monate vor dem Sturz der Monarchie, starb. Unter großer Anteilnahme seiner Gemeinde wurde er nach einer vom Generalsuperintendenten gehaltenen Trauerfeier auf dem alten Kirchhof beigesetzt.

Unmittelbar neben dem Bild des Pastors Mühlenhardt fällt der Blick auf ein Votivschiff. Es stellt die Handelsbark „Zur Zufriedenheit" dar und ist ein Geschenk der an der Förde liegenden Ortschaft Möltenort. Dadurch wird noch einmal besonders unterstrichen, daß die Kirchengemeinde Schönkirchen, obwohl das Kirchdorf selbst im Binnenland liegt, auch eine Seefahrerkirche ist. Dies Schiff soll früher über dem Schiffergestühl gehangen haben. Damit brachten die Schiffer zum Ausdruck: Wenn wir auch auf See sind, so sind unsere Gedanken trotzdem bei der Gemeinde im Gottesdienst. Außer dem Schiffergestühl gab es noch weitere Kirchenstühle für Bauern und Handwerker auf der Orgelempore. Sie waren, ähnlich wie die in der Kirche befindlichen Adelsstühle, käuflich und vererbbar. Leider wurden diese Kirchenstühle mit der Empore 1956 aus der Kirche entfernt, weil sie „nicht mehr zeitgemäß waren".

Um die Kirche liegt noch heute der alte Kirchhof als vorbildlich gepflegte Anlage. Auf ihm befinden sich einige historische Gräber. Als Beispiel sei hier nur die Grabstätte der Familie Howaldt, Gründer der Kieler Howaldtswerke, genannt. Und noch eine weitere Grabplatte möchte ich hier nicht unerwähnt lassen. Sie lag früher auf der Gruft der Familie des Ölmüllers Johann Joachim Kühl. Dieser Ölmüller, der die Mühle in Neumühlen gepachtet hatte, griff nämlich am Anfang des 19. Jahrhunderts in die große Weltpolitik ein. Als Napoleon die Kontinentalsperre um England legte, kaufte er den Oppendorfer Wald, charterte Schiffe und versorgte die Engländer mit dem für ihren Bergbau so wichtigen Grubenholz. Dieser nicht ungefährliche Eingriff in Napoleons Wirtschaftspolitik brachte Kühl natürlich viel Geld ein. Sein Holzlagerplatz an der Schwentinemündung trägt heute noch als Straße den Namen „Geldbeutel". Doch wie gewonnen, so zerronnen! Als Napoleon besiegt war, platzten Kühls Wechsel, und er soll als fast armer Mann gestorben sein. Die Inschrift auf der Grabplatte gibt dem Schicksal hierfür die Schuld.

Um die Jahrhundertwende wuchsen alle Ortschaften der Kirchengemeinde und machten schon 1878 die Einweihung eines neuen Friedhofes auf der Pastorenkoppel hinter dem Pastorat erforderlich. Sehr bald mußte eine zweite Pfarrstelle in Neumühlen geschaffen werden. In einem kleinen Kirchsaal sammelte der Pastor seine Gemeinde – es war die Urzelle der heutigen Paul-Gerhardt-Gemeinde Kiel-Dietrichsdorf. Große Gottesdienste, wie z. B. Konfirmationen, fanden allerdings weiterhin in der Mutterkirche statt. Nachdem Neumühlen 1921 als Kirchengemeinde selbständig geworden war, plante man drei Jahre später auch in Heikendorf den Bau einer Kirche, die Mittelpunkt einer selbständigen Kirchengemeinde werden sollte. Diese erste Kirche wurde im Krieg zerstört und 1958 als besonders schön gelungener Kirchenneubau der Nachkriegszeit wieder errichtet. Wenige Jahre später konnte dann auch die neue Paul-Gerhardt-Kirche in Neumühlen-Dietrichsdorf eingeweiht werden.

Aber auch unsere Marienkirche überstand den Krieg nicht schadlos. Beschädigungen durch eine Luftmine machten sie seit 1942 unbenutzbar. Gottesdienste und Amtshandlungen fanden im geräumigen Gartenzimmer des Pastorats statt.

Unmittelbar nach dem Krieg ging man daran, die Kriegsschäden zu beheben. Die schweren zerbrochenen Eichenbalken der Decke mußten wieder zusammengefaßt werden. Da Holz in der Nachkriegszeit nicht zu bekommen war, bediente man sich der Duckdalben, die von der Demontage der Werften abfielen. So lassen sich die häßlichen braunen Flecke an der Balkendecke heute erklären, denn dieses Holz war gut mit Carboleneum getränkt. Dennoch beseitigen wir diesen Schaden nicht. Schließlich erinnert er uns an die Kriegszerstörung, zugleich aber auch an den starken Aufbauwillen der Gemeindeglieder, die nicht erst warteten, bis geeignetes, neues Baumaterial zur Verfügung stand. Diese Deckenbalken sind ähnlich wie unsere Taufschale ein Zeugnis dafür, wie Kriegsmaterial friedlichen Zwecken zugeführt werden kann. Die Taufschale wurde nämlich unmittelbar nach dem Kriege aus der Messingkartusche eines Flak-Geschosses gefertigt.

Heute ist unsere Marienkirche das Gotteshaus für etwa 7500 evangelische Gemeindeglieder. Die Kirchengemeinde ist in drei Pfarrbezirke geteilt. Der erste Pfarrbezirk umfaßt den größten Teil des alten Ortes Schönkirchen sowie die Dörfer und Ortsteile Schönhorst, Landgraben, Flüggendorf, Dobersdorf und Tökendorf. Der zweite Pfarrbezirk setzt sich aus dem Eigenheim Oppendorf und den Schönkirchener Ortsteilen Anschützsiedlung und Ringenrade zusammen. Der dritte Pfarrbezirk deckt sich mit den Grenzen der Kommunalgemeinde Mönkeberg.

In Mönkeberg konnte schon Anfang der 1960er Jahre ein Gemeindezentrum mit einem Gottesdienstraum eingeweiht werden. Hinzu kam etwa zehn Jahre später das Pastorat. In diesem Gemeindezentrum wird an jedem Sonn- und Feiertag Gottesdienst gehalten. Der Plan, in Mönkeberg eine Kirche zu bauen, ist recht bald wieder verworfen worden, da der Andachtssaal von der Mönkeberger Gemeinde gern angenommen wurde. Allerdings hat es sich in den letzten Jahren so ergeben, daß Amtshandlungen wie auch Konfirmationsgottesdienste der Mönkeberger in der Marienkirche durchgeführt werden.

Ein zweites, sehr schönes Gemeindezentrum erhielt der Pfarrbezirk Anschütz/Oppendorf. Es wurde 1982 eingeweiht und dient in den Wintermonaten ebenfalls regelmäßig als Gottesdienststätte. Dieses Gemeindezentrum ist auch zugleich mit einem Pastorat verbunden und fügt sich architektonisch hervorragend in das umliegende neue Siedlungsgebiet ein.

Im ersten Pfarrbezirk befindet sich als Anbau an die Friedhofswärterwohnung ein Konfirmandensaal aus dem Jahre 1911, der in den 1950er Jahren zum Gemeindesaal erweitert wurde. Hier ist ein zeitgemäßer Anbau mit entsprechenden Gemeinderäumen geplant.

Das alte Pastorat ist 1972 von Grund auf renoviert worden. In den unteren Räumen konnten das Kirchenbüro, die Friedhofsverwaltung sowie das Amtszimmer des Pastors untergebracht werden. Die großen Gartenzimmer wurden zusammen mit einem modernen Anbau zu einem Kindergarten umgestaltet.

Eine Besonderheit Schönkirchens ist sicher der vor einigen Jahren angepflanzte „Kirchenwald". Der Kirchenvorstand entschloß sich, hier auf Pachteinnahmen von etwa fünf Hektar Land zu verzichten und sie im Zuge von Förderungsmaßnahmen des Landes aufzuforsten. Die Schönkirchener freuen sich bereits heute auf den Mischwald, der zwischen dem Friedhof und dem alten Oppendorfer Gehölz entsteht und ihnen als Naherholungsgebiet dienen wird.

Die Katharinenkirche zu Westensee[1]

Wilhelm Ricker

Das Gebiet der Kirchengemeinde Westensee ist erst in der ersten Hälfte des 13. Jahrhunderts, wahrscheinlich nach der Schlacht bei Bornhöved (1227), von Deutschen besiedelt worden. Dies geschah wie überall in Ostholstein unter Führung eines Rittergeschlechts, das – hier ansässig geworden – bald nach seiner neuen Erwerbung den Namen „de Westensee" annahm. Das Geschlecht der Westensees hat in der Folgezeit, besonders unter Gerhard dem Großen, über das Westenseegebiet hinaus großen Einfluß auf die Landespolitik ausgeübt. Vermutlich politisches Taktieren mit dem dänischen König, gewiß aber sein Raubrittertum, brachten das Geschlecht dann zu Fall. Die Schauenburger Landesherren eroberten im Bunde mit der Hanse 1346 die Burgen ihrer aufsässigen Vasallen. Die Pest von 1350 hat dann vermutlich die letzten Männer des Geschlechts dahingerafft.

Mit der deutschen Besiedlung des Westenseegebiets kam auch das Christentum in das Land. Es fand in dem Bau der Westenseer Kirche seinen sichtbaren Ausdruck *(Farbtafel XI)*. Wann die Kirche errichtet worden ist, läßt sich urkundlich nicht genau nachweisen. Erstmals erwähnt wird sie 1253 als zum Inspektionsbezirk des Klosters Neumünster gehörig. Sie wird eine „filia" des Klosters genannt, das zu ihrer Betreuung neben dem „patre" als Obersten vier „vicarii" abstellte, die „ihre Häußer im Dorfe gehabt". So berichtet Pastor Jacob Schröder in dem alten Kirchenbuch von 1653.[2] Nachdem Kirche und Pastorat im Dreißigjährigen Krieg mehrfach geplündert waren, konnte Schröder nur wiedergeben, was er von anderen, insbesondere von dem 1635 verstorbenen Küster und Organisten Henrici Witten, gehört hatte:

> Von der Fundation der Kirche zu Westen See sollte ich billig etwas schreiben, weiln Ich aber nichtes darvon für mir gefunden, auch keinen gewißen Bericht jemals erlangen können, wann, oder von wenen sie erbauet oder gestifftet; als kan und mag ich auch nichts gründlichs darvon setzen, nur will ich allein dieses anzeigen, was ich von etlichen alten und wohlbetagten dieses Kirchspiels Eingeseßenen, die es auch von ihren Vorfahren gehöret haben, vernommen.

Über das Kirchengebäude berichtet Schröder:

> Wenn ich die Structuram der Mauren dieser Kirchen nun betrachte, so scheinet daraus, daß dieselbe nur anfänglich eine kleine Capelle muß gewesen seyn, von Quadrat und Feld-Steinen artig auf beiden Seiten aufgebauet ohne Thurm und Chor. Nach vielen Jahren soll sie verlängert, und das Chor, wie es jetzo ist, und der Thurm hin angebauet worden seyn.

Was die Vermutung betrifft, die Westenseer Kirche habe zunächst nur aus einer Kapelle ohne Chor und Turm bestanden, so kann man das tatsächlich an der „Struktur der Mauern" erkennen. Daß das Langhaus früher niedriger und kürzer war, zeigt eine Feldsteinschicht der Seitenmauern etwa in Höhe der ansetzenden Fensterbögen *(Abb. 68)*. Sie bricht nach Westen zu ab. Vermutlich hat sie früher die Auflagebalken des Daches getragen. Die jetzt zugemauerten Portale an der Süd- und Nordseite zeigen, daß der Fußboden des Langhauses früher niedriger gelegen hat. Die „kleine Kapelle" ist jedoch mit an Sicherheit grenzender Wahrscheinlichkeit nicht „ohne Turm und Chor" gewesen. Bei den Sanierungsarbeiten der Jahre 1976 und 1978 wurden im Chor Reste alter Fundamente freigelegt. Sie stammen von einer halbkreis- oder kastenförmigen Apsis, also einem kleinen Chor. Der wenig schöne Bogen, der jetzt Mittelschiff und Chor verbindet, war damals schmaler. Nach der Bauweise der Kolonisationszeit müßte als Gegenstück zu dem kleinen Chor an der Westseite ein runder Turm gestanden haben. Die Fenster des Mittelschiffs waren zudem, wie das einzige, nicht nachträglich verbreitete, heute zugemauerte Fenster an der Nordseite zeigt, schießschartenartig verengt. So erweist sich der ursprüngliche Bau als eine Wehrkirche, wie wir sie auch in Bosau oder Ratekau finden.

Der Anbau des gotischen Chores wird von Hedemann auf das Jahr 1320 datiert, der Zeit, in der sich das Geschlecht der Westensees auf dem Höhepunkt seiner Macht befand, die Verlängerung des Kirchenschiffs und der Bau des viereckigen Turmes auf das Jahr 1505. Die Mittel zum Ausbau der Kirche kamen mit Sicherheit nicht aus einer „Lade mit Gelde, so zwischen dem Gute Emkendorf und dem Dorffe Brux See auf der Scheide in der Erden ist gefunden". Das wurde schon 1611 gerichtlich festgestellt. Die Wohlhabenheit der Westenseer Kirche haben wohl die Spenden der Wallfahrer begründet; denn die Katharinenkirche wurde, wie 1342 erstmals bezeugt ist, selbständige Pfarr- und Wallfahrtskirche. Dazu berichtet Schröder:

Abb. 68 Katharinenkirche zu Westensee. Die Feldsteinschicht unterhalb der Fensterbögen läßt die ursprüngliche Höhe der „kleinen Kapelle" vermuten

Wie nun alle Kirchen ihre besonderliche Heiligen, Patronos et Patronas haben, und dannenhero genennet werden; Also ist diese Westen Seer Kirche, S. Catharinae zu Ehren gestifftet und erbauet. Darum denn noch alle Jahre auf S. Catharinen-Tag, also am 25. Novembris absonderlich wird geprediget, auch Kirchmeß und Jahrmarkt gehalten im Dorffe. In den alten Zeiten des Pabstthumes ist alhie große Abgötterey getrieben, denn viel breßhaffte Leute nach S. Catharinen Walfahrt gehalten, sie angerufen, und nach erlangter Gesundheit, große, viele, und mancherley Opfer an Gelde, Wachs, Flachs, Wolle et cetera auf das große Altar geopfert, welches der Dominus Pater mit Freuden empfangen und behalten.

Außer den Spenden der Wallfahrer flossen der Kirche erhebliche Einkünfte aus Landbesitz, der durch Stiftungen entstanden war, auch von außerhalb des Kirchspiels zu.

Als die Reformation in unseren Dörfern Einzug hielt, traf sie auf eine gegenüber der Kolonisationszeit wesentlich veränderte Sozialstruktur. Der Siedler, den einst die Hoffnung auf ein auskömmliches, auch freieres Leben ins Land gelockt hatte, war im Laufe der Zeit zum Leibeigenen geworden. Der Adlige, der im Auftrage des Landesherren nur die hoheitlichen Rechte wahrgenommen und dafür von den Bauern Abgaben erhalten hatte, war zum selbstwirtschaftenden Gutsbesitzer geworden, der durch Legen von Bauernstellen sein Hofland ständig vergrößert hatte und der sein Land von den hörigen Bauern im Frondienst bearbeiten ließ. Das adlige Gut war entstanden, eine Welt für sich, „ein Staat im Staate", in dem allein der Gutsherr für Jahrhunderte den Ton angab. Das traf natürlich auch auf das Kirchspiel Westensee zu, dessen Gebiet ausschließlich aus adligen Gütern bestand.

Die Westenseer Kirche war eine sogenannte Patronatskirche.[3] Im Kirchenkonvent regelten die Gutsherren, die „Herren Eingepfarrten", manchmal auch in ihrer Vertretung die Gutsverwalter, die kirchlichen Angelegenheiten. Den Vorsitz führte als Gleicher unter Gleichen der Patron. Das war bis in unsere Zeit immer der jeweilige Besitzer von Westensee, obwohl dieses Gut das kleinste war und dadurch die geringsten Kirchenlasten trug. Vielleicht setzten deshalb die übrigen Kirchenjunker in einem siebenjährigen Kirchenkrieg durch, daß der Patron ab 1724 kirchliche Ausgaben nicht ohne vorherige Genehmigung durch den Konvent tätigen durfte.

Der Konvent regelte also die weltlichen Angelegenheiten der Kirche. Darunter fielen die Unterhaltung der kirchlichen Bauten, des Friedhofes und vor allem die Verteilung der Lasten auf die einzelnen Güter. Die Armenpflege, die bis zur Reformation von den Priestern wahrgenommen worden war, und als neuerliche Aufgabe die Unterhaltung der Schule lagen dagegen in der Verantwortung des einzelnen Gutsherren. Jedes Gut unterhielt ein Armenhaus und zumindest eine Schule.

Pastor in einem adligen Kirchspiel zu sein, war sicher keine leichte Aufgabe und erforderte diplomatisches Geschick. Das zeigte sich schon bei seiner Wahl, wenn es dabei auch nicht immer so zugegangen sein wird, wie es aus dem Brief herausklingt, den vor der Pastorenwahl von 1757 der eingefleischte Junggeselle Caspar v. Saldern auf Schierensee an seinen Nachbarn v. Heespen auf Deutsch-Nienhof schrieb. In ihm hieß es unter anderem:

Die Frau von Westensee hat einen hübschen, jungen Kerl, welcher einen guten Anstand hat, sehr viel Gutes verspricht und nerveux und gesund aussiehet, welchen sie haut a la main durchtreiben will. Diesen jungen Kerl, einen Sohn des Past. Kramer in preetz will sie coute, qui coute [koste es, was es wolle] zum Priester haben. [...]

Die Frau von Klein Nordsee dagegen will ihrer Kinder Hofmeister sehr gerne zum Priester haben. Sie hat es so einzulenken gewußt, daß der H. Patronus ihn zur praesentation angenommen. Nun bemühen sich die beiden Weiber mit aller Macht gegeneinander. [...] Kein schlechterer als wie der Kl. Nordseer kan aufgestellet werden, das ist gewis. Ob dieselben nun der Fr. v. Westensee den zweiten galan geben wollen, welcher viele äußerliche Gaben haben soll, ist eine andere Sache.

Gewählt wurde damals Kramer, der Günstling der „Frau von Westensee". Gerade er zeigt in einem Brief aus dem Jahre 1773, daß ein Pastor, der von der Würde seines Amtes überzeugt war, sich keineswegs widerspruchslos der Willkür des Adels beugen muß. Der Brief an v. Heespen auf Deutsch-Nienhof hatte folgende Vorgeschichte: Kramer hatte einen Nienhofer Untertan wegen Verstoßes gegen das sechste Gebot solange vom Abendmahl ausgeschlossen, bis er sich gerechtfertigt hätte. Darauf Heespen: Die Anschuldigung sei grundlos, der Pfarrer möge sich nicht in Dinge mischen, deren Entscheidung nur der weltlichen Obrigkeit gebühre.

In dem Schreiben Kramers heißt es dazu:

[...] Was aber Ew. Exell. bewogen, jene beleidigende und ohne die geringste Veranlassung gesuchten Worte durch die Hand eines andern zu schreiben und durch einen dritten mir zuzufertigen, und also auf eine mir beigebrachte Beschimpfung gleichsam Zeugen zu rufen, was Ew. Exell. hierzu bewogen, das sei dem allwissenden Richter anheim gestellt. Dieß ist der Weg, um die geringe Achtung, die der große Haufen etwa noch für das Predigamt übrig hat, vollends auszulöschen, und alle Arbeit dieses Amtes unwirksam zu machen. Aber wahrhaftig dieß ist auch der Weg, um es dahin zu bringen, daß künftig kein Mensch von gesundem Verstande und von nicht ganz gemeiner Erziehung sich dem Predigamt widme. Der glückliche Erfolg ist schon am Tage. Wo man irgend junge Leute von feiner Anlage sieht, die frage man nur, ob sie dereinst im schwarzen Rock erscheinen wollen, um sich den Mißhandlungen eines jeden preis zu geben; denn dem Exempel der Großen folgen hierin auch die Kleinen willig genug. Daß Ew. Exell. nichts desto weniger bei dem großen Unterschied, der sich in der Welt zwischen Ihnen und mir findet, Recht haben und behalten, weiß ich sehr wohl: und ich wünsche in diesem ganzen Briefe Ihnen nichts weiter zu erkennen zu geben, als, daß ich dero überwiegendes Recht gefühlt habe, daß ich es noch jetzt fühle, und daß ich es, bei dem Andenken dieser seltsamen Begebenheit, noch lange fühlen werde. Übrigens habe ich die Ehre, mit allem respect, den ich dem hohen Stande schuldig bin, zu sein
Ew. Exellence unterthäniger Diener
F L Kramer

Wenn man die wirtschaftliche Lage des Westenseer Pastors im ausgehenden Mittelalter betrachtet, so kann man sie im Vergleich zum Lebensstandard der übrigen Bevölkerung als angemessen bezeichnen. Zwar waren die Spenden der Wallfahrer weggefallen und die kircheneigenen Hufen – auch außerhalb des Kirchspiels – hatte der Adel, wohl unter Hinweis auf seine neuen Aufgaben im Armen- und Schulwesen, an sich gezogen, aber „der Zehnte" war geblieben. Diese feste Abgaben des Kirchvolkes bestanden aus Sachlieferungen: Roggen, Buchweizen, Wurst, Eier, Geflügel, Brot. Erst im Laufe des vorigen Jahrhunderts ersetzte ein Kirchgeld diese Naturalien.

Das Haupteinkommen aber bezog der jeweilige Stelleninhaber aus der eigenen Landwirtschaft. Die Pfarrstelle galt als halbe Hufe. Zur Zeit der Gemeinwirtschaft erhielt demnach der Pastor bei der jährlichen Ackeraufteilung den Anteil einer halben Hufe. Nach einem Konventbeschluß von 1732 durfte er obendrein auf der Allmende, der gemeinsamen Dauerweide, und der Brache 12 Pferde, 12 Füllen, acht Kühe und acht Stück Jungvieh halten. Nicht besonders erwähnt sind dabei Schafe und Schweine, die gleichfalls auf dem Gemeindeland gehalten wurden. Erst 1773 erfolgte die Einkoppelung des Kirchenlandes. Der Konvent beschloß, das Pflugland zusammenzufassen und einzukoppeln. Er erhielt dazu die erforderliche königliche Genehmigung. Seither wird sich das Kirchenland der Größe nach kaum verändert haben. Es umfaßt noch heute ungefähr 20 Hektar.

Selbstverständlich standen dem Pastor neben dem Wohnhaus *(Abb. 69)* auch die erforderliche Scheune und entsprechende Stallungen zur Verfügung. Die Bewirtschaftung der Halbhufe erfolgte durch ihn selbst mit gemieteten Mägden und Knechten; denn Hand- und Spanndienste leisteten die Güter nicht. Nur die Anlieferung des Brennholzes aus den Gutswäldern erfolgte frei Haus. Für die Beheizung des Gottesdienstes benötigte man erst ab 1893 Feuerung. In diesem Jahr wurde der erste Ofen in der Kirche aufgestellt.

Weitgehend hing demnach die wirtschaftliche Lage des jeweiligen Stelleninhabers von seiner Tüchtigkeit als Landwirt ab. Natürlich trafen ihn auch wie die übrigen Dorfbewohner die Schicksalsschläge höherer Gewalt, ob es sich um die Plünderungen im Dreißigjährigen Krieg durch kaiserliche Truppen handelte oder um die drückenden Einquartierungen im Pfarrhause während des Kosakenwinters 1813/14, von denen Pastor Struck am 8. Februar 1814 an Propst Callisen berichtet, oder ob es persönliches Mißgeschick war, wie es Pastor Stinde in Form einer Brandserie traf.

Eben vor vier Jahren war für Pastor Stinde eine neue Scheune gebaut worden, da vernichtete 1753 ein Feuer das ganze Pastorat. Das gesamte Inventar, darunter alle kirchlichen Unterlagen, und fast

Abb. 69 Westensee. Das Pastorat aus dem Jahre 1754

alles Vieh verbrannte. Seit dem Neubau des Pastorats war noch kein Jahr vergangen, da brannte es schon wieder, diesmal war es die Scheune. Und wieder gingen die Ernte, viel Vieh und Inventar verloren. Trotz aller Vorsichtsmaßnahmen vernichtete im Januar 1755 das Feuer wieder den Stall, der am gleichen Tage fertiggestellt worden war. Im nächsten Jahr war es wieder die Scheune, die dem Brand zum Opfer fiel. Die Aufregung im Dorf war groß. Aber alle Untersuchungen brachten keine Ergebnisse. Der Täter wurde nie gefaßt. Pastor Stinde starb kurze Zeit nach der Brandserie, vermutlich infolge der erlittenen Aufregungen.

War ein Pastor im Amt verstorben, stand seiner Witwe ein Gnadenjahr zu; das heißt, ihr verblieben ein Jahr lang alle Einkünfte der Stelle. Allerdings mußte sie während dieser Zeit für Stellvertreter bei den Amtshandlungen auf ihre Kosten sorgen. Auf Lebenszeit erhielt sie dann jährlich 20 Reichstaler, Zinsen eines Legates, das die Landgräfin von Hessen auf Pohlsee für die Pastorenwitwe ausgesetzt hatte. 1787 ordnete die Regierung an, daß der Pfarrerswitwe zehn Prozent von den Einkünften der Pfarre zuständen. Das waren zusammen mit dem Pohlseer Legat 65 Taler jährlich.

Eine wichtige Aufgabe, die der Pastor zu erfüllen hatte, war die Beaufsichtigung des Schulwesens im Kirchspiel. Den Anregungen Luthers folgend, das Lesen der Bibel allen Menschen zu ermöglichen, hatte schon die Schleswig-Holsteinische Kirchenordnung von 1542 bestimmt, „daß man rechtschaffene Schulmeister in Städten und Flecken einsetze, die an allen Orten auf eine gewisse Art die Jugend unterweisen".

Ungewiß ist, inwieweit diese Anordnung in den Wirren der Religionskriege wenigstens am Kirchspielort Westensee befolgt werden konnte, ob vielleicht der 1635 verstorbene Küster und Organist, Henrici Witten, schon eine Art Unterricht erteilte.[4] Urkundlich nachgewiesen gab es jedenfalls seit 1665, dem Gründungsjahr der Kieler Universität, in Westensee eine „Armenschule", eine Volksschule, die „dem Armenhause angeordnet" war. Der in ihr tätige Schulmeister sollte nach dem Willen des Grafen v. Brocktorff auf Westensee sein Gehalt dafür bekommen, daß er den „Armen Kindern frei und ohne Entgelt Lehrer" sei. Schon drei Jahre später folgte der Nienhofer Gutsbesitzer diesem Beispiel und gründete Schulen in Wrohe und Blocksdorf. Auch die restlichen „Herren Eingepfarrten" werden bald gefolgt sein. Die Unzulänglichkeiten des früheren Schulwesens sind allgemein bekannt. Darüber und über die Zielsetzung des Unterrichts spricht der schon zitierte Pastor Kramer in einem Brief aus dem Jahre 1760 an den Gutsbesitzer v. Rumohr auf Bossee:

Ein jeder weis, und ich muß es oft schmerzlich beklagen, daß in der hiesigen Gemeine bei den großen Hauffen eine solche Finsternis und Blindheit herrschet, die oft wahrhaftig von dem Heidenthum selbst beschämt werden würde, woher rühret dis Übel woll anders, als daher, daß die Jugend versäumt wird? Wodurch wird diese aber mehr versäumt, als dadurch, daß die Kinder etwa 20 Wochen den Winter über zur Schule gehen, das übrige ganze Jahr aber nicht? Würden sie nicht auf diese Weise, wenns möglich wäre, noch mehr vergessen als sie lernen! Wann sie 15 bis 16 Jahre alt sind, so schlucken sie in der Eile die Worte, die da im Catechismo stehen, hinein, sollen und müssen eingesegnet sein, freuen sich aber, die glückliche Stunde erlebt zu haben, da sie den Catechismum unter die Bank werfen können, sind auch unfähig, eine Predigt mit Nutzen zu hören, und werden also, je älter, desto klüger zwar aufs Böse, aber auch desto einfältiger aufs Gute. Ich will auf keine sonst wol nötige Veränderung in dem hiesigen Schulwesen dringen, ich möchte leich etwas unmögliches bitten. Aber das ist doch möglich, daß die Schulen im Sommer, so wenig als im Winter eingestellet werden. Ist gleich ein Theil der Kinder bey der Arbeit unentbehrlich, so sehe ich doch eine große Menge allenthalben auf den Straßen unnütz herumlauffen. Wollen Ew. Hoch und Wohlgeb. nicht ein einsehen in diesen Unfug thun, wodurch die Kinder Ihrer Unterthanen nicht nur den Kindern der blindesten Völker, sondern zum Theil in der That einer unvernünftigen Brut gleich werden? Ich bitte nicht um mein selbst, sondern um deßwillen, dem ich Seelen gewinnen soll, und deßen Werck ich ja nicht läßig thun darf. Ich bitte aufs Flehentlichste, es wollen Ew. Hoch und Wohlgeb. durch Anordnung der von allen Leuten bisher so schändlich versäumten Sommerschulen, mir das Werck des Herrn mit eben so großem Nachdruck befördern helfen, als besonders mit Absicht auf die Schulen mein guter Wille herzlich ist, dem es aber eben an solchem Nachdruck bisher gefehlt. Aus Leuten, die das Christenthum kennen, werden erst gute Christen, wo aber Ew. Hoch und Wohlgeb. diese zu Unterthanen haben, da wird es Ihnen auch an treuen Arbeitern nicht fehlen. Und sobald ich Dero gnädige Unterstützung in diesem wichtigen Stücke meines Amts verspühre, werde ich auch einen solchen Segen Ihnen von oben herab zu erbitten, nicht vergessen.

Im Laufe der Zeit, vor allem veranlaßt durch die Industrialisierung, änderten sich Aufgabe und Gestaltung der Volksschule. Doch erst nach dem Ende des Ersten Weltkrieges endete mit der Trennung von Staat und Kirche die kirchliche Schulaufsicht und damit die Stellung des Pastors als örtlicher Schulinspektor.

Auch in anderen Lebensbereichen vollzog sich ein allmählicher Wandel, der nicht ohne Auswirkung auf das kirchliche Leben unserer Dörfer blieb. Die Aufhebung der Leibeigenschaft im Jahre 1805 hatte nicht viel verändert, da die Bauern nur Pächter wurden und so weitgehend vom Gutsherren abhängig blieben. Die von den Gütern zu erbringenden Kirchenlasten wurden zum Teil in den Pachtverträgen den Bauern auferlegt. Doch konnten die Pächter mit der Zeit – die ersten 1828, die letzten durch die Agrarreform 1953 – ihre Stellen als Eigentümer erwerben. So waren in dem Kirchenvorstand, der seit dem Jahre 1876 an die Stelle des Konvents getreten war, neben vier Gutsbesitzern auch „zwei andere Grundbesitzer" vertreten, dazu der Pastor und drei Älteste, die von allen gewählt wurden. In Vermögensdingen hatten zudem je ein Gutsbesitzer und ein „sonstiger Grundbesitzer" doppeltes Stimmrecht, so daß hierbei stets ein Verhältnis von 8:4 Stimmen garantiert war. Begründet wurde dies damit, daß der Grundbesitz überwiegend die Kirchenlasten trug. Nach diesem Schlüssel wurde noch 1930 der Westenseer Kirchenvorstand gewählt!

Ein Spiegel der historischen Entwicklung unseres Kirchspiels ist das Westenseer Gotteshaus, wie es sich nach zwei Renovierungen der letzten Jahrzehnte dem Besucher darstellt. Nähert sich dieser der Kirche, so fallen ihm an ihren Außenwänden sechs Anbauten auf. Es sind dies die Grabkapellen früherer Besitzer der adligen Güter. Erbaut sind sie im 18. Jahrhundert von den Adelsfamilien, die bis dahin ihre Toten in Grüften unter dem Fußboden der Kirche beigesetzt hatten. Die meisten dieser Anbauten dienen heute anderen kirchlichen Zwekken. Wieder ihrer ursprünglichen Bestimmung zugeführt wurde die Sakristei, die sich der Patron als Grabstelle erwählt hatte.

Betreten wir die Kirche, so finden wir im Turmteil den Gedenkraum für die Gefallenen aus der Kirchengemeinde. Die Namenstafeln der Kriegsopfer gruppieren sich um eine Plastik des kreuztragenden Christus, die der frühverstorbene Nienhofer Gutsbesitzer Carsten v. Hedemann geschaffen hat. An der Westseite des Kirchenschiffes sehen wir die fünf Junkerstühle *(Abb. 70)*: den Bosseer, den Emkendorfer, den Nienhofer, den Schierenseer und den Westenseer. In diesen logenartigen Bänken saßen die Adelsfamilien während des Gottesdienstes. Die Südseite schmücken drei Grabplatten, die früher über den Grüften der Adligen im Fußboden eingelassen waren. Rechts vom Rundbogen zum gotischen Choranbau steht das Grabmal Daniel v. Rantzaus (1529–1569), das 1919 in der jetzigen Form wiederhergestellt wurde. Es erinnert an den dänischen Feldherrn und Gutsherren auf Nienhof.

Aus vorreformatorischer Zeit erhalten sind im Kircheninneren: die granitene Taufe aus der Gründungszeit der Kirche, der spätgotische Schnitzaltar, die Kanzel (Renaissance) aus dem 16. Jahrhundert *(Abb. 71)*, das fünfsitzige Chorgestühl und das Triumphkreuz im Chorbogen.

Die Zeiten der adligen Güter sind vergangen, vergangen sind aber auch die Zeiten, in denen sonntags die Menschen über viele Kilometer auf den Kirchsteigen zum Gottesdienst nach Westensee strömten, so daß der Mangel an Sitzplätzen ein ständiges Problem war. Nach dem Zusammenbruch Nazideutschlands schien es zunächst zu einer neuerlichen Hinwendung zur Kirche zu kom-

Abb. 70 Katharinenkirche zu Westensee. Junkerstühle vor 1956 und Seitenempore

men. Um dieser Bewegung gerecht zu werden, wohl aber auch auf Drängen der vielen Flüchtlinge aus dem Osten, wurden nun neben der Westenseer Kirche in den Außendörfern Kapellen gebaut. So entstanden die Adventskapelle in Felde (1963), die Ansgarkirche Bokelholm (1967) und die Matthias-Claudius-Kirche in Kleinvollstedt (1965).

Das Amt des Westenseer Pastors war nie ein leichtes gewesen; erstreckt sich doch das Gebiet der Kirchengemeinde über sechs politische Gemeinden. Durch den Zuzug der Flüchtlinge wie auch zahlreicher Pendler aus den Städten hatte sich die Bevölkerung stark vermehrt. So war es zwangsläufig, daß ein zweiter Pastor berufen wurde. Der Kirchenleitung wurde diese Entscheidung dadurch erleichtert, daß zugleich der Felder Ortsteil Brandsbek, bisher kirchlich zu Flemhude gehörig, der Kirchengemeinde Westensee zugeführt wurde. Für die zweite Pfarrstelle wurde in Felde ein neues Pastorat mit angeschlossenem Gemeinderaum errichtet.

Auch sonst wuchs die Zahl der von der Kirchengemeinde Beschäftigten. Hatte bisher ein Kirchendiener Kirchhof und Gotteshaus betreut, so erforderte besonders die Anlegung neuer Friedhöfe in Bokelholm und Kleinvollstedt die Einstellung einer neuen Kraft. War früher die Frau des Pastors dessen unentgeltlich arbeitende Sekretärin gewesen, so ließ sich nun das Kirchenbüro nicht mehr ohne Verwaltungsangestellte führen. Schließlich fährt ein Zivildienstleistender den Kirchenbus und spielt „Mädchen für alles".

Wesentlich ausgebaut hat die Kirchengemeinde ihre Leistungen auf sozialem Gebiet. So unterhält sie Kinderstuben für Kinder im Vorschulalter in Hohenhude, Kleinvollstedt und Westensee. Vor allem hat sie zusammen mit der Kirchengemeinde Flemhude und der Kommunalgemeinde Felde die Sozialstation Felde eingerichtet. Diese vermittelt Kranken- und Familienpflege einschließlich der

Abb. 71 Katharinenkirche zu Westensee. Renaissance-Kanzel, Ende des 16. Jh.

Altenpflege sowie „Essen auf Rädern". In der Planung ist die Errichtung einer Alten-Wohnanlage mit Begegnungsstätte. Wenn auch Kreis und Gemeinden zu diesen Einrichtungen Zuschüsse zahlen, fließt doch in sie ein Gutteil der Kirchensteuer. So ist das Defizit im diesjährigen Haushalt der Kirchengemeinde zu einem Drittel durch die Pflege der Friedhöfe, zu zwei Dritteln durch die Unterhaltung der Kinderstuben verursacht.

Dienen der Kirchenchor und der Posaunenchor aus den Kirchengemeinden Flemhude und Westensee der Ausgestaltung der Gottesdienste, so helfen die Mutter-und-Kind-Gruppen in Felde und Westensee Müttern von Kleinkindern, ihre Probleme zu bewältigen. Menschen zusammenzuführen, damit sie aneinander Halt finden, ist wohl auch die vornehmste Aufgabe der drei Frauen- und der sechs Seniorengruppen in der Gemeinde. In unserer Zeit, in der viele zwischenmenschliche Bindungen zerrissen sind, scheint das ein wichtiger Auftrag der Kirche zu sein. Ihm nachzukommen, mühen sich neben den Pastoren sowie 14 haupt- und nebenamtlichen Mitarbeitern viele Gemeindemitglieder in ehrenamtlicher Tätigkeit. Dies alles zusammenzuhalten und zu koordinieren, ist Aufgabe des Kirchenvorstandes, dem mehrere Ausschüsse zuarbeiten.

1 Vgl. hierzu ausführlich W. Ricker: Westensee. Chronik eines adligen Kirchdorfes. [Selbstverlag] 1985.
2 Das Archiv der Kirchengemeinde Westensee wird im Pastorat Felde aufbewahrt. Es ist geordnet und durch ein Findbuch erschlossen.
3 Vgl. hierzu den Beitrag Baumgarten, o. S. 63.
4 Organisten- und Lehramt waren bis 1962 stets in einer Person vereint.

Die Kieler Kirchengemeinden seit 1908

Andreas Hertzberg

Das Jahr 1908 markiert einen wichtigen Einschnitt in der Kieler Kirchengeschichte. Die Tochtergemeinden, die aufgrund der stürmischen Bevölkerungsentwicklung in der das ganze Westufer umfassenden Nikolaigemeinde gebildet worden waren, wurden zu selbständigen Gemeinden.[1] Im Folgenden werden die Kirchengemeinden alphabetisch aufgeführt und mit ihren wesentlichen Daten zur Entstehungs- und Baugeschichte vorgestellt. Ein Überblick über die Kieler Kirchenbaugeschichte der letzten 125 Jahre folgt gesondert.[2]

Andreas-Kirchengemeinde, Wellingdorf
(Abb. 72; Farbtafel XII)
Gegründet 1953 durch die Trennung der alten Bugenhagen-Gemeinde in die selbständigen Kirchengemeinden Kiel-Ellerbek und Kiel-Wellingdorf; 1904 wurden diese beiden Bezirke von der Maria-Magdalenen-Gemeinde Elmschenhagen abgetrennt und zur selbständigen Gemeinde erhoben.
Größe bei Gründung: 3150; heute: 4400.
Die Andreaskirche wurde 1964 bis 1965 erbaut. Architekt: Otto Schnittger. Die alte Bugenhagenkirche wurde 1896 eingeweiht und 1941 abgerissen. Nach dem Kriege entstand eine Holzkirche, die von 1948 bis 1962 Bestand hatte.
Kunstwerke: Alte Lüneburger Altarbibel von 1699; großes Glaskreuz mit Fischen; Votivschiff (Ostpreußischer Fischkutter) von 1987.
In dieser Gemeinde wirkte der spätere Hamburger Bischof Herntrich von 1933 bis 1934 als Pastor.
Veröffentlichungen: Festschrift zum 25jährigen Jubiläum.

Kirchengemeinden Ansgar-Ost, Ansgar-Süd, Ansgar-West
(Abb. 73)
Diese drei Gemeinden an einer Kirche wurden begründet 1928; davor bestand seit 1908 eine Ansgargemeinde mit zwei Pfarrstellen. Diese entstand als Ausgrenzung aus der Nikolaigemeinde.
Größe bei Gründung: Ansgar insgesamt 22 000 (lt. Pastor Jansen 1934); heute: 2500, 1900, 2300.
Die Kirche wurde 1901 bis 1903 von Architekt Jürgen Kröger erbaut, 1944 zerstört und 1949/50 wiedererrichtet.

Besondere Persönlichkeiten:
Pastor D. theol. Johannes Jansen, bedeutender liberaler Theologe, 1903 bis 1934.
Pastor Johannes Jessen, Übersetzer der Bibel ins Plattdeutsche, 1934 bis 1936.
Die Kirche wurde 1946 bis 1965 von der Studentengemeinde genutzt, die Wochengottesdienste und gelegentlich Sonntagsgottesdienste dort abhielt.

Bethlehem-Kirchengemeinde, Friedrichsort
(Abb. 74 und 75)
Die Gemeinde wurde gegründet 1947, ist entstanden aus der Marine-Garnison-Gemeinde und dem Friedrichsorter Teil des Pfarramtes Pries.
Größe bei Gründung: ca. 5000 (viele Flüchtlingslager); heute: 1400.
Die Kirche wurde erbaut 1875 als Garnisonkirche; Restaurierung 1909, 1913, 1933 bis 1936, 1955, 1963 bis 1967, 1977.
Kunstwerk: Abendmahlsbild 1714.
Besondere Persönlichkeiten:
Pfarrer Dr. Max Möhrke, 1908 bis 1915 Garnisonpfarrer in Friedrichsort.
Pfarrer Dr. Arthur Noffke, 1943 bis 1951, zunächst Garnisonpfarrer, dann Gemeindepfarrer, insbesondere Flüchtlingsarbeit, später Propst in Itzehoe.
Besondere Ereignisse: Diese Gemeinde wurde 1945 eine ausgesprochene Flüchtlingsgemeinde; Wohnungen in den Kasernen, den Kasematten (!) und den diversen Baracken.
Veröffentlichungen: 100 Jahre Ev.-Luth. Kirche zu Kiel-Friedrichsort. 1975; Nicolaus Detlefsen: Die Kieler Stadtteile nördlich des Kanals. 1978.

Abb. 72 Andreaskirche, Wellingdorf

Abb. 73 Ansgarkirche

Abb. 74 Bethlehemkirche, Friedrichsort

Abb. 75 Bethlehemkirche, Friedrichsort. Innenansicht

Bugenhagen-Kirchengemeinde, Ellerbek
(Abb. 76 und 77)
1904 entstand, ausgegrenzt aus der Maria-Magdalenen-Kirchengemeinde Elmschenhagen, eine erste Kirchengemeinde für Ellerbek und Wellingdorf. 1953 entstand eine eigenständige Bugenhagengemeinde in Ellerbek aus der Teilung der Wellingdorfer und Ellerbeker Gemeinde.
Größe heute: 4872 Gemeindeglieder. Die jetzige Kirche wurde erbaut 1960/61 von den Architekten Barbara und Wolfgang Vogt. Die alte Bugenhagenkirche ist 1941 abgerissen worden.
Kunstwerke: Kirchenfenster von Dagmar und Altfried Schultze-Rohs; das Altarblatt stammt aus der alten Bugenhagenkirche.
Bekannte Persönlichkeiten aus der Gemeinde sind außer dem Kirchenvorsteher Walter Witt und dem Pastor Kiesow, der später Hauptpastor der Deutschen Kirche in Göteborg wurde, besonders Pastor Hans-Heinrich Prieß, der die gesellschaftliche Dimension des Evangeliums betonte. Pastor Prieß gründete in Ellerbek als Gesprächsforum die „Ellerbeker Runde", die bis heute besteht. „Die Kunde von der Ellerbeker Runde ist bis nach Bonn gedrungen", sagte Bundespräsident Gustav Heinemann anläßlich seines letzten Aufenthaltes in Kiel zur Kieler Woche 1974. Vor ihm hatten schon Eugen Gerstenmaier, Heinrich Albertz, Uwe Ronneburger, Propst Grüber, der Dichter Max von der Grün und viele andere Prominente wie z. B. Jochen Steffen, Egon Bahr, immer wieder der Bundestagsabgeordnete Norbert Gansel, Landtagsabgeordnete, Minister, Bürgermeister, Gewerkschaftsführer, Männer und Frauen der Kirche, aus Kultur und Wissenschaft und Gesellschaft aktiv und informativ am Gespräch der „Ellerbeker Runde" teilgenommen. Propst Kraft bezeichnete die Runde als beispielgebendes Modell.

1956 begleitete Pastor Prieß mit anderen Pastoren den großen Streikmarsch der Arbeiter von HDW, ein Ereignis, das viele kontroverse Diskussionen auslöste.

Christus-Kirchengemeinde, Kronshagen
(Abb. 78)
Sie wurde gegründet 1946, ausgegrenzt aus der Kirchengemeinde Jakobi-West.
Größe bei Gründung des eigenen Pfarrbezirks 1935: 3400.
Die Kirche wurde erbaut 1960/61, Architekt: Hans Petersen.
Als bekannte Persönlichkeit ist der erste Kronshagener Pastor Ernst Scharrenberg (1935 bis 1978) zu nennen.
Veröffentlichungen: Jubiläumsschrift 25 Jahre Christuskirche; Chronik Kronshagen.

Kirchengemeinde Elmschenhagen-Weinberg
(Abb. 79)
Gegründet 1961 als Kirchengemeinde Elmschenhagen-Nord, ausgegrenzt aus dem Seelsorgebezirk der 2. Pfarrstelle der Kirchengemeinde Elmschenhagen.
Größe: 3300.
Die Kirche wurde 1985 erbaut durch Barbara und Wolfgang Vogt.
Kunstwerke: Kirchenfenster nach Weinberg-Motiven von Anna Andersch-Marcus; zwei Figurengruppen des 1939 entstandenen „Nachfolge-Altars" von Otto Flath; im Zentrum der Kirche ist ein Stein aus der David-Stadt des alten Jerusalem eingelassen.
Veröffentlichungen: Merkblatt: Die Weinberg-Kirche, 1985.

Abb. 76 Bugenhagenkirche, Ellerbek

Abb. 77 Bugenhagenkirche, Ellerbek. Fenster von Dagmar und Altfried Schultze-Rohs

Abb. 78 Christuskirche, Kronshagen. Innenansicht

Abb. 79 Elmschenhagen-Weinberg

Abb. 80 St. Gabrielkirche, Russee

**Kirchengemeinde St. Gabriel,
Russee – Hammer – Demühlen**
(Abb. 80; Farbtafel XIII)
Gegründet 1951 als Michaelis-Süd, seit 1970 jetziger Name.
Größe bei Gründung: 2500; heute: ca. 5000.
Die St.-Gabriel-Kirche in Russee entstand 1953/54 durch Umbau (Architekt H. Grömm) aus einem alten Bauernhaus des Jahres 1857, das die letzten Besitzer, Agnes und Dorothea Butenschön, stifteten. Die Kirche wurde 1987 restauriert.

Kunstwerke: Christus von Flath; Altarkreuz, -leuchter und Bronzereliefs von Fleer.
Die Claus-Harms-Kirche in Hammer wurde 1984/85 von den Architekten Carsten Brockstedt und Ernst Discher erbaut *(Abb. 81)*.
Kunstwerke: ein Altarbild von Flath; Altarkreuz, -leuchter, Taufschale sowie zwei Bronze-Reliefs von Fleer; Selbstbildnis von Claus Harms.
Im Gemeindebereich wurde 1944 am Ufer des Russees (heute ein Sportplatzgelände) das „Arbeitserziehungslager Nordmark" eingerichtet, in dem

Abb. 81 Claus-Harms-Kirche, Hammer. Innenansicht

sich gegen Kriegsende ca. 2000 Häftlinge befanden. Während der kurzen Zeit des Bestehens kamen in diesem Konzentrationslager 569 Menschen ums Leben, darunter Pastor Ewald Dittmann aus Süderhastedt (vgl. hierzu Detlef Korte: Das „Arbeitserziehungslager Nordmark" in Kiel-Russee 1944/45. Studien zu einem Gestapo-Straflager für „Arbeitsbummelanten". Phil. Diss. Kiel 1990).
Veröffentlichungen: Kirchenführer.

Farbtafel X Marienkirche, Schönkirchen. Altar von Hans Gudewerth d. J., 1653

Farbtafel XI Dorf und See Westensee mit Katharinenkirche

Farbtafel XII Andreaskirche, Wellingdorf. Altarbereich mit großem Glaskreuz

Farbtafel XIII St. Gabrielkirche, Russee. Altardecke

Farbtafel XIV Erlöserkirche, Hasseldieksdamm. Altarbereich mit Rundbogenfenster und Kreuz aus buntem Glas

Farbtafel XV Pauluskirche. Turm

Farbtafel XVI Philippuskirche, Klausdorf

Farbtafel XVII Lutherkirche

Abb. 82 Erlöserkirche, Hasseldieksdamm

Kirchengemeinde Hasseldieksdamm
(Abb. 82; Farbtafel XIV)
Gründung als selbständige Kirchengemeinde: 1952 aus der Kirchengemeinde Vicelin II.
Größe bei Gründung: 4300; heute: 2300.
Die Erlöserkirche wurde 1956/57 von den Architekten Otto Frank und Dr. Fritz Goldammer erbaut.
Kunstwerke: Rundbogenfenster und Kreuz aus buntem Glas.

Von 1964 bis 1971 gehörte das große Neubaugebiet Mettenhof zu dieser Gemeinde, die zeitweise dadurch vier Pfarrstellen hatte.
Veröffentlichungen: Jubiläumsschrift 25 Jahre Ev.-Luth. Kirchengemeinde Kiel-Hasseldieksdamm 1951 bis 1976.

Abb. 83 Kirchengemeinde Heikendorf

Abb. 84 Heilandskirche

Kirchengemeinde Heikendorf
(Abb. 83)
Gegründet 1923, Ausgrenzung aus Schönkirchen.
Größe heute: ca. 5500.
Die Kirche wurde 1954/55 von Architekt Gerhard Langmaack erbaut; die Behelfskirche wurde im Krieg zerstört.
Kunstwerke: Chorfenster (von Rauch).
Veröffentlichungen: 750 Jahre Christen in Heikendorf. 1983.

Heilandskirchengemeinde
(Abb. 84)
Gegründet 1968 aus der ehemaligen Gemeinde Vicelin III und Teilen von Michaelis.
Größe bei Gründung: 7600; heute: 4100.
Die Kirche wurde 1965/66 von Barbara und Wolfgang Vogt erbaut.

Abb. 85 Pauluskirche

Abb. 86 Pauluskirche. Innenansicht, Zustand 1979

Heiligengeistgemeinde (Pauluskirche)
(Abb. 85 und 86; Farbtafel XV)
Die Gemeinde ist gegründet 1908. Fünf der Bezirke von St. Nikolai wurden selbständige Gemeinde; Heiligengeist ist der älteste Bezirk von Nikolai, da er zuerst zu der Heiligengeistkirche, der Klosterkirche in der Innenstadt, gehörte.

Schon nach der Umwandlung der ursprünglichen Kloster-, dann Hospitalkirche in die Universitätskirche 1665 mit eigenen Predigern bildete sich um diesen Universitätskomplex bis zum Schloßgarten, später bis zum Klinikviertel, eine Personalgemeinde, die sich neben der Nikolaigemeinde immer stärker verselbständigte und durch den Abriß der Universitätsgebäude und Bebauung des alten Klostergeländes immer mehr vergrößerte.

Die erste Kirche der Gemeinde war die genannte Heiligengeistkirche, 1241 erbaut und im Zweiten Weltkrieg zerstört.

Die Pauluskirche wurde 1879 bis 1882 als Garnisonkirche von Marineoberingenieur Gießel erbaut; 1925 wurde sie vom Kirchengemeindeverband für 50 000 Mark von der Marine erworben. Im Kriege hatte die Kirche Bombenschäden, der Turm blieb jedoch unversehrt. Die Kirche wurde 1946 bis 1948 schon wieder aufgebaut, 1960 sehr weitgehend restauriert und von der Neugotik befreit.
Kunstwerke: Kanzel und Taufe im neugotischen Stil aus griechischem mehrfarbigen Marmor; eine Altarfigurengruppe von K. Uhrig; Fenstergestaltung im Chor von Dagmar Schultze-Rohs.
Besondere Persönlichkeiten: Der erste Pastor der Heiligengeistgemeinde D. theol. Heinrich Mau, bis 1916; Pastor Dr. Paul Husfeldt, 1937 bis 1972, prägte 35 Jahre lang diese Gemeinde. Pastor Husfeldt wurde 1946 Präsident des 1. Schleswig-Holsteinischen Landtages.
Veröffentlichungen: Aus der Geschichte der Heiligengeistgemeinde und der Pauluskirche, o. J. [1977].

Kirchengemeinde Holtenau
(Abb. 87 und 88)
Gegründet 1895, entstanden aus den drei Gutsbezirken Knoop, Projensdorf, Stift und dem Stadtteil Holtenau der Kirchengemeinde Dänischenhagen.
Größe bei Gründung: 1520; heute: 4400.
Die Dankeskirche wurde erbaut 1896/97 durch von Winterfeld; Grundsteinlegung 1896 durch Prinz Heinrich von Preußen. 1935 wurde wegen des Flugplatzes der Turm verkürzt.
Kunstwerke: Flath-Altar von 1936; Taufstein von Rössler.
Bekannte Persönlichkeit: der erste Pastor Wilhelm Ellwack.
Veröffentlichungen: 50 Jahre Kirchweihfest. 1947.

Kirchengemeinden Jakobi-Ost und Jakobi-West
(Abb. 89, 90 und 91)
Die Gemeinde wurde 1908 gegründet, 1928 geteilt in die beiden jetzigen Gemeinden. Sie entstand damals aus der Aufteilung der einzigen Kieler Gemeinde St. Nikolai in die vier Einzelbezirke Nikolai, Heiligengeist, St. Jürgen und Jakobi.
Größe: jeweils 2700.
Die Kirche wurde 1882 bis 1886 von Johannes Otzen erbaut *(Abb. 165 und 166)* und 1944 fast vollständig zerstört. Der Wiederaufbau erfolgte 1952 bis 1954 durch Gerhard Langmaack. 1981 wurde eine umfangreiche Restaurierung vorgenommen.
Kunstwerke: Kirchenfenster „Die Werke der Barmherzigkeit" von Hans-Gottfried von Stockhausen; neuromanischer Taufstein aus der ehemaligen St. Jürgenkirche (1903).
Bekannte Persönlichkeit: Propst Jeß, 1872 bis 1891 Pastor an der Jakobikirche.
Diese Kirche wurde nach dem Wiederaufbau 1953 wegen der eigenartigen Architektur im Volksmund „Halleluja-Gasometer" genannt.
Veröffentlichungen: Jubuliäumsschrift zum 100jährigen Bestehen der Jakobi-Kirche. 1986.

Abb. 87 Dankeskirche, Holtenau

Abb. 88 Dankeskirche, Holtenau. Innenansicht

Abb. 89 Jakobikirche

Abb. 90 Jakobikirche. Innenansicht

Abb. 91 Jakobikirche. Taufe aus der ehemaligen St. Jürgenkirche

Abb. 92 St. Johanneskirche, Gaarden

Kirchengemeinde St. Johannes, Gaarden
(Abb. 92 und 93)
Gegründet 1950, entstanden aus der Kirchengemeinde Kiel-Gaarden, die wiederum aus der Kirchengemeinde Elmschenhagen hervorging.
Größe bei Gründung: 4200; heute: 3100.
Die Johanneskirche wurde 1959 bis 1961 durch die Architekten Dietrich Bolz und Klaus Detlefsen gebaut; die alte St. Johanneskirche *(Abb. 168)* wurde 1945 zerstört.

Kirchengemeinde St. Jürgen
(Abb. 94 und 95)
Gegründet 1908 aus der Kirchengemeinde St. Nikolai.
Größe bei Gründung: St. Jürgen I: 9800, St. Jürgen II: 8300; heute: 3200.
Die erste St. Jürgenkirche wurde 1902 bis 1904 am Hauptbahnhof von Wilhelm Voigt erbaut *(Abb. 169 und 170)*; sie war mit dem Stadtkloster

Abb. 93 St. Johanneskirche, Gaarden. Altarbereich

Abb. 94 St. Jürgenkirche

Abb. 95 St. Jürgenkirche. Innenansicht

Abb. 96 Philippuskirche, Klausdorf. Innenansicht

verbunden. Der St. Jürgenfriedhof bestand schon im Mittelalter.

Die zweite St. Jürgenkirche wurde 1953/54 durch den Architekten Ernst Mackh in der Michelsenstraße erbaut.

Die erste Kirche wurde 1944 zerstört und 1954 abgerissen. Der Friedhof wurde entwidmet (vgl. hierzu den Beitrag Greve/Kautzsch, u. S. 212).

Kunstwerke: die Chorfenster; bemerkenswert ist das alte Abendmahlsgerät aus der St. Jürgenkapelle, das im Speisesaal des Stadtklosters aufbewahrt wird.

Die direkt neben dem Bahnhof gelegene Kirche wurde während der Nachkriegswinter 1945 bis 1947 zeitweise von einer Dampflokomotive beheizt.

Kirchengemeinde Klausdorf/Schwentine
(Abb. 96; Farbtafel XVI)

Gegründet 1962, nach 635jähriger Zugehörigkeit aus dem Kirchspiel Elmschenhagen ausgegliedert. Größe bei Gründung: 3300; heute: 5200.

Die Philippuskirche wurde 1962/63 von Architekt Gustav Reinhold Hense errichtet; im 13. Jahrhundert bestand eine Nikolaus-Kapelle, die dem Dorf den Namen gegeben hat.

Abb. 97 Kreuzkirche in Poppenbrügge

Bemerkenswert ist eine Mooreiche von 4980 vor Christus mit menschlichen Feuer- und Beilspuren; ein Stück davon steht heute im Bürgerhaus.

Veröffentlichungen: Jubiläumsschrift zum 25jährigen Kirchweihjubiläum; Werner Bombor: Klausdorf/Schwentine. Eine Chronik. 1985.

Die Kirche wurde gebaut als Gemeindezentrum 1976 von den Architekten Göttsch und Hertzsch *(Abb. 189).*

Kunstwerke: Kreuz im Altarraum.

Veröffentlichungen: Sogenannte Chronik (Zusammenstellung von Abschriften aus Schulchroniken).

Kreuzkirchengemeinde, Poppenbrügge
(Abb. 97)

Gegründet 1964 aus Gebieten der Kirchengemeinde Michaelis III und Maria-Magdalenen.
Größe bei Gründung: ca. 2600; heute: 2600.

Lutherkirchengemeinde
(Abb. 98; Farbtafel XVII)

Gegründet 1908 aus Teilen der Gemeindebezirke Jakobi, Heiligengeist und Ansgar.
Größe bei Gründung: 17 000; heute: 6200.

Abb. 98 Turm der Lutherkirche

Abb. 99 St. Markus, Gaarden

Die Lutherkirche wurde 1910 bis 1912 durch Wilhelm Voigt erbaut *(Abb. 172)*. Sie wurde am 4. April 1945 bis auf den Turm zerstört; 1957 bis 1959 erfolgte die Wiedererrichtung durch die Architekten Herbert Sprotte und Peter Neve.
Kunstwerke: Kirchenfenster mit Buntglas; Mosaik von Zerstörung und Wiederaufbau im Kircheneingang.
Besondere bekannte Persönlichkeiten: Bischof Meier, Lübeck, und Missionsdirektor Dr. Pörksen stammen aus der Luthergemeinde. Bischof Paulsen war vorher Pastor an Luther-Ost; Bischof Dr. Sievers, Oldenburg, und Propst und Militär-Bischof Dr. Leming waren Vikare an Luther.
Veröffentlichungen: Jubiläumsschrift zum 75jährigen Jubiläum. 1987.

Kirchengemeinde St. Markus, Gaarden
(Abb. 99)
Gegründet 1950 aus der Gesamtgemeinde Kiel-Gaarden.
Größe heute: 5200.
Die Markuskirche wurde 1956 gebaut von Ernst Mackh und bis 1965 zum Gemeindezentrum erweitert.
Kunstwerke: Kirchenfenster von Wallner.
Besondere Persönlichkeiten: Jeß Asmussen, 1953–1960 Pastor an der Markuskirche.
Veröffentlichungen: Festschrift 30 Jahre St. Markus; Festschrift 40 Jahre St. Markus.

Abb. 100 Martinskirche, Wik. Innenansicht

Martinskirchengemeinde, Wik
(Abb. 100 und 101)
Gegründet 1958 als Gemeinde Suchsdorf-Tannenberg; 1965 Trennung von Suchsdorf.
Größe bei Gründung: 4700; heute: 4100.
Die Martinskirche wurde 1967/68 von den Architekten Dietrich Bolz und Klaus Detlefsen erbaut *(Abb. 184)*.
Veröffentlichungen: 20 Jahre Martinskirche. 1988.

Kirchengemeinde St. Matthäus, Gaarden
(Abb. 102)
Gegründet 1950 aus der Gesamtkirchengemeinde Kiel-Gaarden, die aus der Kirchengemeinde Elmschenhagen hervorging.
Größe: 2700.
Zunächst hatte die Gemeinde eine Kapelle in der heute nicht mehr vorhandenen Brommystraße, die von 1908 bis 1944 bestand und im Kriege zerstört

Abb. 101 Martinskirche, Wik. Altarausschnitt

wurde. Die jetzige Matthäuskirche wurde 1965 bis 1967 von Architekt Gustav Reinhold Hense errichtet.
Kunstwerke: Josefsfenster (drei Träume nach Matthäus 1+2).
Bemerkenswert ist, daß die Gaardener nach über 80 Jahren kirchlicher Selbständigkeit immer noch vorwiegend den Friedhof der Muttergemeinde Elmschenhagen benutzen.

Kirchengemeinde Matthias-Claudius, Suchsdorf
(Abb. 103)
Gegründet 1958 als Kirchengemeinde Suchsdorf-Tannenberg aus Seelsorgebezirken von Luther-West und Petrus-Nord.
1965 Aufteilung in die Martinskirchengemeinde und die Matthias-Claudius-Kirchengemeinde.
Größe bei Gründung: 1600; heute: 4900.

Abb. 102 St. Matthäus, Gaarden

Abb. 103 Matthias-Claudius-Kirche, Suchsdorf

Als Kirche diente zunächst das Gemeindehaus, erbaut 1965 von Hans-Peter Diedrichsen und Rüdiger Hoge.
1978 wurde die Kirche von Barbara und Wolfgang Vogt errichtet als Gemeindezentrum.
Kunstwerke: Glasfenster von Margret Knoop-Schellbach.

Kirchengemeinde Michaelis, Hassee
(Abb. 104 und 105; Farbtafel XVIII)
Gegründet 1908 aus der Nikolaigemeinde.
Größe bei Gründung: ca. 12 000; heute: 8800.
Die Michaeliskirche wurde gebaut 1910/11 durch Wilhelm Voigt. Sie wurde im Kriege beschädigt (1944), aber 1950 schon wieder eingeweiht.

1982 bis 1986 wurde die Kirche restauriert.
Kunstwerke: Altarbild „Sinkender Petrus" von Fehr; Lindenholzplastik des Erzengels Michael von Otto Flath; Kirchenfenster mit Erzengel Michael von Erich Marks; Kirchenfenster mit Christusmonogramm und Lutherrose; Holzmedaillon (Geburt Christi) von Gehrmann; Ölgemälde des Pastors Hinrich Ketels von Berta Dörflein-Kahlke.
Bekannte Persönlichkeit: der erste Pastor der Kirchengemeinde, Hinrich Ketels (1908 bis 1926), war schon seit 1903 Pastor für Kiel-Hassee.
Seiner Anregung und seinem unermüdlichen Einsatz ist der Bau der Michaeliskirche samt dem damals ungewöhnlich modernen Gemeindezentrum zu verdanken.
Veröffentlichungen: Grönhoff: Hassee. 1964; 75 Jahre Michaeliskirche. 1986.

Abb. 104 Michaeliskirche, Hassee

Abb. 105 Michaeliskirche, Hassee. Kirchenfenster mit Erzengel Michael von Erich Marks

Abb. 106 Osterkirche, Wik. Innenansicht

Osterkirchengemeinde, Wik
(Abb. 106 und 107)
Gegründet 1966 aus Petrus-Süd II und Ansgar-Nord.
Größe bei Gründung: 9700; heute: 5600.
Die Osterkirche wurde erbaut 1965/66 von Joachim Mertens.

Paul-Gerhardt-Kirchengemeinde, Neumühlen-Dietrichsdorf
(Abb. 108; Farbtafel XIX)
Gegründet 1915 als selbständiger Pfarrbezirk der Kirchengemeinde Schönkirchen; ab 1958 Paul-Gerhardt-Kirchengemeinde.
Größe bei Gründung: 3000; heute: 6900.
Die Kirche wurde 1958/59 von Dietrich Bolz und Klaus Detlefsen erbaut.
Kunstwerke: Koblasa-Kreuz.
Bekannte Persönlichkeit: Als erster Pastor wirkte Dr. Ferdinand Schulz 1896 bis 1933 in dieser Gemeinde.
Veröffentlichungen: Betrifft: Paul-Gerhardt-Kirche – 25 Jahre. 1984.

Abb. 107 Osterkirche, Wik

Abb. 108 Paul-Gerhardt-Kirche, Neumühlen-Dietrichsdorf. Innenansicht mit Triumphkreuz von Jan Koblasa, 1983

Abb. 109 St. Lukaskirche, Wik

Kirchengemeinden Petrus-Nord und Petrus-Süd, Wik
(Farbtafeln XX und XXI)
Gegründet 1908 als Kirchengemeinde Kiel-Wik, geteilt 1936.
Zuvor war sie ein Teil des Pfarrbezirks Ansgar der St.-Nikolai-Gemeinde.
Größe: 2300 und 2200.
Die Petruskirche wurde 1906/07 als Garnisonkirche erbaut; von der Wiker Kirchengemeinde wurde sie bis 1981 benutzt. Seitdem steht sie als Eigentum des Kirchenkreises für besondere Veranstaltungen zur Verfügung.
Die von den Petrusgemeinden nunmehr benutzte St. Lukaskirche wurde 1978 bis 1981 im Rahmen eines Gemeindezentrums von den Architekten Hans Jungjohann und Diethelm Hoffmann erbaut *(Abb. 109 und 110)*.

Veröffentlichungen: Otto Clausen: Geschichte der Wik und ihrer Bewohner. 1960.

Abb. 110 St. Lukaskirche, Wik. Innenansicht

Abb. 111 Zum guten Hirten, Pries

Kirchengemeinde Kiel-Pries
(Abb. 111 und 112)
Gegründet 1938 aus dem besonderen Gemeindebezirk der Kirchengemeinde Dänischenhagen seit 1905.
Größe bei Gründung 1905: 2400; heute: 5000.
Die Kirche „Zum guten Hirten" wurde erbaut 1910/11 von den Architekten Pentz und Kusel; sie wurde im Krieg nicht zerstört; 1968 wurde sie restauriert.
Kunstwerke: spätgotisches Triumphkreuz aus Neuenbrook; marmorner Taufstein von 1845 aus Burg/Fehmarn; Taufschale von 1830.
Bekannte Persönlichkeiten: Pastor Lensch, 1905 bis 1923.
Veröffentlichungen: 75 Jahre Prieser Kirche. 1986.

Abb. 112 Zum guten Hirten, Pries. Spätgotisches Triumphkreuz aus Neuenbrook

Abb. 113 Stephanuskirche, Kroog. Innenansicht

Stephanus-Kirchengemeinde, Kroog
(Abb. 113; Farbtafel XXII)
Gegründet 1956 aus der 3. Pfarrstelle der Gemeinde Elmschenhagen.
Größe bei Gründung: ca. 1500; heute: 3500.
Die Kirche wurde 1960 bis 1962 von Ernst Mackh erbaut.

Pastor Pinn *(Abb. 65)* hat seine Idee einer neuromanischen Basilika in jahrelangen Kämpfen mit allen möglichen öffentlichen und kirchlichen Bauämtern durchgesetzt.
Kunstwerke: Kruzifix aus Lindholm von 1490; Sakramentschrank aus Thumby aus dem 14. Jahrhundert; drei Kirchenfenster vom Krooger Künstler Basedow; Taufschale (Reflektor einer alten Wandlampe); gotische Altarleuchter; Bauerntisch aus dem 14./15. Jahrhundert; Truhe (Kriegskasse) aus dem Dreißigjährigen Krieg; Bild von Basedow: „Ecce homo".
Bekannte Persönlichkeiten: 1950 bis 1964 Pastor Theodor Pinn; Anneliese Pinn, 1950 bis 1980 Oberin des Mädchenheimes Waldhof; der Kunstmaler Heinrich Basedow.
Veröffentlichungen: 30 Jahre Stephanus-Kirchengemeinde Kroog. 1986; 50 Jahre Siedlung Kroog. 1963.

Abb. 114 Birgitta-Thomas-Haus, Mettenhof

Thomas-Kirchengemeinde, Mettenhof
(Abb. 114; Farbtafel XXIII)

Gegründet 1971 aus dem größten Teil der Erlöserkirchengemeinde Kiel-Hasseldieksdamm. Die Kirchengemeinde ist identisch mit dem größten Neubaugebiet in Kiel und hat heute ca. 11 000 Mitglieder. Zunächst wurde 1969 ein Gemeindezentrum am Jütlandring eingerichtet; dazu war von 1972 bis 1980 im zentralen Einkaufszentrum ein Laden angemietet.

1980 erfolgte die Einweihung des Birgitta-Thomas-Hauses, eines ökumenischen Gemeindezentrums mit Kirche. Es wurde erbaut vom Architekten Kurt Gelhaar.

Kunstwerke: Kreuz und Kreuzweg aus Bronze, Ambo (Kanzel), Altar, Taufstein, Tabernakel aus Muschelkalk von Paul Brandenburg; im Saal: Webteppich „Die vier Jahreszeiten" von Meier-Lürsdorf; Holzschnitt „Der ungläubige Thomas" von Robert Hammerstiel.

Bereits 1970 wurde der Beschluß gefaßt, gemeinsam mit der katholischen St.-Birgitta-Gemeinde ein Kirchenzentrum zu bauen, in dem sich beide Gemeinden heimisch fühlen können. Mit der „Kirche unter einem Dach" wollte man die Glaubwürdigkeit des Evangeliums in einem Neubaustadtteil dokumentieren. Es gab allerdings keine gemeinsame Trägerschaft. Die katholische St.-Birgitta-Ge-

Abb. 115 Vicelinkirche

meinde baute die Kirche und ein Pastorat, die evangelische Kirchengemeinde das Gemeindezentrum. Ein Foyer verbindet beide Teile zu einer Einheit; die unsichtbare Grenze verläuft mitten durch das Foyer; es gibt einen gegenseitigen Nutzungsvertrag.

Das Birgitta-Thomas-Haus ist das einzige ökumenische Kirchenzentrum in Schleswig-Holstein; auf Bundesebene gibt es kaum noch ein ökumenisches Kirchenzentrum, das ganz bewußt zum Ziel hat, nur eine Kirche für Gemeinden mit unterschiedlichen Konfessionen zu haben.

Veröffentlichungen: Festschrift. 1980.

Kirchengemeinde Vicelin
(Abb. 115; Farbtafel XXIV)

Gegründet 1908 aus der evangelisch-lutherischen Kirchengemeinde Kiel; 1952 Zusammenlegung mit St. Jürgen-Nord.

Größe heute: 6000.

Die Kirche wurde 1914 bis 1916 durch Architekt Johann Theede erbaut *(Abb. 174 und 175)*.

Nach totaler Zerstörung 1945 entstand eine der bekannten „Notkirchen" des Architekten Otto Bartning. Sie wurde 1950 geweiht und hat heute noch Bestand.

Kunstwerke: Taufstein und zwei Altarleuchter aus der alten Kirche.

Bekannte Persönlichkeiten: Ernst Busch, 1900 bis 1980: erste Lebensjahre Ringstraße, 1921 bis 1924 am Kieler Theater, später politischer Kabarettist, *der* sozialistische Liedermacher; Carsta Löck aus der Chemnitzstraße, bekannt als Filmschauspielerin; Hans Söhnker, 1903 bis 1981, aus der Harmsstraße, 1922 bis 1924 am Kieler Theater, bekannter Bühnen- und Filmschauspieler; Bernhard Minetti, 1905 geboren, aus der Chemnitzstraße, 1945 bis 1947 am Kieler Theater, bekannter Film- und Bühnenschauspieler; Adolph Plath *(Abb. 143)*, 1910 bis 1985, 1938 bis 1981 Pastor in Vicelin sowie seit 1945 Hilfswerk-Beauftragter der Propstei Kiel, viele leitende Ehrenämter in Stadt und Kirche; besonders bekannt als Veranstalter des Kieler Weihnachtsbaums und der Strandfahrten.

Veröffentlichungen: Ausstellungs-Broschüre 1989: Baumeister Otto Bartning – Notkirchen; Die Entstehung der zweiten Vicelin-Kirche, aufgezeichnet von Helmut Witt.

---

1 Vgl. hierzu den Beitrag Witt, u. S. 133–137.
2 Vgl. hierzu den Beitrag Rauterberg, u. S. 189–210.

Der Evangelisch-Lutherische Kirchengemeindeverband in der Propstei Kiel

Helmut Witt

Der Kirchengemeindeverband Kiel, dem zuletzt vierzig Kirchengemeinden der Propstei angehörten, ist im Jahre 1908 aus der damals *einen* Kirchengemeinde Kiel entstanden. Mit Wirkung vom 1. Oktober 1908 ist die Kirchengemeinde Kiel in neun Gemeinden aufgeteilt, und diese sind zugleich wieder zu dem „Evangelisch-Lutherischen Parochialverband von Kiel" zusammengeschlossen worden.

Was da im Jahre 1908 entstand, war nichts Originelles. Kein zündender Gedanke lag der Gründung des Parochialverbandes zugrunde, keine besondere Hoffnung verband sich mit ihm. Deshalb entstand auch kein lebendiger Organismus, sondern eher ein Instrument, eine glanzlose Fortsetzung der bestehenden Prozedur.

Das Gründungsjahr 1908 bleibt für den mit durchschnittlichen Geschichtskenntnissen begabten Zeitgenossen blaß. Erst nähere Nachforschungen machen dieses Jahr lebendig:

Reichstag und Bundesrat tadeln den Kaiser wegen unbedachter Äußerungen zur Außenpolitik,
die Ostseeanrainerstaaten garantieren sich gegenseitig ihre Einflußsphären,
Tirpitz bringt seine Flottengesetze durch,
Tel Aviv wird als erste zionistische Kolonie gegründet.
Es schreiben Ricarda Huch, Arno Holz, Shaw und Strindberg – Otto Julius Bierbaum und Ganghofer schreiben auch.
Es dichten Wilhelm Busch, Münchhausen und Liliencron.
Sigmund Freud begründet seine tiefenpsychologische Charakterlehre, und Kautzky macht sich Gedanken über den Ursprung des Christentums.
Es malen Beckmann und Kokoschka und die Kollwitz, Matisse, Monet und Slevogt.
Es komponieren Bartók, Mahler und Ravel.
General Motors in den USA und MAN in Deutschland entstehen.
Der Kolbenfüllhalter wird erfunden und geht in Produktion.

Wie sieht es zu dieser Zeit in der Kirche Schleswig-Holsteins aus? Das kirchliche Gesetz- und Verordnungsblatt gibt Auskunft:

Friedrichsort wird Zivilgemeinde
Die Kirchengemeinde Gaarden ändert ihren Namen in Kiel-Gaarden.
In Pries wird Pastor Lensch eingeführt.

Seine Majestät der Kaiser und König haben Allergnädigst geruht, den Pastoren von Elmschenhagen und Kiel-Gaarden, Schmieding und Schwartz, den Roten-Adler-Orden vierter Klasse zu verleihen. Bei Verleihung der Rettungsmedaille an den Kirchenboten Repenn – genannt Kröger, der auch dem Kirchengemeindeverband noch lange Jahre dient – entfällt das „Allergnädigst".

Die Bürokratie feiert Triumphe; es besteht Anlaß, darauf hinzuweisen, daß verliehene Orden nach dem Tode der Dekorierten an die Ordenskammer in Berlin, bei niederen Klassen an das zuständige Bekleidungsamt, zurückzuliefern sind. Unwichtige Orden können die Angehörigen behalten. Die Pastoren werden darauf hingewiesen, diese Verfügung zu beachten. Ebenso besteht Anlaß für den Hinweis, daß die Abkürzung für Reichsmark ein liegendes lateinisches M *ohne* Punkt sei. Die kirchlichen Behörden werden um Beachtung gebeten.

Propst Becker *(Abb. 129)* stirbt in diesem Jahr, und Pastor Mordhorst *(Abb. 15)* aus Schleswig wird als Propst zu seinem Nachfolger berufen. Er ist der nachmalige Generalsuperintendent und später der erste Bischof von Holstein.

In Kiel gibt es nur *eine* Kirchengemeinde. Zu ihr gehören drei Kirchen: St. Nikolai, die Heiligengeistkirche und die Jakobikirche.

Seit 1891 ringen die kirchlichen Gremien um die Teilung dieser großen Gemeinde, in der sechs Pastoren amtieren. Drei unter Führung des Propsten Jeß sprechen sich für die Teilung aus, drei unter Führung des Pastors Becker – des späteren Propsten – halten eine Teilung für noch verfrüht. Sie meinen, die eine Kirchengemeinde müßte zunächst die kirchlichen Verhältnisse ordnen und die Vorbedingungen für eine Gemeindeteilung schaffen.

Unterdessen war die Stadt Kiel unaufhaltsam gewachsen; doch die kirchliche Gemeindeentwicklung hielt mit diesem Wachstum nicht Schritt:

1907 umfaßt die Kirchengemeinde etwa 130 000 Gemeindeglieder, die von nur zehn Pastoren betreut werden. Immerhin sind es inzwischen fünf Kirchen, über die die Kirchengemeinde verfügt: St. Jürgen und Ansgar sind hinzugekommen. Sichtbar ist, daß Kiel nicht auf der baulichen, wirtschaftlichen und geistlichen Grundlage und Tradition des Mittelalters aufbauen kann; aber selbst eine Stadt, die über solche Grundlagen verfügte, hätte dieses rasante Anwachsen der Stadt, das erst in unseren Tagen wieder Beispiele findet, nicht bewältigen können.

Nach 20jährigen Überlegungen und Verhandlungen wird dann die Teilung der *einen* Kieler Kirchengemeinde vollzogen. Als man noch einmal schwankend ist, erklärt der Konsistorialpräsident „auf das Bestimmteste", daß es sich bei der Kieler Mammut-Gemeinde um „eine Besonderheit nicht nur der Landeskirche, sondern der ganzen Monarchie" handele. Es sei nicht zu erwarten, daß für dieses Gebilde kirchengesetzliche Sonderrechte geschaffen würden.

Neun Gemeinden entstehen: Es sind St. Nikolai, Heiligengeist, St. Jürgen, Vicelin, Jakobi, Ansgar, Wik (Petrus), Brunswik (Luther), Hassee (Michaelis). Sie werden von je zwei Pastoren versorgt, bis auf Heiligengeist und die Wik, in denen nur ein Pastor tätig ist. Diese neun Gemeinden bilden nun den Ev.-Luth. Parochialverband von Kiel.

Schon die Bezeichnung „Parochialverband" läßt Schlimmes befürchten. Sie knüpft an den Amtsbezirk des Pfarrers an, nicht so sehr an die Kirchengemeinde; aber auch später, als im Jahre 1925 aufgrund der neuen Verfassung der Landeskirche dieser Name in „Ev.-Luth. Kirchengemeindeverband Kiel" umgeändert wird, ist dies kein Zeichen für eine Wandlung des Gemeindeverständnisses *(Abb. 116).* Aufgrund und in der Folge dieser Verfassung werden dann die unseligen Teilungen der Gemeinden an einer Kirche vorgenommen. § 54 der Verfassung der Landeskirche bestimmt, daß jeder *Pastor* in der Regel *seine* Gemeinde haben soll. Damit könnte zum Ausdruck kommen, daß die Gemeinde nicht Ursprung, sondern Gegenstand der Amtstätigkeit des Pfarrers ist.

„Von" Kiel wird der Parochialverband benannt, weil er nicht das ganze Stadtgebiet umfaßt; denn er reicht nur vom Kanal bis Hassee. Gaarden gehört noch nicht dazu.

Durch die Teilung der alten Verbandsgemeinden wächst ihre Zahl. Erst nach dem Zweiten Weltkrieg kommen durch freiwilligen Anschluß nördlich des Kanals Pries und Friedrichsort und die Ostufer-Gemeinden hinzu. So werden es schließlich 39 Kirchengemeinden, die den Kirchengemeindeverband bilden.

Zu beachten ist: Nicht die neun selbständig gewordenen Gemeinden hatten sich durch eigene Willensäußerungen zu einem Parochialverband zusammengeschlossen; die Organe der *einen* Kieler Kirchengemeinde vielmehr beschlossen die Teilung der Gemeinde und die Bildung des Verbandes. Den neun neuen Gemeinden blieb keine Wahl. So war der Verband keine Neuschöpfung, sondern die Fortsetzung der Kieler Großgemeinde auf verwaltungsmäßigem, finanziellem und vermögensrechtlichem Gebiet. Auch die Organe der Großgemeinde setzten sich in dem Verband fort.

Abb. 116 Geschäftssiegel des Ev.-Luth. Kirchengemeindeverbandes Kiel. Das Siegel zeigt den schauenburgischen Grafen Adolf IV. (ca. 1205–1261) und sein Wappen, das sich als Nesselblatt auch im schleswig-holsteinischen Wappen sowie im Kieler Stadtwappen findet

Der Kirchenvorstand wurde Verbandsausschuß, die Kirchenkollegien die Verbandsvertretung und die Kirchenkommissionen für Friedhofs-, Bau- und Finanzwesen die Fachausschüsse mit den gleichen Aufgaben, und so blieb es auch in der Folgezeit *(Abb. 117).*

Originell allein ist und bleibt der Laienvorsitz im Verbandsausschuß und in der Verbandsvertretung. Er hat zur damaligen Zeit wohl kein Beispiel. Wenn Propst D. Hans Asmussen *(Abb. 118)* 1952 berichtet, man sage, die Kieler hätten bestimmt, daß ein Laie Vorsitzender des Verbandsausschusses und der Verbandsvertretung sein müsse, weil der Zank unter den Pastoren etwas anderes nicht zugelassen habe, so irrt er wohl. In den Überlegungen, die der Teilung der Kirchengemeinde und der Bildung des Verbandes vorausgehen, heißt es: „Für die Person des Vorsitzenden der Verbandsvertretung und die des Vorsitzenden des Verbandsausschusses ist die geschäftliche Erfahrung von noch größerer Tragweite. Die Geschäfte haben nach und nach einen derartigen Umfang genommen, daß der Kirchenpropst nicht ohne weiteres als die geeignete Persönlichkeit zur Leitung dieser Geschäfte anzusehen ist. Beide Vorsitzende sind daher von der Verbandsvertretung zu wählen, und zwar für eine begrenzte Zeit – drei Jahre. Von einer Seite ist entsprechend dem Berichte des ersten Ausschusses mit Rücksicht auf die Verantwortung des Vorsitzenden für die ordnungsmäßige Erledigung aller Geschäfte die Beaufsichtigung des Kirchenbüros, insbesondere der Kirchenkasse usw., die Wahl des Vorsitzenden ausschließlich aus dem Kreise der Laien für erforderlich erachtet, zumal auf diese Weise am einfachsten die Nachteile verhütet würden, die durch die Wahl eines anderen Geistlichen als des jeweiligen Kirchenpropsten entstehen könnten." Diese Überlegung entbehrt der Weisheit nicht. Sie hat auch Geschichte; denn vom Jahre 1895 an schwelt ein Streit zwischen dem Propsten Becker und dem geschäftsführenden Kirchenältesten Rendtorff (also einem Laien) über die Befugnisse beider Ämter, und er findet erst mit der Tei-

Abb. 118 Propst Hans Asmussen (1898–1968)

lung der Kirchengemeinde und der Gründung des Verbandes im Jahre 1908 sein Ende. Aber ist die Kontroverse wirklich erledigt?

Aus den 1950er Jahren ist eine Amtskette erhalten. Sie trägt auf der Rückseite des Medaillons eine Gravur: „Dem Ev.-Luth. Kirchengemeindeverband Kiel von D. Hans Asmussen D D zum Zeichen, daß sein Geschäftsführer ein Amt der Kirche Jesu Christi hat."

Beschreibung einer unangefochtenen Überzeugung? Oder Ausdruck des noch immer schwelenden Konflikts zwischen dem leitenden Geistlichen der Propstei und dem einflußreichen Geschäftsführer des Kirchengemeindeverbandes? Sicher ein besonders eigentümlicher Hinweis auf die unvermeidbaren und notwendigen Spannungen zwischen den verschiedenen Ämtern der Kirche. Auch die Regelung, die Propst Asmussen 1950 erfolgreich anregt, vielleicht sogar erzwingt, daß nämlich der Propst geborener Vorsitzender des Verbandsausschusses sein müsse, entbehrt freilich der Weisheit nicht; denn dem Kirchengemeindeverband gehören nahezu alle Gemeinden der Propstei an, und in ihm – nicht in der Propstei – fallen die wesentli-

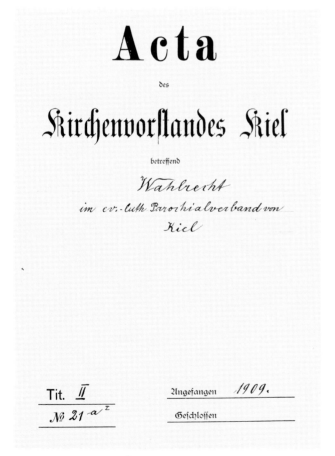

Abb. 117 Das Selbstverständnis des Parochialverbandes zeigt sich auch in der Aktenführung. Die Akte wird als eine des Kirchenvorstands Kiel angelegt!

chen Entscheidungen für die Kirche in Kiel. Nur als Vorsitzender des Verbandsausschusses kann deshalb der Propst seiner Funktion als leitender Geistlicher seiner Propstei gerecht werden.

Aus diesem Grunde folgen nach drei Laien, Justizrat Niese (bis 1920), Rechtsanwalt Dr. Ehlers (bis 1947) und Rechtsanwalt Dr. Thode (bis 1950), die Pröpste Asmussen (bis 1955) und Sontag (bis 1966) als Vorsitzende des Verbandsausschusses. Die späteren Inhaber dieses Amtes Propst Kraft (bis 1972) *(Abb. 19)*, Pastor Adolphsen (bis 1979) und Amtsgerichtspräsident Dr. Bubert (bis 1981) werden aufgrund einer Satzungsbestimmung gewählt, die es dem Ausschuß ins Belieben stellt, ob er einen Pastor, den Propsten oder einen Laien wählen will.

Die Geschichte des Verbandes ist nicht so sehr durch Höhepunkte als vielmehr durch Krisen, die zum Teil von außen an ihn herangetragen werden, gekennzeichnet.

Der Verband baut bis 1914 noch drei Kirchen: Michaelis 1911, Luther 1912 und Vicelin 1914.

1920 werden die Kriegsanleihen entwertet. Der Verband verliert 2 Millionen Reichsmark, eine ungeheure Summe für die damaligen Verhältnisse.

1923 Inflation

1933 Die nationalsozialistisch orientierte Glaubensbewegung Deutsche Christen legt Listen zur Wahl des Verbandsausschusses vor: Die Wahl fällt entsprechend aus.

1945 findet eine total zerstörte Stadt Kiel vor. Fast sämtliche Kirchen, Gemeindehäuser und Pastorate im Verbandsbereich sind den Bomben zum Opfer gefallen.

1954 kommt es zu einer landeskirchlichen Revision. An der Schlußbesprechung nach der Revision nehmen der Bischof, der Konsistorialpräsident, mehrere Referenten des Landeskirchenamtes, der Propst und der Geschäftsführer des Kirchengemeindeverbandes teil. Ein Sparkommissar wird bestimmt, der die Organe des Kirchengemeindeverbandes unter Kuratel stellt. Der Sparkommissar, der spätere Finanzminister des Landes Schleswig-Holstein, Qualen, amtiert von 1954 bis 1956. Die Vorgänge, die den Verband im Inneren erschüttern, führen letztlich auch zum Ausscheiden des Propsten Asmussen aus seinem Amt.

Nach diesen kritischen Anmerkungen zum Verband – die aufgrund der zeitlichen Distanz möglich geworden sind – gibt es etwas, das mit Stolz auf die Geschichte des Kirchengemeindeverbandes zurückblicken läßt.

Abb. 119 Kiel baut auf. Prediger Sterdt (Gemeinschaft in der Landeskirche) und Jugendbündler beim Steineklopfen

Nach dem Zweiten Weltkrieg baut und erwirbt der Verband mehr als 100 Gebäude; es sind über 20 Kirchen, mehr als 30 Gemeindehäuser und fast 50 Pastorate.

Wenn die Väter des Verbandes im Jahre 1908 meinten, mit den Gemeinden in einem Verband zusammenbleiben zu sollen, weil man gemeinsam stärker und besser sei, so beweist sich dies in der Bewältigung dieser Herausforderung der Nachkriegszeit *(Abb. 119)*.

Aber noch etwas berechtigt zu wirklichem Stolz. Die Väter des Verbandes wollten in ihrem Bereich einen Ausgleich zwischen armen und reichen Kirchengemeinden schaffen. Dieser Ausgleich ist gelungen. Die Verbandsgemeinden haben ihre Ausstattung an Gebäuden und Arbeitsmitteln unabhängig von ihrem Kirchensteueraufkommen nach Bedürfnissen und Möglichkeiten erhalten.

Als Repräsentant dieser einmaligen Gemeinschaftsleistung muß Pastor Adolph Plath *(Abb. 143)* besonders genannt werden, der nicht nur als Diakoniepastor, sondern auch als Mitglied und stellvertretender Vorsitzender des Verbandsausschusses in den Jahren von 1947 bis 1979 wesentlich die Geschicke des Kirchengemeindeverbandes und der ihn bildenden Kirchengemeinden mitbestimmt hat.

Der Ev.-Luth. Kirchengemeindeverband Kiel hat sich am 31. Dezember 1981 aufgelöst. Im wesentlichen haben zwei Ursachen zu diesem Schritt geführt: zum einen die gestörte verfassungsrechtliche Balance zwischen dem Verband und dem Kirchenkreis und zum anderen die gesellschaftlichen Entwicklungen der 1960er Jahre, die mit ihren emanzipatorischen Bestrebungen auch in die kirchlichen Strukturen hineinwirkten.

Quellen

Archiv des Kirchengemeindeverbandes, aufbewahrt im Rentamt des Kirchenkreises Kiel.

Die Theologische Fakultät der Christian-Albrechts-Universität

Jendris Alwast

Die Christian-Albrechts-Universität wurde am 5. Oktober 1665 eingeweiht. Sie ist eine Gründung des Herzogtums Gottorf, eines Zwergstaates im Heiligen Römischen Reich deutscher Nation.

Das Schwergewicht des akademischen Unterrichts lag damals bei der Theologie und der Jurisprudenz, die philosophischen Fächer bildeten die Vorstufe. Die Hauptaufgabe der Universität im ersten Jahrhundert ihres Bestehens lag darin, Geistliche und Beamte für den Gottorfer Staat heranzubilden. Die theologische Fakultät war zugleich Zensurbehörde der theologischen Schriften.

Die Statuten der Fakultät, von der geistigen Enge der lutherischen Orthodoxie geprägt, verpflichteten die drei ordentlichen Professoren die dogmatisch-lehrhafte, die polemische, die exegetische und die historische Theologie vorzutragen. Der akademische Unterricht war an die unveränderte Augsburgische Konfession, an deren Apologie, an die Schmalkaldischen Artikel und an die beiden lutherischen Katechismen gebunden. Theologie wurde im Auftrage der Obrigkeit betrieben und hatte die sog. „Reine Lehre" zu bewahren. Mit ihrer Hilfe und einem dichten Netz von kirchlichen Kontrollen in den Gemeinden sicherte sich der frühmoderne, absolutistisch begründete Gottorfer Polizei- und Verwaltungsstaat die Herrschaft über die Herzen und Hirne seiner Untertanen.

Aus dem ersten Jahrhundert der Fakultät sind nur drei Theologen erwähnenswert. Peter Musäus *(Abb. 120),* der erste Dekan der Fakultät und Prorektor der Universität, versuchte, im Rahmen der orthodoxen Vorgaben, dem theologischen Denken immerhin einen gewissen Spielraum zu ertrotzen und wurde deshalb synkretistischer Neigungen verdächtigt. Christian Kortholt *(Abb. 121),* der eine Unmenge Schriften polemischen, historischen und erbaulichen Inhalts verfaßte, stand in hohem Ansehen bei Spener und anderen Pietisten. Er war aber persönlich zu ängstlich, um für den Pietismus auch einzutreten. Großen Einfluß hatte Hinrich Muhlius *(Abb. 6),* der auch Generalsuperintendent in Schleswig war und zusammen mit dem Geheimen Rat Magnus von Wedderkopp das Amt eines beständigen Visitators der Universität ausübte. Von ihnen ist das „Reglement zur Aufnahme der Studien" (1707) verfaßt, das unter Beibehaltung der orthodoxen Grundlagen immerhin ein „Studium sincerae pietatis und das thätige Christentum" (XV) anbefahl. Der Verfall der theologischen Fakultät in der Zeit von 1715 bis 1775 stand im Zusammenhang mit dem Niedergang der ganzen Universität. Die finanziellen Mittel kamen nicht der Universität zugute, sondern versickerten in der Gottorfer Günstlingswirtschaft. Die Öde des orthodoxen Religionssystems, das darauf hinauslief, die sog. „Reine Lehre" auch gegen die inzwischen gewonnenen geschichtlichen Erkenntnisse zu behaupten und zu reproduzieren, schreckte Studierende ab. Großen Zulauf dagegen hatten die attraktiven theologischen Fakultäten in Halle (gegründet 1694) und in Göttingen (gegründet 1737), an denen der Pietismus und die Aufklärung gepflegt wurden. Ein Aufschwung des geistigen Le-

*Abb. 120 Petrus (Peter) Musaeus (1620–1674)
Professor für Dogmatik und Polemik
und erster Rektor der Universität Kiel;
nach einem Stich bei Torquatus*

Abb. 121 Christian Kortholt (1633–1694)
von 1665 bis zu seinem Tode Professor an der theologischen
Fakultät der Universität Kiel und Prokanzler

Zukunft hatte die vermittelnde Richtung, die theologisch auf den von Schleiermacher geschaffenen Grundlagen stand und philosophische Anregungen aus dem deutschen Idealismus aufnahm. Bedeutende Vertreter dieser Richtung waren, bei unterschiedlicher Akzentsetzung in ihren Arbeiten, August Detlev Twesten, Isaak August Dorner und Anton Friedrich Ludwig Pelt. Aus diesem Geist stammten auch die theologischen Gutachten und Stellungnahmen, mit denen Pelt, Heinrich August Mau und Michael Baumgarten die Schleswig-Holsteinische Erhebung (1842–1852) unterstützten.

In den 1870er und 1880er Jahren, die Universität war inzwischen preußisch, gewann der neukantianisch orientierte Ritschlianismus an der Fakultät Einfluß. Die Neutestamentler Hans Hinrich Wendt, August Hermann Franke und Emil Schürer brachten Motive der Theologie Ritschls auf neutestamentlichem Gebiet zur Geltung. Eine „freie Theologie", die einen reichen Motivbestand, der mystische, historische, spekulative und kritische Elemente umfaßte, entwickelte Richard Adelbert Lipsius. Eine „theozentrische Theologie" ver-

bens in der Kieler Fakultät kam erst mit der Aufklärung nach der Mitte des 18. Jahrhunderts, als die Universität dänisch war.

Der Theologe Andreas Cramer reorganisierte nach aufklärerischen Ideen und im Auftrage der Deutschen Kanzlei in Kopenhagen die Universität. Dem praktischen Geiste der Aufklärung entsprechend, gründete Cramer 1775 das homiletische Seminar und bestellte für das katechetische Seminar Heinrich Müller, der mit seiner Sokratik eine katechetische Methode begründete, mit der die Entwicklung zur modernen Religionspädagogik begann. Der Emkendorfer Kreis versuchte, den Rationalismus an der Fakultät zu verdrängen. Zu diesem Zweck wurde Johann Friedrich Kleuker berufen. Im Zuge dieser antirationalistischen Fakultätspolitik wurde Müller in die philosophische Fakultät zwangsversetzt, Johann Otto Thieß wegen Heterodoxie entlassen. Der Streit um die Thesen von Claus Harms (Abb. 7) im Reformationsjubiläum 1817 erwies dann, daß für das orthodox-pietistische Empfindungs- und Vorstellungskonglomerat Emkendorfs, aber auch für den lutherischen Konfessionalismus und den theologischen Rationalismus die Zeit abgelaufen war.

Abb. 122 Otto Baumgarten (1854–1934) ordentlicher
Professor für Praktische Theologie an der Universität Kiel

trat Erich Schaeder. Der bekannteste Theologe an der Fakultät, der im Kaiserreich und auch noch in der Weimarer Republik wirkte, war Otto Baumgarten *(Abb. 122)*. Von Herderstudien angeregt, entwarf er sein Programm einer Synthese von Kultur und Christentum. Er engagierte sich im Hamburger Werftarbeiterstreik (1898) und machte bereits 1926 in einer Streitschrift auf die nationalsozialistische Gefahr aufmerksam.

Die theologische Fakultät wurde im Jahre 1936 gleichgeschaltet und mit nationalsozialistischen Professoren besetzt. Nur das Neue Testament hatte mit Heinz-Dietrich Wendland einen der Bekennenden Kirche nahestehenden Vertreter. Der theologischen Fakultät aber nützte ihre ausdrücklich erklärte Konformität mit dem Regime nichts. Es ergab sich das Kuriosum, daß durch Initiativen des NSD-Studentenbundes und des NSD-Dozentenbundes, an seiner Spitze der Medizinprofessor Hanns Löhr, die theologische NS-Fakultät von der Mitarbeit im NS-Staat tatsächlich ausgeschlossen wurde. So wurde z. B. nach dem Tod des NS-Theologen Georg Fiedler der Lehrstuhl für praktische Theologie nicht wieder besetzt, sondern an das Institut für Meereskunde gegeben. Weitere vakante Lehrstühle wurden durch auswärtige Privatdozenten vertreten. In der Festschrift zum 275jährigen Bestehen der Christian-Albrechts-Universität war die theologische Fakultät nicht vertreten.

Die personelle Entwicklung der Fakultät nach dem Zusammenbruch des NS-Regimes war bis in die späten 1960er Jahre stärker von Kontinuität als von einem wirklichen Neubeginn geprägt. Ehemals nationalsozialistische Professoren, Martin Redeker und Peter Meinhold, erhielten nach 1945 ihre Lehrstühle wieder und durften noch über zwei Jahrzehnte an der Fakultät auch als Dekane weiterwirken.

Der Lehrbetrieb wurde im Wintersemester 1945/46 wieder aufgenommen und mangels Räumlichkeiten auf Schiffen durchgeführt, die teils ungeheizt waren. Im Sommersemester 1946 wurde die Fakultät im Haus 16 (heute 7) der Elac untergebracht, wo sie mehrere Jahre verblieb. Später zog sie in zwei Etagen des Hotels Astor um. Dort blieb sie bis zum Wintersemester 1966/67. Für Jahre fand die Fakultät dann eine feste Bleibe in einem umgebauten Fabrikgebäude in der Olshausenstraße, das früher zur Elac gehörte (Neue Universität), bis sie in die neuerrichteten Institutsbauten in der Leibnizstraße umzog, wo sie nunmehr ihre Einrichtungen hat.

Die Aufgabe der Fakultät heute besteht hauptsächlich darin, Nachwuchs für den Pastoren- und den Lehrerberuf auszubilden. Welchen Wert diese Ausbildung hat, das erweist sich an ihrer Relevanz für die Praxis. Belebende, Gegenwartsprobleme aufnehmende und kritisch reflektierende Fragestellungen wurden in den letzten Semestern insbesondere in der Sozialethik und in der praktischen Theologie aufgeworfen.

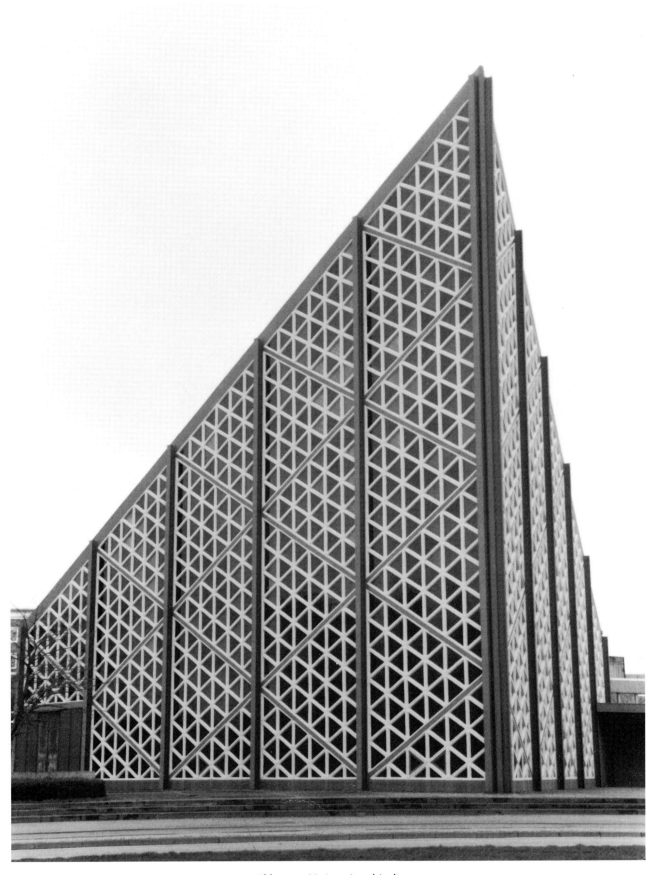

Abb. 123 Universitätskirche

Die Universitätskirche

Andreas Hertzberg

Wahrlich ein Unikum, wie das vielleicht auch angemessen ist – die Universitätskirche *(Abb. 123; Farbtafel XXV)*.
– Architektonisch, weil ihre Erbauer, Hermann Weidling und der Eiermann-Schüler Erhart Kettner, praktisch vollkommen freie Hand hatten; sie konnten die Grundidee des Dreiecks kompromißlos durchhalten.
– Rechtlich, weil sie der Nordelbischen Kirche gehört, aber auf Grund und Boden der Universität steht, wenn auch in der äußersten Südost-Ecke.
– Kirchlich, weil sie den nicht rechtlich fixierten Körperschaften Studenten- und Universitätsgemeinde dient.
– Historisch, weil sie zu einer Zeit eigens erbaut wurde, als es schon völlig abwegig schien, für eine moderne Universität eine Kirche auch nur vorzuhalten.
– Ökonomisch, weil sie prinzipiell nur sieben Monate im Jahr benutzt wird.
– Personell, weil sie in Pedell Richert einen Küster hat, der über 50 Jahre im Dienst ist.
– Aerodynamisch, weil in ihr bei Beheizung wegen der extremen Bauform bis zu vier Windstärken herrschen; die Flammen der Altarkerzen müssen mit einem eigens vom Architekten kreierten Plexiglaszylinder geschützt werden.

Daß es diese Kirche überhaupt gibt, hat drei Ursachen:
– Da war bis 1943 die Heiligengeistkirche, die Kirche des Franziskanerklosters, das Basis der Universität war.
– Da war die große Zeit des „Akademischen Gottesdienstes" in den Nachkriegsjahren, als sich Sonntag für Sonntag Hunderte auf den engen Kinderbänken in der Aula der Humboldtschule drängten; besonders Heinrich Rendtorff hielt sozusagen den Kieler Hauptgottesdienst.
– Da war ein Kirchbauverein, mit Hilfe dessen die Professoren Blohm, Erdmann und Braunert dreimal hunderttausend Mark und damit ein Drittel der Bausumme zusammentrugen; sie setzten durch, daß eine veritable Kirche und eben diese besondere am Westring erstellt und gerade noch im Jubiläumsjahr 1965 geweiht wurde.

Die Hoffnung, daß dadurch der Universitätsgottesdienst, zwischenzeitlich in die hinterste Ecke der ELAC, in die „Schmiede", verkrochen, wiederaufblühen könnte, hat sich nicht erfüllt. Aber die Studentengemeinde, die Fakultät und die Kieler Pastoren haben in diesem exorbitanten Gotteshaus etliche exorbitante kirchliche Zeichen gesetzt.

Abb. 124 Das Nordelbische Kirchenamt in der Dänischen Straße

Abb. 125 Kollegiumssitzung im Nordelbischen Kirchenamt

Das Nordelbische Kirchenamt

Zentrum kirchlicher Verwaltung

Klaus Blaschke

An der Stelle des Buchwaldt'schen Hofes steht heute das Gebäude des Nordelbischen Kirchenamtes, zugleich Sitz der Kirchenleitung, des Büros des Synodenpräsidiums und der kirchlichen Gerichte der Nordelbischen Evangelisch-Lutherischen Kirche. Ein Gedenkstein erinnert an die wechselvolle Geschichte dieses Platzes. Die Nordelbische Kirche ist 1977 als Zusammenschluß der bis dahin selbständigen Landeskirchen Eutin, Hamburg, Lübeck, Schleswig-Holstein und des Kirchenkreises Harburg entstanden. Sie umfaßt das Land Schleswig-Holstein und die Freie und Hansestadt Hamburg. Ihr gehören 2,6 Millionen Gemeindeglieder an. Die Nordelbische Kirche ist in drei Sprengel, 27 Kirchenkreise mit insgesamt 678 Kirchengemeinden gegliedert.

Die Kirche im Norden wird von einer ehrenamtlichen Kirchenleitung geleitet, die aus den drei Bischöfen mit Sitz in Schleswig, Lübeck und Hamburg und zehn von der Synode gewählten Mitgliedern besteht. Die Kirchenleitung vertritt die Nordelbische Kirche in der Öffentlichkeit und leitet im Rahmen der Beschlüsse der Synode diese Kirche. Sie kommt einmal im Monat zu einer Sitzung in dem Gebäude des Nordelbischen Kirchenamtes *(Abb. 124)* zusammen. Der Präsident des Kirchenamtes und der Präsident der Synode nehmen an diesen Sitzungen beratend teil. Die Nordelbische Synode ist das „Parlament" unserer Kirche. Ihr gehören 140 Mitglieder an, die überwiegend von den Kirchenkreissynoden gewählt werden.

Das Nordelbische Kirchenamt ist, wie es in der Verfassung heißt, die Verwaltungsbehörde der Nordelbischen Kirche. Es ist eine Kollegialbehörde, bestehend aus dem Präsidenten – einem Juristen –, haupt- und nebenamtlichen Mitgliedern – Juristen, Theologen, Bauingenieuren –, die von der Kirchenleitung berufen werden *(Abb. 125)*. Das Nordelbische Kirchenamt steht in der Tradition des Kieler Konsistoriums und kann damit auf eine über 100jährige Geschichte zurückblicken. Durch Erlaß einer Königlichen Verordnung vom 24. September 1867 wurde die Errichtung des Konsistoriums verfügt:

Für die Herzogtümer Schleswig und Holstein ist ein Evangelisch-lutherisches Consistorium in Kiel unter Leitung eines weltlichen Vorsitzenden einzurichten, welchem die beiden für Holstein und Schleswig fungierenden Generalsuperintendenten und soviel geistliche und weltliche Räte aus beiden Bezirken, als das Bedürfnis erheischt, beizuordnen sind.

Am 28. Mai 1868 nahm das Konsistorium unter seinem Präsidenten Friedrich Mommsen seine Tätigkeit auf. Das Kirchenamt hat seit alters her seinen Sitz in Kiel, errichtet am 28. Mai 1868 als Königlich evangelisch-lutherisches Konsistorium – seit dem 1. November 1924 Evangelisch-Lutherisches Landeskirchenamt. Das Gebäude des Konsistoriums Sophienblatt 12 *(Abb. 126)* wurde bei einem Luftangriff am 5. Januar 1944 total zerstört. Die Kirchenverwaltung wurde deshalb am 10. Januar 1944 nach Timmendorfer Strand verlegt; sie kehrte im Januar 1946 nach Kiel zurück und fand in einem kirchlichen Gebäude in der Körnerstraße eine vorläufige Bleibe. Am 27. Dezember 1956 konnte schließlich der Neubau in der Dänischen Straße bezogen werden, der mit der Bildung der Nordelbischen Kirche 1977 beträchtlich erweitert wurde. Konsistorium, Landeskirchenamt, Kirchenamt stehen als Namen für die Geschichte kirchlicher Verwaltung. Mit den Namen dieser Behörde sind die Vorarbeiten für die bedeutenden Gesetzeswerke der Verfassungsgeschichte unserer Kirche untrennbar verbunden: 1876 Erlaß der Kirchengemeinde- und Synodalordnung, das Verfassungswerk von 1922 und die Rechtsordnung der Schleswig-Holsteinischen Landeskirche von 1958.

Die gute Tradition dieser Verwaltungsbehörde wurde durch die Eingriffe in der Zeit des Nationalsozialismus unterbrochen. Das Kollegialprinzip wurde aufgegeben, das Landeskirchenamt war allein durch den Präsidenten vertreten, der berechtigt war zu entscheiden. Nach der Kapitulation wurde deshalb bis zum Erlaß der Rechtsordnung der Schleswig-Holsteinischen Landeskirche von 1958 die Kollegiumssitzung des Landeskirchenamtes vom Vorsitzenden der Kirchenleitung – einem Bischof – geleitet.

Das Nordelbische Kirchenamt ist in elf Dezernate gegliedert – Haushalt, Rechtsangelegenheiten, Steuern, Bauwesen, Dienstrecht, Schulwesen, Dienste und Werke, Mission, Ausbildung, Öffentlichkeitsarbeit, Personalangelegenheiten. In Kiel arbeiten in dieser Verwaltungsbehörde 132 Mitar-

Abb. 126 Das alte Konsistorialgebäude, Sophienblatt 12, vor seiner Zerstörung im Zweiten Weltkrieg

beiterinnen und Mitarbeiter aus unterschiedlichsten Berufen: Amtsmeister, Archivare, Bauingenieure, Bibliothekare, Datenverarbeiter, Juristen, Registratoren, Schreibkräfte, technische Angestellte, Theologen und andere Verwaltungsangestellte und Beamte. Die Aufgaben des Nordelbischen Kirchenamtes sind vielfältig. Die Beratung gehört zu den wichtigsten Obliegenheiten dieses Amtes. Auf den verschiedensten Ebenen gibt es kirchenleitende Organe, Rentämter und andere Verwaltungseinrichtungen, denen Rat und Hilfe des Kirchenamtes dienen, wie die Denkmalpflege für u. a. über 500 denkmalgeschützte Gebäude. Die kirchliche Arbeit erfordert intensiven Personaleinsatz. 1500 Pastoren und über 9000 haupt- und nebenberufliche Mitarbeiter sind in den Kirchengemeinden, Kirchenkreisen, übergemeindlichen Diensten und Werken tätig. Das alles bedeutet Sorge um die Kirchensteuer, Beaufsichtigung des Vermögens, der Grundstücke, der Gebäude und der Friedhöfe. Das Kirchenamt bereitet die Sitzungen der Kirchenleitung vor, führt deren Beschlüsse aus und sorgt für die Darstellung kirchlicher Arbeit in der Öffentlichkeit. Die Mitarbeiter dieser traditionsreichen Verwaltungsbehörde haben damit Anteil an der Erfüllung des Auftrags der Kirche.

Literatur

W. Hahn: Geschichte des Kieler Konsistoriums. In: Festschrift zum hundertjährigen Bestehen des Evangelisch-Lutherischen Landeskirchenamtes in Kiel. Flensburg 1968 [Sonderdruck], S. 31–62.

Evangelische Militärseelsorge in Kiel

Heinz-Martin Saal

Meine erste Begegnung mit der Militärseelsorge in Kiel hatte ich Anfang 1963. Ich assistierte bei der Einführung eines Freundes in der Petruskirche. Er war als Pfarrer bei der Zerstörer-Flottille eingestellt worden. Damals ahnte ich noch nicht, daß ich 1974 als Militärseelsorger nach Kiel kommen würde und welche Bedeutung für mich die Paulus- und Petruskirche gewinnen sollten.

Angefangen hat die Seelsorge an Soldaten nach dem deutsch-dänischen Krieg, als kleine Teile der preußischen Flotte in die Kieler Förde kamen. 1866 wurde die Stelle eines Marinepfarrers errichtet, der zugleich als Garnisonpfarrer in Kiel wirkte.

Neben einer ersten Garnisonkirche in Friedrichsort wurde 1882 die Pauluskirche am Niemannsweg *(Abb. 85 und 86; Farbtafel XV)* als Garnisonkirche eingeweiht. Erster Pfarrer der Kieler Garnisonkirche war der Marineoberpfarrer Erich Langheld *(Abb. 127)*. Die Pauluskirche

Abb. 128 Militärdekan Hans-Hermann Riewerts (1915–1967)

Abb. 127 Marineoberpfarrer Erich Langheld, erster Pfarrer der Kieler Garnisonkirche (1882)

diente damals den beiden großen Konfessionen als gemeinsames Gotteshaus.

Als die Marine ihren Stützpunkt in der Wik ausbaute, wurde dort 1907 eine zweite Garnisonkirche, die Petruskirche *(Farbtafeln XX und XXI)* errichtet. Für die Katholiken entstand gleichzeitig die St. Heinrichskirche *(Abb. 176 und 177)*. Die Pauluskirche war dann bis zum Ende des Ersten Weltkrieges Garnisonkirche für das königlich-preußische Füsilier-Regiment 85. Der Garnisonpfarrer wohnte bis 1945 im Pfarrhaus neben der Petruskirche in der Wik.

Mit dem Aufbau der Bundeswehr wurde auch die Soldatenseelsorge in Kiel wieder notwendig. 1957 wurde Militärpfarrer Hans-Hermann Riewerts *(Abb. 128)* Standortpfarrer und versorgte neben Kiel zunächst auch Eckernförde und Plön mit. Die Vielfalt der Aufgaben machte 1962 die Errichtung einer Pfarrstelle bei der Zerstörer-Flottille nötig, der später noch zwei weitere Stellen bei den Marinefliegern in Holtenau und bei der U-Boot-Flottille folgten.

Einige Marine- oder Militärpfarrer, die in diesem Jahrhundert jeweils über ein Jahrzehnt in Kiel für Soldatenseelsorge verantwortlich waren, sollen stellvertretend für viele andere genannt werden: Johannes Philippi, Johannes Demel, Kurt Sontag, Ernst Ribbat.

Militärseelsorge hat nicht nur in Deutschland eine lange Geschichte. Sie ist als ein Sonderdienst der Kirche aus einem langen Prozeß hervorgegangen und geht auf das Mittelalter zurück.

Die Stärke dieses Dienstes ist die Nähe des Militärpfarrers zum Arbeitsplatz des Soldaten. Die Nordelbische Kirche stellt Pastoren für die Dauer von acht bis zwölf Jahren für dieses Arbeitsfeld der Kirche unter den Soldaten frei.

Die Kieler Stadtmission

Johannes Schröder (†)

Von den 750 Jahren Kieler Stadtgeschichte hat, im Rahmen der Sozialgeschichte der Stadt, die Kieler Stadtmission einen fast 90jährigen Zeitraum zu ihrem Teil mitgestaltet. Die wachsende Großstadt mit Marine und Werften, Handel und Industrie wurde zum Magneten für Tausende, vor allem junger Menschen aus ganz Deutschland – Lehrlinge, Matrosen, stellung- und arbeitsuchende junge Mädchen, die fern von Familie und Heimat angesichts von Gefahr und Verlockung der großen Stadt ohne tragende Gemeinschaft nur allzu leicht Halt und Kurs verloren. Angesichts dieser Situation beschloß am 22. September 1904 ein Kreis von Kieler Bürgern um den Propsten Wilhelm Becker *(Abb. 129)* die Gründung eines Vereins für Stadtmission und Jugendpflege und berief den Diakon Johann Schröder zur Leitung von dessen Arbeit.

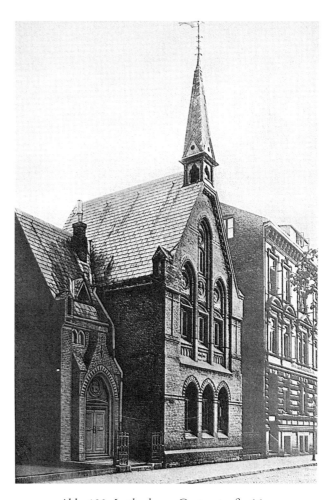

Abb. 130 Lutherhaus, Gartenstraße 16 (1944 zerstört)

Abb. 129 Propst Wilhelm Becker, Mitbegründer der Kieler Stadtmission (1837–1908)

Die Gründungsversammlung fand statt im Luther-Haus in der Gartenstraße, das auf Initiative des Propsten Becker als erstes Kieler Gemeindehaus für die missionarisch-diakonischen Aktivitäten der Nikolai-Gemeinde bereits 1883 erbaut worden und dann bis zu seiner Kriegszerstörung 1944 Mittelpunkt der Stadtmissionsarbeit war *(Abb. 130)*. Die Gründer der Stadtmission kannten das Wort „Randgruppen der Gesellschaft" noch nicht, wohl aber die Sache; denn Armut, Obdachlosigkeit, Kinderelend, Jugendgefährdung, Alkoholsucht und andere Nöte, die kamen immer wieder in den Sitzungsprotokollen des Vorstandes vor. Und das Stadtmissions-Siegel gibt diesem Dienst sinnfälligen Ausdruck: das Kreuz im Rettungsring *(Abb. 131)*. Der Rettungsring, den Menschen an

*Abb. 131 Siegel der Kieler Stadtmission.
Kreuz im Rettungsring*

der Wasserkante wohlvertraut, erinnert an gefährdetes Leben und die Pflicht zum Rettungsdienst, das Kreuz steht für Jesus Christus, den Retter der Welt, der Menschen zum Rettungsdienst ruft, steht für Zuflucht, Angenommensein, Vergebung, Hoffnung und Leben.

Hilfen für Gefährdete und für die Jugend sind die Wurzeln, aus denen die vielseitige Arbeit der Kieler Stadtmission erwachsen ist. Ihr erstes Heim erhielt sie in der Faulstraße 32 *(Abb. 132)*. Und so praktisch und bescheiden fing es an: Als 1904 ein stadtbekannter Trinker und Straffälliger bei der Stadtmission erschien, da ging es neben seelsorgerlicher Hilfe vor allem auch um Arbeit und Unterkunft. Durch persönliche Verhandlung des Stadtmissionsleiters mit Prinz Heinrich von Preußen, einem Bruder des letzten deutschen Kaisers, der im Kieler Schloß residierte, erhielt der Mann die Erlaubnis, auf den Kriegsschiffen Altpapier zu sammeln und abzuholen, das dann gepreßt an Papierfabriken versandt wurde. Was hier mit einem einzelnen begann, wurde später, in enger Zusammenarbeit mit der Stadt Kiel, in zwei Männerarbeitsstätten (in Kronshagen seit 1908, in Gaarden seit 1914), der Brockensammlung (zuerst in der Muhliusstraße 62, seit 1914 in der Fleckenstraße 28) und im Obdachlosenasyl am Hasseldieksdammer Weg (seit 1912) in großem Rahmen fortgesetzt *(Abb. 133)*. Für – oft durch Trunksucht des Mannes – in Not geratene und gefährdete Frauen mit ihren Kindern entstand Anfang 1911 in der Gellertstraße 61 eine Frauenarbeitsstätte mit elektrischer Wäscherei, Nähstube und angegliedertem Wohnheim sowie einer Kinderzufluchtsstätte.

Abb. 133 In Kiel war das Auto der Stadtmission bekannt. Aus Spenden angeschafft, stand es den Arbeitsstätten der Brockensammlung zur Verfügung

Abb. 132 Das Jugendheim I der Kieler Stadtmission in dem Mietshaus Faulstraße 32 wurde am 15. November 1904 gegründet

Die Jugendhilfe gewährte nach der Anfangszeit in der Faulstraße in zwei großen Jugendheimen in der Muhliusstraße (seit 1906) und in der Gartenstraße (seit 1911) nicht nur Heimplätze. Vielmehr leistete sie hier, wie auch im Lutherhaus, einen bedeutenden Teil der damaligen offenen evangelischen Jugendarbeit in Kiel. Das begann mit den damals sogenannten Jungfrauen-, Männer- und Jünglingsvereinen, dazu kamen im Laufe der Zeit der Christliche Verein Junger Männer (CVJM), das „Marineheim am kleinen Kiel", ein Vorläufer der späteren bzw. heutigen Soldatenheime, die Deutsche Christliche Studentenvereinigung (DCSV),

Abb. 134 Kinderzufluchtstätte der Kieler Stadtmission in der Gellertstraße 61 (Aufnahme von 1910)

der Bibelkreis für Schüler höherer Lehranstalten (BK) und endlich die „Jugendwacht", die der heutigen christlichen Pfadfinderschaft vergleichbar ist. So verkehrten hier laut Jahresbericht von 1911/12 täglich im Durchschnitt 250 Jugendliche. Zum Programm dieser offenen Jugendarbeit gehörten unter anderem Unterrichtskurse in Kurzschrift, Deutsch und Englisch.

Zur Jugend- und Gefährdetenhilfe gehörte als wichtiger Faktor schon damals die Arbeitsvermittlung. Erstaunlich, über welch ungewöhnliche Wege für die berufliche Wiedereingliederung die Kieler Stadtmission schon im Jahre 1913 berichtet: So wurde – im laufenden Kontakt mit mecklenburgischen Gütern, dem Norderdithmarscher Wohlfahrtsverband und Firmen bzw. Gesellschaften im damaligen Deutsch-Südwestafrika – zahlreichen Arbeitslosen, Obdachlosen und Jugendlichen zu einem Arbeitsplatz verholfen. Nicht weniger wichtig war die nachgehende Fürsorge, die zum Beispiel 1910 in 5227 Hausbesuchen der Stadtmissionare der Not einzelner Menschen und Familien auf der Spur blieb. Diese Besuchsarbeit geschah in enger Verbindung mit den Kieler Gemeindepastoren. Mission heißt ja Sendung, und davon ist das Hingehen und Nachgehen ein besonders wirksamer und wichtiger Teil. So schreiben die Stadtmissionsmitteilungen Nr. 4/5-1913: „Die Hausbesuche der Stadtmissionare bilden einen Hauptteil der ganzen Stadtmissionsarbeit."

Weil die Trunksucht in vielen Fällen die Quelle sozialer und seelischer Not war und ist, hat der 1905 unter Vorsitz des Stadtmissionsleiters gegründete kirchliche Verband des Blauen Kreuzes zentrale Bedeutung für die gesamte Stadtmissionsarbeit bis heute. Den zahlenmäßigen Umfang dieser Arbeit verdeutlicht das Bild vom Blau-Kreuz-Fest am 1. Oktober 1912, zu dem ein von Mitgliedern voll besetzter Fördedampfer für eine Fahrt in See gechartert worden war. Gegenwärtig arbeiten 26 eigenständige Blau-Kreuz-Gruppen in allen Stadtteilen Kiels.

Der in Zusammenhang mit der Frauenarbeitsstätte erwähnten Kinderzufluchtsstätte in der Gellertstraße folgten angesichts des wachsenden, dringlichen Bedarfs weitere Kinderheime in der Gartenstraße 12, Fleethörn 61 und Hohenbergstraße 3 *(Abb. 134)*. Dabei wurde grundsätzlich das Ziel verfolgt, möglichst viele Heimkinder in geeigneten Familien von ehrenamtlichen Vertrauensleuten, wofür sich vor allem Mitglieder der Familienhilfe, Lehrer, Pastoren und Gemeindevorsteher zur Verfügung stellten, unterzubringen.

Wie die Blau-Kreuz-Arbeit so ist besonders auch die Frauenhilfe der Stadtmission ein eindrückliches Beispiel für die Bedeutung ehrenamtlicher Mitarbeit. Bereits 1910 zählt sie über 300 Mitglieder. Viele Frauen mit bekannten aber auch weniger bekannten Namen arbeiteten hier in den Kommissionen für die einzelnen Arbeitszweige mit. So gingen diese couragierten Frauen in der Trinkerfürsorge hin, wo der Mann im Delirium Frau und Kinder verprügelte und den spärlichen Hausrat demolierte. In den Kinderheimen hielten sie die Wäsche in Ordnung, halfen in der Gruppenbetreuung, kümmerten sich um die Familien der Kinder, richteten in einem von der Stadtmission betreuten Asyl für wohnungslose Familien in Projensdorf einen Kinderhort ein, betrieben Mütterschulung mit Beratung alleinstehender Mütter, erteilten Unterricht in Säuglingspflege und Kindererziehung und bemühten sich um Lehrstellen für Schulabgänger.

1923 riefen sie im Lutherhaus eine Kirchenküche für inflationsverarmte Mitbürger ins Leben. Das war engagierter Dienst am Nächsten im Zeichen des Kreuzes im Rettungsring. Im Bericht zum 50. Jahresfest der Kieler Stadtmission lesen wir: „Heute stehen in jeder Kirchengemeinde evangelische Frauenhilfen an erster Stelle zum Einsatz für viele Aufgaben der Kirche und Inneren Mission bereit. Der Anfang in unserer Stadt lag bei der Kieler Stadtmission."

Mission in der Stadt – das war Ursprung und blieb Auftrag der Kieler Stadtmission bis heute. Im Lutherhaus sammelten volksmissionarische Vorträge über Glaubens- und Zeitfragen sowie regelmäßige Wochenschlußgottesdienste immer eine große Gemeinde. Das war eine Gemeinde eigener Art: „Kleine Leute" fühlten sich hier zu Hause und nicht wenige aus den sogenannten „Besseren Kreisen" desgleichen. So erinnert sich der Verfasser, der damals als Schüler das Organistenamt im Lutherhaus verwaltete, häufiger Besuche des Admirals Freiherr von Gagern, der sich in seiner Uniform mit seiner Frau und seinem Adjutanten unter die Lutherhaus-Gemeinde setzte. Und es geschah nicht selten, daß in der gleichen Reihe Vater Krabbenhöft saß – ein Mann, für den die Stadtmission der rettende Hafen war, der ihn nach manchem verlorenen Kampf mit dem Alkohol immer wieder bergend aufnahm. So sah die Lutherhaus-Gemeinde damals aus. Nach 1943 war das Lutherhaus die Versammlungsstätte der Bekennenden Kirche in Kiel.

Waldandachten am Dianenspiegel im Düsternbrooker Gehölz riefen an jedem Sonntagnachmittag zahlreiche Spaziergänger zur Begegnung mit Botschaft und Lied der Kirche. Und endlich gab die Kieler Stadtmission das „Kieler Sonntagsblatt" für die Kirchengemeinden unserer Stadt heraus.

Wie in der Kirche allgemein, so haben Nationalsozialismus und Krieg ihre Spuren auch tief in die Geschichte der Kieler Stadtmission eingegraben. So sollte das Jugendheim I in der Muhliusstraße am 1. April 1944 der Hitlerjugend übergeben werden. Aber es kam anders: In der Nacht zuvor flog ein einziges Flugzeug Kiel an und zerstörte mit einer Luftmine das Heim, das vier Tote und 13 Schwerverletzte unter seinen Trümmern begrub. Am 22. Mai 1944 ging dann auch das Lutherhaus in Flammen auf. An einer der Trümmerwände aber blieb zu lesen: „Himmel und Erde werden vergehen." Am 26. und 27. August 1944 wurden dann sämtliche Häuser und Einrichtungen der Stadtmission bis auf das kleine Haus Fleethörn 61 zerstört. 60 Kinder hatten mit ihren Betreuerinnen in Breklum vor den Schrecken des Kriegsendes in Kiel noch rechtzeitig gastliche Aufnahme gefunden. Nur das halbzerstörte Christliche Hospiz in der Ringstraße 32 bot einem Rest von Mitarbeitern, ehemaligen Heimbewohnern sowie zahlreichen Menschen auf der Flucht ein Notobdach. Von hier aus nahm der Dienst der Kieler Stadtmission dann seinen Neuanfang und dies gewissermaßen „vor der Haustür": Der wenige hundert Meter entfernte Bahnhof wurde im Zeichen der Heimatvertriebenen, Flüchtlinge und Heimkehrer zu einem Brennpunkt menschlicher Not *(Abb. 141)*. So wurde der stark beschädigte Gottesdienstraum der St. Jürgenkirche, die damals unmittelbar am Bahnhof lag, zur Notunterkunft; Kirchenbänke wurden zu Schlafstätten, und die Beheizung der Kirche war wohl einmalig, nämlich durch eine Lokomotive, von der aus Rohrleitungen die Wärme in die Kirche brachten. Zusätzlich wurde auf dem alten St. Jürgenfriedhof eine Baracke zur Aufnahme von Heimkehrern aufgestellt.

Weiter stellte die Stadtverwaltung der Stadtmission den siebenstöckigen „Reichshallenbunker" am Bootshafen für die Unterbringung Obdachsuchender sowie auch noch ein Nissenhüttenlager auf dem Stresemann-Platz zur Verfügung *(Abb. 142)*. Allein im „Reichshallenbunker" wurden vom 1. August 1945 bis 31. Juli 1946 ca. 115 000 Übernachtungen gezählt. Ein Strom der Hilfe aus den Stadt- und Landgemeinden der Propstei Kiel, aus den Kirchen der Ökumene in den USA, Skandinavien, Großbritannien und der Schweiz ermöglichten immer wieder die Versorgung der Hilfsbedürftigen mit dem dringendsten Lebensbedarf. Mit dem Wiederaufbau aus den Trümmern des Krieges erlebte auch die Kieler Stadtmission einen ganz neuen Abschnitt in ihrer Geschichte. Für diesen Abschnitt stehen vor allem die Namen des langjährigen Leiters, Diakon Wilhelm Lorenz, sowie die der Vorsitzenden Fabrikant Walter Ahrens mit Propst Lorentzen *(Abb. 16)*, Propst Sontag, sowie der von Bischof i. R. Adolf Mordhorst *(Abb. 15)* – als Propst selber einst Vorsitzender des Landesverbandes der Inneren Mission.

Weil eine Schilderung des Wiederaufbaus im einzelnen den Rahmen dieses Beitrages überschreiten würde, sei der Gesamtumfang der heutigen Stadtmissions-Arbeit in großen Zügen hier beschrieben: Sie unterhält gegenwärtig 15 Einrichtungen mit 470 Plätzen und 270 Mitarbeitern: davon in der Altenhilfe die Alten- und Pflegeheime „Propst-Becker-Haus", „Haus Heikendorf", „Wilhelm-Lorenz-Haus" sowie das geronto-psychiatrische Wohn- und Pflegeheim „Paul-Fleming-

Abb. 135 Feier zum 80jährigen Jubiläum der Kieler Stadtmission auf dem Schulenhof 1984

Haus", dem eine Tagespflegestätte angeschlossen ist. Für psychisch Kranke dient das „Wichern-Haus" als Übergangs- und Wohnheim mit einer teilstationären Einrichtung. Für alleinstehende Wohnungslose steht im „Johann-Schröder-Haus" eine zentrale Anlauf- und Beratungsstelle mit angeschlossenem „Tagestreff" zur Verfügung, ferner das „Bodelschwingh-Haus" als Übernachtungs- und Obdachlosenheim sowie das „Haus Klein-Nordsee" als Übergangsheim für alleinstehende Wohnungslose, eine „Beratungsstelle für Suchtmittelabhängige" und vor allem das „Blaue Kreuz" mit seinen bereits 33 erwähnten eigenständigen Gruppen in allen Stadtteilen Kiels. Auf dem Schulenhof dient das „Propst-Lorentzen-Haus" als Tagungs- und Schulungsstätte *(Abb. 135)*. Ebenfalls befindet sich dort ein Studentinnenwohnheim. Die „Telebibel" bietet über das Telefon Kurzandachten an. Die Geschäftsstelle der Kieler Stadtmission befindet sich im „Nordstern Haus", Wall 38.

Zu den besonderen Merkmalen der Kieler Stadtmission zählt einmal die enge Verbindung mit dem Kirchenkreis Kiel, dessen Pröpste seit ihrer Gründung bis zur Gegenwart in ihrem Vorstand verantwortlich mitarbeiten; desgleichen die in achteinhalb Jahrzehnten bewährte vertrauensvolle Zusammenarbeit mit der Stadt Kiel. So gilt auch heute für ihre Arbeit das Wort aus Jeremia 29, Vers 7: „Suchet der Stadt Bestes und betet für sie zum Herrn".

Literatur

75 Jahre Kieler Stadtmission 1904–1979. Hrsg. vom Vorstand der Kieler Stadtmission. Kiel 1979.
Stadtmissionsbote der Kieler Stadtmission, bes. Nr. 141/Dezember 1989: 85 Jahre Kieler Stadtmission 1904–1989.

Die Marie-Christian-Heime e. V.

Rosemarie Endriß

Die Sorge um junge gefährdete und heimatlose Frauen bewegte im Jahr 1908 eine engagierte Gruppe Kieler Frauen und Männer zur Gründung des „Fürsorgeverein Kieler Mädchenheim e. V.". Bis heute hat sich diese diakonische Initiative zu einem differenzierten Verbundsystem psychosozialer Hilfen für Kinder, Jugendliche, Frauen und Mütter entfaltet.

Schwester Therese Blunck *(Abb. 136)* war die erste, lange die einzige Mitarbeiterin. In ihre kleine Wohnung nahm sie zunächst vier junge Frauen auf und war ihnen bei der Eingliederung in neue gesicherte Wohn- und Arbeitsbereiche behilflich.

Bald war die Wohnung zu klein, eine ganze Etage wurde gemietet. Als auch diese nicht mehr ausreiche, wurde 1916 ein großes Haus in der Gartenstraße *(Abb. 137)* gebaut und bald von 50 Frauen bewohnt. Für gefährdete und obdachlose Frauen wurde es zur Brücke in ein selbständiges Leben, für behinderte Frauen aber zur Heimat. Damit war ein zweiter Schwerpunkt der Vereinsarbeit entstanden.

Nach dem Tod von Schwester Therese Blunck übernahm 1942 Frau Oberin Anneliese Pinn die Leitung des Hauses; die Arbeit weitete sich rasch auf 100 Wohnplätze aus.

1944 zerstörte der Krieg zwar das Haus, doch die vielfältigen Aufgaben wurden durch das kriegsbedingte Elend größer als zuvor. In „Hof Vieburg" wurde eine vorübergehende Unterkunft für 200 Frauen und Kinder geschaffen.

1951 entstand ein großes Doppelhaus in der Blumenstraße 5, und neben der schon traditionellen Arbeit im „Therese-Blunck-Haus" begann dort ein weiterer Zweig zu wachsen: Junge Mädchen bezogen das „Gertrud-Bäumer-Haus".

1953 gelang es dem Verein, am Stadtrand in Kiel-Kroog ein großes Wald- und Wiesengelände zu erwerben, den „Waldhof" *(Abb. 138)*. Mit dem Auszug aus Hof Vieburg erweiterte sich wieder einmal die Arbeit, „Mutter und Kind" hieß der jüngste Zweig, der die Frauensozialarbeit erweiterte und ergänzte.

Der Name „Kieler Mädchenheim" wurde inzwischen von der Entwicklung der Arbeit überholt, der Verein trägt ab 1962 den Namen „Marie-Christian-Heime". Frau Oberin Anneliese Pinn erweiterte in vielfältiger und engagierter Weise die Arbeit. Es entstanden Wohnhäuser für 300 behinder-

Abb. 136 Schwester Therese Blunck mit Mitarbeiterinnen, um 1940

te oder obdachlose Frauen, Frauen in Not, Mütter mit Kindern und Jugendliche. Neben den Wohnbereichen bekam die Werktherapie *(Abb. 139)* zunehmend Bedeutung. 1976 entstand dafür ein neues Haus.

1978 übernahm Frau Rosemarie Endriß die Leitung der Heime. Unverändert bleibt das Ziel, die eigenen Kräfte der BewohnerInnen zu fördern und zu entfalten, immer noch sind die Häuser für viele wie eine Brücke, für andere aber eine Heimat.

Ein besonderer Schwerpunkt liegt in der gemeinsamen Betreuung von behinderten Frauen mit ihren Kindern, 1989 wurde dafür das „Familienhaus" konzipiert und gebaut.

Im gleichen Jahr zog das „Gertrud-Bäumer-Haus" in einen Gebäudekomplex in der Saarbrückenstraße um und wurde dort zur Teileinrichtung

Abb. 137 Die Anfänge des Kieler Mädchenheims in der Gartenstraße

Abb. 138 Der „Waldhof"

Abb. 139 Werktherapie in den Marie-Christian-Heimen

Abb. 140 Kindergarten in den Marie-Christian-Heimen

mit verschiedenen Wohn- und Therapiebereichen im Rahmen der Jugendhilfe.

Das Haus in der Blumenstraße wurde 1990 aus konzeptionellen Gründen verkauft.

Aus dem kleinen Anfang von 1908 ist ein verzweigtes Werk mit vielen verschiedenen Wohnformen für Frauen, Jugendliche und Kinder geworden.

Ein Kindergarten, der integrativ die Krooger Kinder einbezieht, ergänzt die diakonische Arbeit *(Abb. 140)*.

Literatur

A. Pinn: Die Entwicklung der Marie-Christian-Heime. Erinnerungen aus dem Leben von Anneliese Pinn. Kiel [Selbstverlag] 1981.

Die Diakonie des Kirchenkreises Kiel

Karl-Behrnd Hasselmann

Zuwendung zu Menschen, die der Hilfe bedürfen, geschah in der evangelischen Kirche in größerem Maßstab bis 1945 auf freiwilliger Basis, oft in Form von Vereinen. Die Stadtmission oder die Marie-Christian-Heime sind außerordentlich überzeugende Beispiele dieser Form von Diakonie. Die Niederlage von 1945 und der Zusammenbruch aller gesellschaftlich tragenden Zusammenhänge hatte aber so katastrophale Folgen, daß eine Zusammenarbeit aller noch halbwegs intakten gesellschaftlichen Kräfte zur Hilfe zumindest in den elementarsten Fällen und Bereichen notwendig wurde *(Abb. 141 und 142)*. Im August 1945 wurde so das Hilfswerk der Evangelischen Kirche in Deutschland auf dem Kirchentag in Treysa gegründet. Die beiden dort proklamierten Grundsätze gelten auch heute noch:
– Die vordringlichste Not kommt zuerst; ohne Ansehen der Konfession, Rasse, Nation oder politischen Anschauung muß den am meisten Bedrohten zuerst geholfen werden.
– Zentral ist der Gedanke der Selbsthilfe; solange in Deutschland selbst nicht das Äußerste getan wird, erscheint es entwürdigend, um fremde Hilfe zu bitten.

In Kiel war es ein Gemeindepastor, der eher und intensiver als andere begriff, worum es ging: Pastor Adolph Plath *(Abb. 143)* von der Vicelingemeinde, als Marineoffizier aus dem Kriege entlassen, übernahm 1945 als 35jähriger nebenamtlich die Aufgabe des Hilfswerkbeauftragten der Propstei Kiel. Bis 1980 war Pastor Plath die entscheidende diakonische „Institution". Es gab keine helfende Aktivität der Propstei, die an ihm vorbeilief. Pastor Plath fühlte sich unwiderstehlich angezogen durch die Aufgabe, Hilfe in jeder Form, mit welchen Mitteln und an welchem Ort auch immer, zu organisieren. Er war schon 1946 Vorsitzender der Arbeitsgemeinschaft der Freien Wohlfahrtspflege, ab 1945 stellvertretender Vorsitzender des Kirchengemeindeverbandes, seit 1949 Vorstandsmitglied der Stadtmission, seit 1950 stellvertretender Vorsitzender der Gesellschaft Freiwilliger Armenfreunde in Kiel, von 1950 bis 1976 Vorstandsmitglied des Landesverbandes der Inneren Mission, Leiter des Evangelischen Hilfswerks der Propstei Kiel, später des Evangelischen Gemeindedienstes, Mitglied des Propsteivorstandes, des Vorstandes des Kieler Stadtklosters, jahrzehntelang im Sozial- und Jugendausschuß der Stadt Kiel usw. usw.

Abb. 141 Typischer Nachkriegsalltag. Der mit Flüchtlingen und heimkehrenden Soldaten überfüllte Kieler Bahnhof

Abb. 142 Nissenhüttenlager auf dem Stresemannplatz in den ersten Jahren nach dem Zweiten Weltkrieg

Diakonische Arbeit war so zuerst wahrnehmbar als Arbeit lebendiger Menschen, nicht von Institutionen, Diensten mit Büros, Telefonen und Zeitplänen. Dieses macht die Bedeutung Adolph Plaths in Kiel aus. Natürlich wurde er ab 1946 durch einen Geschäftsführer, Herrn August Flemes, unterstützt; die gesetzliche Absicherung geschah 1947 durch das Landeskirchliche Hilfswerkgesetz und die organisatorische Stützung 1968 durch die Einberufung des Propsteihilfswerkausschusses. Eigene Kassen- und Haushaltsführung wurde gesichert. Aber die diakonische Arbeit verband sich für die Kieler Öffentlichkeit noch deutlich mit einigen Gesichtern und Namen. Eine erste Veränderung trat 1961 ein, als in der Propstei alle diakonische Arbeit organisatorisch als „Evangelischer Gemeindedienst" zusammengefaßt wurde, der folgende drei Abteilungen hatte:
- die Nothilfe
- die Sozialhilfe
- die Buchhaltung und die Kasse.

Der Stellenplan war durchaus überschaubar. Ein Diakon, anderthalb Fürsorgestellen, drei Sachbearbeiterinnen für Hauspflege, Alten- und Osthilfe, eine Sachbearbeiterin für Kasse und Buchhaltung und eine Sekretärin bildeten die Gruppe der Hauptamtlichen.

Die Arbeit spezialisierte sich in den kommenden Jahren immer stärker. Die Anforderungen an die Hauptamtlichen wurden spezifischer und professioneller. Die Angleichung an staatliche Aus- und Fortbildungsstandards taten das ihrige. Von daher veränderten sich auch die Anfragen an die Leitungsstruktur des Hilfswerkes. Als 1978 mit der Verfassungsänderung der Nordelbischen Kirche die Kirchenkreissynode eine neue Satzung für die

diakonische Arbeit erließ – erst 1980 wurde der Evangelische Gemeindedienst in „Diakonisches Werk" umbenannt –, da wurden auch ein eigener Wirtschaftsplan für die Arbeit erstellt und die Planstellen der Mitarbeiter im Haushaltsplan des Kirchenkreises untergebracht. Seitdem hat sich die Arbeit der Diakonie im Kirchenkreis Kiel, aufbauend auf alten Strukturen, in unglaublichem Tempo weiterentwickelt und ausdifferenziert. Die Schwerpunkte heute sind:
– alle Arbeitsbereiche, die unter dem Stichwort Kirchenkreissozialarbeit zusammengefaßt sind;
– sodann der ambulante pflegerische Bereich;
– die Kindertagesheime und Kindergärten;
– die Seniorenarbeit.

Die Sozialarbeit widmet sich mit einer Sozialarbeiterin dem Schwerpunkt Frau und Familienhilfe, zugleich der Fachbegleitung des „Cafetti" und der Behindertenhilfe, mit einem Sozialarbeiter der Hilfe für überwiegend alleinstehende Männer, der Führung von Pflegschaften in der Jugendhilfe, der Begleitung des freiwilligen sozialen Jahres und der Bahnhofsmission.

Die Einzelfallberatung, die zur Zeit pro Jahr 1200 Personen erreicht, wird ergänzt durch die zentrale Beratungsstelle der Stadtmission; hier werden Menschen begleitet, die unter Alkoholismus, Medikamentenabhängigkeit, sozialer Isolation, Verschuldung und Lebensresignation leiden. In Kiel herrschen in auffälligem Maße Wohnungsnotstand, Langzeitarbeitslosigkeit und neue Armut. Diese haben schwere körperliche und seelische Folgen, besonders auch für Frauen. Eine zentrale Stelle für Frauensozialarbeit im Kirchenkreis ist unabweisbar. In der Bahnhofsmission helfen eine hauptamtliche Leiterin und sechs ehrenamtliche Frauen zur Zeit über 60 000 Personen, die sie jährlich ansprechen. Im „Cafetti" unterstützen Mitarbeiterinnen alleinerziehende Frauen und ihre Kinder, die sozial in schwieriger Lage sind. Die Behindertenhilfe bietet im Kirchenkreis elf Gruppen für integrative Behindertenarbeit an. Christliche Blindenhilfe, die evangelische Jugendhilfe e. V. mit Pfleg- und Vormundschaften für Betreuungsfälle, das freiwillige soziale Jahr und die Organisation der Aktion „Brot für die Welt" runden diesen Arbeitsschwerpunkt ab.

Die Seniorenarbeit muß sich einstellen auf die stark ansteigende Zahl von alten und hochbetagten Menschen, die durch die Angebote der Kirchengemeinden und Altentagesstätten erreicht werden sollen. Altenberatung wird ein großer Schwerpunkt werden, genauso wie die Altenbildung; der Stil der Altenarbeit wird sich von der Betreuungsarbeit weg neu einstellen müssen auf Formen der Mitverantwortung der Senioren, die so bisher nicht vorgesehen war. Kurse, Projekte, Gesprächsgruppen und Kontaktpflege werden in den zahlreichen Altenclubs der Kirchengemeinden durchgeführt und im übergemeindlichen Bereich verstärkt angeboten, was wiederum eine Fortbildung der Leiterinnen erfordert, da die Anforderungen stetig wachsen.

Durch den immer größer werdenden Anteil der Hochbetagten steigt auch die Zahl der chronisch Kranken und gerontologisch-psychiatrisch veränderten Menschen. Bisher war es üblich, daß nahezu alle alten und kranken Menschen zu Hause durch Angehörige versorgt wurden. Dazu sind die meisten Familien kaum mehr in der Lage. Pflegende Angehörige sind überwiegend ältere Menschen, die selbst pflegebedürftig und leicht erschöpft sind. Von daher wächst die Notwendigkeit, die Pflege in den Wohnungen abzusichern, da Heime den Bedarf nicht abfangen können. Die Entwicklung der Medizin führt zu einer Verkürzung der Krankenhausdauer, so daß auch zu Hause eine medizinisch-pflegerische Fachlichkeit gefordert ist, die Angehörige nicht aufbringen können. Dieses sind die Probleme, die hinter den Bemühungen aller Wohlfahrtsverbände, der Kommune und natürlich auch der Diakonie stehen, nämlich verstärkt eine qualitativ gute Pflege bereitzustellen. Hier fehlt wie auch sonst das Geld; auch hier ist die Arbeit gesellschaftlich wenig anerkannt. Das Berufsbild der Gemeindeschwester muß diesen neuen Anforderungen genügen, vor allem in der ambulanten Altenhilfe. Dazu wurden in Kiel Sozialstationen errichtet, in denen die Verbände und die Stadt zusammenarbeiten. Die Diakonie trägt die meisten der Sozialstationen; dort sind auf 40 Stellen Gemeindeschwestern und -pfleger tätig, die in zehn Pflegegruppen mit je einer Pflegedienstleitung zusammengefaßt sind. Auch hier soll verstärkt Fort- und Weiterbildung zu besserer Qualität der Arbeit verhelfen. Daneben arbeitet ein mobiler sozialer Hilfsdienst, der unentgeltlich ca. 400 alten und behinderten Menschen Hilfe zur eigenen Lebensführung anbietet.

Ein gleich starker Schwerpunkt ist die Arbeit der Kindertagesstätten. Die Zahl der Ein-Kind-Familien nimmt zu; der Anteil der Kinder in Ein-Eltern-Familien wächst in erschreckendem Maße.

Elternarbeit wird wichtiger, Erziehungsprobleme müssen gelöst werden, die selbst der Nachkriegsgeneration fremd waren. Die Nachfrage nach Kindertagesheimplätzen sprengt jedes Maß. Dabei sind auch die Anfragen nach dem pädagogischen Standard, der Gruppengröße, der Verbesserung der baulichen Vorgaben usw. zu berücksichtigen. In dem armen Kiel fragt man sich: Wer soll das bezahlen? Bessere Bezahlung vor allem auch der Kindergärtnerinnen wäre notwendig, um die Attraktivität auch dieses Berufes zu heben. Arbeit mit

Abb. 143 Pastor Adolph Plath (1910–1985)

Menschen, Arbeit für Menschen hat gesellschaftlich inzwischen einen geringen Stellenwert. In der Trägerschaft des Diakonischen Werkes befinden sich zur Zeit sieben Kindertagesheime in Kiel und eines in Kronshagen; auch die Kindergärten der Kirchengemeinden in Flemhude und Schönkirchen sowie in den Marie-Christian-Heimen im Waldhof gehören dazu. Insgesamt werden 550 Kinder betreut, davon 60 im Schulalter (Hort); dazu kommen weitere 120 Kinder in weiteren kirchlichen Kindertagesheimen im Stadtbereich sowie ca. 1000 Kinder in Kinderstuben und Mutter-Kind-Gruppen der Gemeinden. 79 Mitarbeiterinnen sind hier tätig.

Dienste und Werke des Kirchenkreises Kiel

Karl-Behrnd Hasselmann

Neben dem Diakonischen Werk gibt es zahlreiche und bedeutende andere Dienste und Werke des Kirchenkreises Kiel, die einzelnen wichtigen sozialen Schwerpunkten der Stadt und des Gemeinwesens zugeordnet sind.

So unterhält der Kirchenkreis Kiel das wohl größte *Jugendwerk* der Nordelbischen Kirche. Zehn BezirksjugendwartInnen sind an regionale Schwerpunkte „angesetzt", mit einem Standbein in der Kirchengemeinde und einem Spielbein in gesamtgemeindlicher Arbeit. Darunter sind die Tätigkeitsfelder „neue Spiritualität", „Arbeit mit Mädchen", musisch-kulturelle Arbeit, Bildungsarbeit, Industriejugend- und Verbandsarbeit besonders wichtig. Der Jugendpastor ist zuständig für theologische Begleitung und Fortbildung sowie für Koordination der gesamten Arbeit und der Vertretung nach außen. Fünf weitere Jugendarbeiter sind in Kirchengemeinden angestellt und tätig. Häuser der offenen Tür in Neumühlen-Dietrichsdorf, Kronshagen, Mettenhof und Holtenau mit zahlreichen hauptamtlichen MitarbeiterInnen ergänzen das Angebot der Jugendarbeit in Kiel. Daneben hat der „Christliche Verein zur Förderung sozialer Initiativen in Kiel e. V." seit 1980 ein Projekt von Straßen und Sozialarbeit für Jugendliche in Mettenhof aufgebaut, das man vorbildlich und in Schleswig-Holstein einmalig nennen kann. Zahlreiche Einzelkontakte auf der Straße und mit Jugend-Gangs werden stabilisiert durch Gruppenarbeit und längerfristige Beratungsgespräche.

Das *Beratungszentrum* des Kirchenkreises Kiel sucht gleichfalls seinesgleichen in der Nordelbischen Kirche. Es ist in einzelnen Abteilungen organisiert. Dort arbeiten in Einzel- und Partnerberatung drei hauptamtliche MitarbeiterInnen und andere Teilzeitbeschäftigte und Honorarkräfte. Trotz dieses großen personellen Angebots beträgt die Wartezeit ca. sechs Monate mit steigender Tendenz. Der Schwerpunkt liegt in der Einzelberatung. Daneben werden analytische Gruppen angeboten. Partnerprobleme, Trennung, Generationsfragen und psychosomatische Symptome sind die Beratungsanlässe. 1990 wurden 443 Frauen (etwa die Hälfte), Männer (etwa ein Viertel) und Paare (das andere Viertel) beraten. Die Abteilung Erziehungsberatung hat zur Zeit vier hauptamtliche MitarbeiterInnen, die Probleme beim Kind, von einzelnen jungen Erwachsenen und Eltern lösen helfen. Die Abteilung Schwangerschaftskonfliktberatung hat eine Mitarbeiterin; daneben hat die Mutter-Kind-Stiftung eine weitere Mitarbeiterin. In der Telefonseelsorge gibt es ca. 90 MitarbeiterInnen, die 1990 insgesamt 12 320 Gespräche führten. Einen Schwerpunkt bilden die Ausbildungsgruppen für neue ehrenamtliche MitarbeiterInnen. Die Gruppen werden jährlich neu aufgestellt. Zur Zeit wird eine neue Abteilung Altenberatung aufgebaut, von der aus im Hause und in Altentagesstätten beraten werden soll.

Das *Frauenwerk* des Kirchenkreises Kiel macht gemeindeunterstützende und -ergänzende Angebote. Die Absicht ist, mit Frauen Neues zu entdecken, Themen aufzugreifen, die in der Luft liegen, Schritte zu lebendigem Glauben und zu ganzheitlichem Leben auszuprobieren und dazu zu ermutigen, mehr Verantwortung in Kirche und Gesellschaft zu übernehmen. In diesem Zusammenhang bieten zwei Mitarbeiterinnen (mit halber Stelle) Fortbildung für ehrenamtliche Gruppenleiterinnen und Interessierte an, die über das ganze Jahr läuft. Ein zweiter Schwerpunkt sind Seminare, Veranstaltungsreihen und Gruppenarbeit für Frauen; ein dritter wichtiger Bereich sind Gottesdienste und Andachten, die in Kiel zentral angeboten werden; daneben gibt es offene und geschlossene Gruppen, die durch das Frauenwerk initiiert und begleitet werden. Zur Zeit reifen auch hier Überlegungen, alle Arbeitsbereiche der verschiedenen Werke, die sich zentral mit Frauensozialarbeit beschäftigen, zusammenzuführen. Durch die Arbeit des Frauenwerkes gelingt es, unterschiedlichste Frauen zu erreichen: junge Frauen, Frauen in der Lebensmitte und ältere Frauen, durchaus auch kirchenferne Frauen, die durch diese besonderen und gewichtigen Angebote interessiert und angesprochen werden.

Neben diesen größeren Werken sind in Kiel weiter tätig das *Arbeitslosenbüro*, der *Kirchliche Dienst in der Arbeitswelt*, die *Schuldnerberatung Lichtblick e. V.*, der *CVJM* u. a. m.

Die Kirche in Kiel lebt. Sie ist aus kleinen Anfängen 1945 in ihren Werken gewachsen und zu einem großen „Betrieb" geworden. Aber sie zeigt – durch die Menschen, die in ihr tätig sind –, daß die Kirche erkennbar „im Dorf" steht und gebraucht wird.

Klinikseelsorge

Falk-Horst Wolter-Pecksen

Sie tritt äußerlich kaum in Erscheinung, denn ihre Wirksamkeit ereignet sich in einem inneren Bereich. Sie ist nicht in Kirchen oder Gemeindehäusern zu finden, denn sie ist unterwegs und sucht menschliche Begegnung. Sie hat nicht Geld noch Gut, aber sie hat Erfahrung mit der heilenden Kraft des Wortes – und davon weiß sie mit-zu-teilen. Die Rede ist von der Klinikseelsorge.

Die Anfänge der Klinikseelsorge in Kiel gehen zurück auf eine junge Frau, auf die 28jährige Luise Siemen. Sie war Theologin, hatte 1924 das theologische Fakultätsexamen in Kiel abgelegt, machte anschließend eine Krankenpflegeausbildung, war 1927 theologische Mitarbeiterin des Flensburger Mutterhauses und begann im Jahre 1928 an den Kieler Universitätskliniken (damals noch unter dem Namen „Akademische Heilanstalten Kiel") Seelsorgearbeit einzurichten. Luise Siemen schreibt in ihrem Lebenslauf selbst darüber: „1928 durfte ich im Auftrag des Klinikkuratoriums und des Landeskirchenamtes die Krankenseelsorge in den hiesigen Universitätskliniken übernehmen. Im Mütterdienst, Unterricht der kranken Kinder, Erwachsenenbildung, Lesestoffverteilung, musikalisch ausgestalteten Feiern und vielem mehr erwuchs mir aus kleinsten Anfängen ein großes Amt."

1929 wurde außerdem eine Pfarrstelle für Klinikseelsorge eingerichtet und mit Pastor Johannes Moritzen besetzt.

Ein solches Pfarramt war ganz einfach notwendig geworden, weil eine große Zahl an Patienten von auswärts kamen, so daß eine seelsorgerliche Betreuung durch die Pastoren der Heimatgemeinden der weiten Entfernung wegen nicht möglich war. Im Zusammenhang mit der kirchenfeindlichen Politik der NS-Zeit wurde der Theologin Luise Siemen die Seelsorge an den Kindern im Klinikbereich untersagt. Das Angebot der Seelsorge an Erwachsene durch Klinikpastoren konnte allerdings aufrechterhalten werden. 1937 beendete Pastor Moritzen seine seelsorgerliche Arbeit im klinischen Bereich, die er acht Jahre treu versehen hatte. Patienten sagten über ihn, daß er in einer besonders guten Weise zu trösten verstanden habe. 1938 wurde Pastor Dr. Herbert Rommel in die Nachfolge berufen. Nach Ausbruch des Zweiten Weltkrieges wurde diese seelsorgerliche Arbeit in zunehmendem Maße belastender, bedingt auch durch die Dezentralisierung, nachdem einzelne Abteilungen des Klinikums wegen der Luftangriffe aus Kiel heraus verlagert worden waren. Pastor Dr. Rommel kam 1944 in seiner seelsorgerlichen Tätigkeit während eines Luftangriffs ums Leben.

In der Nachkriegszeit – längst bevor die offizielle Klinikpfarrstelle wieder besetzt wurde – nahm Luise Siemen (inzwischen promovierte Studienrätin) ihre frühere seelsorgerliche Arbeit vor allem an den Kindern im Klinikbereich wieder auf. Darüber hinaus besuchte sie oft mit einem Chor der Schülerinnen ihres Gymnasiums die Krankenstationen und brachte die christliche Botschaft durch die Klänge der Freude und des Trostes zu den Menschen. Diese ehrenamtliche Arbeit beendete sie erst im Jahre 1960, nachdem ihre seit der Jugendzeit bestehende Gehbehinderung zu belastend geworden war.

Während Pastor Dietrich Gottschewski die Patienten der Psychiatrie und Neurologie 1947 für einige Zeit betreute, wurde zu Beginn des Jahres 1948 das Klinikpfarramt mit Pastor Dr. Carl Andresen wieder offiziell besetzt. Acht Jahre versah er diesen umfangreichen Dienst, zumal neben den Universitätskliniken zeitweise auch Anschar-Haus und Städtisches Krankenhaus mit zu versorgen waren. Nach seiner Habilitierung ging Carl Andresen als Professor für Patristik an die Universität Marburg.

In der zweiten Hälfte der 1950er Jahre setzte eine Neuordnung und Weiterentwicklung der Klinikseelsorge in Kiel ein. Sie bezog sich zum einen auf die organisatorische, zum andern auf die inhaltliche Gestaltung.

Die Zahl der zu betreuenden Patienten war einfach zu groß, so daß eine intensive Zuwendung zu einzelnen Kranken nicht möglich war. Bei der Neubesetzung der Stelle im Jahre 1956 wurden alle städtischen Krankenhauseinrichtungen von der Klinikpfarrstelle abgetrennt. (Daraus wurde ein neuer Bereich mit eigenem Seelsorger.) Der eigentliche Klinikbereich umfaßte immerhin noch 1600 Betten. Bei einer durchschnittlichen Verweildauer von zwei bis drei Wochen war damit eine große Zahl von Patienten zu besuchen. So wurden 1959 durch die Einrichtung einer zweiten und 1978 einer dritten Pfarrstelle die äußeren Arbeitsbedingungen der Klinikseelsorge verbessert.

Sehr viel gravierender war nun das, was die inhaltliche Veränderung der Klinikseelsorge betraf. Gewiß blieb die Botschaft, die sich auf Jesus Christus beruft, die gleiche; aber die Form der Übermittlung veränderte sich. Hier ist zunächst auf folgende Tatsache zu verweisen: In den 1950er Jahren wurden Erkenntnisse und Einsichten der Tiefenpsychologie in einzelnen Bereichen der Medizin, aber auch der Theologie diskutiert und zum Teil auch in die praktizierende Arbeit mit einbezogen. Das hatte zur Folge, daß einzelne Ärzte, die eine stärkere Beachtung psychischer Anteile am Krankheitsverlauf in ihr Handeln einbezogen, damit auch eine größere Wahrnehmungsfähigkeit in bezug auf die Bedeutung der Klinikseelsorge für ihre Patienten bekamen. Hier entstand eine Basis für intensive Zusammenarbeit zwischen Arzt und Klinikseelsorger.

Für die Praktische Theologie eröffneten die tiefenpsychologischen Erkenntnisse neue Zugänge für das Verständnis schwerer menschlicher Problematik, die krankmachende Tendenzen in sich birgt. Die Tiefenpsychologie vermittelte der Seelsorge aber auch die Möglichkeit, Gespräche mit Patienten anders zu führen als bisher, d. h. intensiver zuhören zu können und eine Gesprächsbeziehung mit heilender Wirkung aufzubauen. Die Bedeutung dessen, was ein Wort vermag, wurde neu entdeckt.

Neben Andacht, Gottesdienst, Taufe und Abendmahl bekamen die verbindlichen Einzelgespräche am Krankenbett immer größeren Stellenwert. Auch über den Klinikaufenthalt hinaus haben wir in Kiel die Gespräche mit einzelnen Kranken fortgeführt. „Kränkende" Beziehungsprobleme innerhalb der Familie, Suchtverhalten wie auch Selbstmordtendenzen waren häufig Anlaß zu einer längeren Gesprächstherapie.

Der Begriff „trösten" hat für uns in der Klinikseelsorge wieder seinen ursprünglichen Sinn zurückgewonnen, nämlich „ein Bündnis mit jemandem schließen". Der Kranke schließt mit der Seelsorgerin oder dem Seelsorger ein Arbeitsbündnis, um gemeinsam das Thema seiner Krankheit aufzuarbeiten. Bündnis ist aber auch dahingehend zu verstehen, daß diese Verbindlichkeit in der Seelsorge gerade auch dort hilfreich sein kann, wo es um eine Sterbebegleitung geht.

Gesagt werden sollte sicherlich auch, daß eine so spezielle Form der Seelsorge nur verantwortet werden kann, wenn KlinikseelsorgerInnen sich einer besonderen Aus- und Fortbildung widmen.

Zuletzt noch das Wort eines Patienten, an dessen Bett seine ratlosen Freunde weilten. Zu diesen sagte er: „Hört doch meiner Rede zu und laßt mir das eure Tröstung sein! Ertragt mich, daß ich rede." Hiob ist der Name dieses Kranken.

Telefonseelsorge

Falk-Horst Wolter-Pecksen

1958 bringen beide damals bestehenden Kieler Tageszeitungen, die Volkszeitung und die Kieler Nachrichten, einen Bericht mit der Überschrift „Notruf für Verzweifelte". In einer detaillierten Schilderung der Arbeit der Krankenseelsorge an den Universitätskliniken in Kiel wird darauf hingewiesen, daß der Klinikseelsorger in Zusammenarbeit mit anderen Seelsorgern einen telefonischen Notruf vorbereitet, der vor allem selbstmordgefährdeten Menschen Hilfe anbieten wird.

Für mich persönlich hing die Entwicklung einer solchen Einrichtung zunächst einmal damit zusammen, daß ich während meines Studiums durch einen hervorragenden Hochschullehrer, Professor Rendtorff, auf neue Perspektiven einer psychologischen Seelsorge hingewiesen worden war. Zum anderen war es die Erfahrung in der Klinik im Umgang mit selbstmordgefährdeten Patienten und deren minimaler Versorgung im Anschluß an die Klinikentlassung, die nach dringender Abhilfe rief und auch Überlegungen für vorbeugende Maßnahmen erweckte. Schließlich stand mir ein Kreis engagierter Frauen und Männer zur Seite, die bereit waren, ihre Fachkenntnisse in diese Arbeit hineinzugeben.

1960 nahm ein Team von circa 20 Leuten den Dienst auf. Von ihrer beruflichen Herkunft her handelte es sich um Ärzte, Diplompsychologen, Sozialpädagogen, Lehrer und Pastoren. Der erste Probelauf über etwa ein Jahr bestand in einem zunächst zeitlich begrenzten Angebot, das sich auf jene Stunden bezog, wo sonstige Beratungsstellen unerreichbar waren. Die Kieler Telefonseelsorge bot also Gespräche an von 16.00 Uhr nachmittags bis morgens um 7.00 Uhr. Die Erfahrungen des ersten Jahres ermutigten uns, eine 24stündige Tag- und Nachtbereitschaft für die folgende Zeit anzubieten, zumal auch die Zahl der Mitarbeiter erweitert werden konnte.

Eine faszinierende Beobachtung war für uns immer wieder die Tatsache, daß das so oft geschmähte Telefon soviel gute menschliche Beziehung entstehen lassen konnte. Obwohl das Wort „tele" ursprünglich „Ferne" bedeutet, erlebten wir, daß „Tele"fonseelsorge „Nähe" entstehen lassen kann – eine menschliche Nähe, welche für viele Menschen in dem Vis-à-vis nicht so ohne weiteres zustande käme.

Die erste Phase in den Anfangsjahren der Telefonseelsorge war für uns alle bestimmt von dem Thema „Telefonseelsorge – wie wird das gemacht?" Oder auch „Telefonseelsorge – wo liegt der besondere Anreiz?" Dabei spielen drei Stichworte eine Rolle: Anonymität – Tag- und Nachtbereitschaft – kürzester Weg zu einem Gespräch.

Es entstand ein Katalog der Anlässe, der zeigte, daß die Motive der Anrufer in den verschiedenen Bereichen der Bundesrepublik ziemlich übereinstimmten. An der Spitze standen Anrufe, die sich auf Partnerprobleme bezogen, sowie Anrufe, die psychische Erkrankungen betrafen. Danach folgten Gespräche, die Generationskonflikte zum Inhalt hatten.

Während die ersten beiden Phasen in der Entwicklung der Telefonseelsorgearbeit zum einen bestimmt waren von der Frage „Telefonseelsorge – wie macht man das?" und zum anderen durch die Nachfrage „Was sind die Motive und Anlässe der Anrufer?", so folgte nun eine dritte Phase, die immer stärker bestimmt war von dem Thema: „Wer ist eigentlich derjenige, der am Telefon den Seelsorgedienst tut?" Es kam nun Ende der 1960er Jahre immer stärker die Person des Telefonseelsorgers selbst in das Blickfeld. Das zeigte sich auch darin, als auf einer Klausurtagung der Leiter der Telefonseelsorge-Einrichtungen 1969 in Berlin allgemeinverbindliche Aus- und Fortbildungspläne vorbereitet wurden. 1970 wurde auf der Jahrgangstagung in Arnoldshain die Gesprächsmethodik nach Rogers bzw. Tausch vorgestellt und empfohlen. Wir lernten in einer neuen Weise, wie es gelingen kann, eine tragfähige Gesprächsbeziehung entstehen zu lassen. Am Telefon nahe zu sein und Nähe zu erleben, erfuhren wir noch einmal auf eine ganz andere Weise. Die Überwindung von Sprachbarrieren wurde deutlich. Die Tatsache, daß Sprachlose wieder reden können, Gefühle mitteilen können und daß eine Verständigung geschehen kann, wo Trennung war, wurde uns als ein Phänomen erkennbar, welches letztlich abhängig war von der akzeptierenden Haltung des Seelsorgers. Wir kamen in Berührung mit einer Gesprächsmethodik, durch die wir ganz neu Vertrauen faßten in das „Wort". Wo wir bisher des verbalen Angebotes überdrüssig geworden waren, erlebten wir einen völlig neuen

Umgang mit dem Wort. – Es war geradezu ein pfingstliches Ereignis, was hier geschah.

Das war damals für uns in der ersten Telefonseelsorge-Generation wohl eine der entscheidenden Erfahrungen: Hier ging es nicht etwa um „Seelsorge-Helfer", sondern vollgültige Seelsorge konnte auch durch Nichttheologen (Laien) gegeben werden. Eine unerhört neue Einsicht für unsere damalige Kirche! Da gab es also eine ehrenamtliche, freiwillige Tätigkeit im Bereich der Telefonseelsorge, die gleichwertig und gleichrangig mit der Seelsorge der professionellen Theologen angesehen werden mußte. Wir ahnten damals wohl, daß wir uns auf einem neuen Weg der Seelsorge befanden und daß es sich nicht nur um ein kurzlebiges modernistisches Experiment handelte. Wir spürten wohl, daß ein neues Stück Kirchen- und Sozialgeschichte seinen Anfang genommen hatte. Dieses Begonnene weiterzuführen und auch gegen mancherlei Widerstände innerhalb der eigenen Kirche glaubwürdig zu vertreten, war unsere nicht immer leichte Aufgabe.

Die große Bedeutung der Presse für das Bekanntwerden der Arbeit der Telefonseelsorge in der Öffentlichkeit möchte ich mit Dankbarkeit erwähnen. Tagespresse, Rundfunk und schließlich auch das Fernsehen brachten immer wieder Berichte und Dokumentationen zu diesem Thema. Die Kieler Nachrichten haben von Anfang an bis heute täglich eine Annonce mit dem Hinweis auf die Telefonseelsorge kostenlos gebracht. Ein sehr generöses Verhalten!

Im Jahre 1960 begann die Arbeit der Telefonseelsorge in einer Dachkammer am Klosterkirchhof. Zwölf Jahre später hatte sich aus dieser Telefonseelsorge eine große Beratungsstelle entwickelt. In gemeinsamer Planung mit meinem organisatorisch versierten Kollegen Tim Lohse war es mir gelungen, den Kirchenkreis (damals Propstei) für ein neues Seelsorge-Projekt zu gewinnen. – Während wir in den zurückliegenden Jahren neben den telefonischen Seelsorgegesprächen auf ehrenamtlicher Basis auch Ehe- und Erziehungsberatung angeboten hatten, konnte nun eine offizielle Einrichtung entstehen mit regelrechten Planstellen für Psychologen, Sozialpädagogen und Seelsorgern. Das war der Beginn des Evangelischen Beratungszentrums in Kiel.

Farbtafel XVIII Michaeliskirche, Hassee. Altarbild „Sinkender Petrus" von Conrad Fehr

Farbtafel XIX Paul-Gerhardt-Kirche, Neumühlen-Dietrichsdorf

Farbtafel XX Petruskirche, Wik

Farbtafel XXI Petruskirche, Wik. Innenansicht

Farbtafel XXII Stephanuskirche, Kroog

Farbtafel XXIII Birgitta-Thomas-Haus, Mettenhof. Innenansicht

Farbtafel XXIV Vicelinkirche. Innenansicht

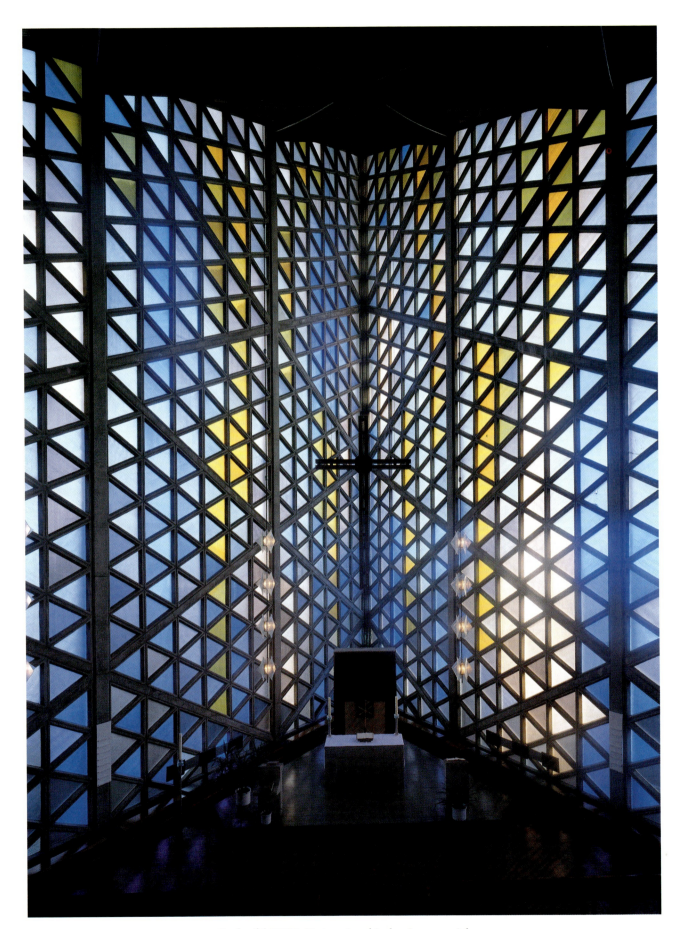

Farbtafel XXV Universitätskirche. Innenansicht

Bitte Stühle mitbringen!

Gemeinschaft in der Landeskirche – ein Ausschnitt lebendiger Kirchengeschichte Kiels

Theodor Ruß

Die Gemeinschaft in der Landeskirche ist eine selbständige Arbeitsgruppe in der Nordelbischen Evangelisch-Lutherischen Kirche. Seit ihrem Bestehen im Jahre 1867 stellt sie ein Stück Kirchengeschichte Kiels dar.

An der Wiege der Kieler Gemeinschaft stand der Marinepfarrer Büttner und ein allgemeiner Kirchentag in Kiel. Auf Wunsch einiger Gemeindeglieder begannen nach diesem Kirchentag in der alten Klosterkirche Bibelstunden, zu denen sich von Beginn an auch junge Männer einfanden. Mit ihnen gründete Pfarrer Büttner den „Evangelischen Jünglingsverein", der bald von dem damaligen preußischen Stadtkommandanten die Genehmigung erhielt, seine Versammlungen in einem Raum des Kieler Schlosses abzuhalten. Stühle waren dorthin mitzubringen: einen für den persönlichen Gebrauch und einen mehr für die geladenen Gäste! Unter solch einfachen Verhältnissen versammelte man sich regelmäßig um die Bibel und bemühte sich zugleich um Menschen, die Gott und dem Glauben fern waren *(Abb. 144)*.

Dieser sogenannte Jünglingsverein war bienenfleißig. Er verteilte in der Stadt christliche Literatur, sammelte Kinder in der Sonntagsschule, kümmerte sich in besonderer Weise um wandernde Handwerksburschen und um das fahrende Volk. In aller Stille tat man, was heute lautstark Sozialarbeit genannt wird. Auch der Bau der „Herberge zur Heimat" in der Gartenstraße geht auf das Betreiben dieses Vereins zurück. Hier bekam die engagierte Gruppe auch ihre erste eigene Heimstatt. Doch nicht für lange. Die Räume wurden zu klein, es mußte nach einer neuen Unterkunft gesucht

Abb. 144 Gemeinschaft in der Landeskirche. Mädchenbund (1920er Jahre)

werden. Diese fand sich zunächst im Schwurgerichtssaal in der Muhliusstraße, später dann im Lutherhaus *(Abb. 130)*, das neben der „Herberge zur Heimat" unter Propst Becker *(Abb. 129)* errichtet wurde (1883). Er selbst leitete in dieser Zeit die Arbeit der Gemeinschaft und des Jünglingsvereins. Unter seiner Führung wurden auch die ersten beiden Prediger aus dem Breklumer Missionshaus berufen.

Mit der Einstellung der Prediger begann eine Blütezeit der Kieler Gemeinschaft, die 1898 zum Bau ihres ersten eigenen Hauses in der Holtenauer Straße 67 (heute Firma Hugo Hamann) führte und dann zum großen Gemeinschaftshaus in der Dammstraße 18 (1906) *(Abb. 145 und 146)*. Auch im Arbeiterviertel Kiel-Gaarden entstand eine Zweigarbeit mit eigenem Prediger.

Einen Niedergang erlebte die Gemeinschaftsarbeit in der Zeit des sogenannten Dritten Reiches und im Zweiten Weltkrieg. Das Haus in der Dammstraße wurde am 2. Juli 1940 als eines der ersten Häuser Kiels von Bomben getroffen und total zerstört. Die Veranstaltungen mußten darum in kirchlichen Gemeindehäusern und im Haus der

Abb. 145 Gemeinschaft in der Landeskirche. Großer Saal des Gemeinschaftshauses in der Dammstraße 18 (errichtet 1906)

Abb. 146 Kindergottesdienst 1915. Aufnahme vor dem Gemeinschaftshaus in der Dammstraße 18

Abb. 147 Gemeinschaft in der Landeskirche. Gemeinschaftshaus in der Koldingstraße 3 (errichtet 1955)

Evang.-methodistischen Freikirche stattfinden. Leitung und Verkündigung wurden zumeist von verantwortlichen Gliedern der Gemeinschaft übernommen. So wurde das allgemeine Priestertum der Gläubigen in eindrucksvoller Weise praktiziert, und das über Jahre und unter schwierigsten Bedingungen.

Der Neuaufbau begann gleich nach Kriegsende unter Prediger Felgentreu, der in dieser Zeit seinem Namen alle Ehre machte. Eine Unterkunft fand die Gemeinschaft in den Jahren 1945 bis 1948 im Kirchgemeindesaal am Jägersberg. Propst Lorentzen, ein Freund der Arbeit, öffnete damals den Gemeinschaftsleuten dieses Haus und übernahm nicht selten selbst die Wortverkündigung. Nach der Währungsreform 1948 wurde das erste Geld zum Ankauf einer Baracke verwendet, die neben der Kieler Matratzenfabrik auf den Trümmern der Baustraße errichtet wurde. Hier entfaltete sich die Arbeit neu und wurde auch für viele Flüchtlinge aus dem Osten zur Anlaufstelle und zu einem Stück neuer Heimat. Im Jahre 1955 konnte die Gemeinschaft dann den Neubau in der Koldingstraße 3 beziehen, der weitgehend in Eigenarbeit erstellt worden war *(Abb. 147)*. Hier geschieht nun die Arbeit wie vor Zeiten: flexibel und mit konkreter Zielsetzung.

Ziel der Gemeinschaft ist:
- biblische Orientierung für Glauben und Leben anzubieten,
- Gemeinschaft des Vertrauens in unserer Zeit zunehmender Vereinsamung durch gegenseitige Hilfe und Verantwortung zu bilden,
- Menschen mit Jesus Christus bekannt zu machen, ihnen dadurch eine persönliche Glaubensentscheidung zu ermöglichen.

Die Gemeinschaft in der Landeskirche arbeitet nach dem Leitwort ihrer Gründer: „in der Kirche, soweit wie möglich mit der Kirche, aber nicht unter der Kirche" (Prof. Christlieb). „In der Kirche" heißt, daß ein Gemeinschaftsmitglied auch Glied der Landeskirche ist, seine Kirchensteuer entrichtet, hier getauft, konfirmiert, getraut und beerdigt wird. „Soweit wie möglich mit der Kirche" bedeutet, daß Gemeinschaftsleute nach Möglichkeit engagiert und ehrenamtlich in der Jugend- und Erwachsenenarbeit, in Kirchenvorständen und Synoden mitarbeiten. „Nicht unter der Kirche" beschreibt die geistliche, organisatorische und wirtschaftliche Verantwortung einer freien Arbeitsgemeinschaft innerhalb der Kirche. Grundlage sind die Bibel und die reformatorischen Bekenntnisse.

Übrigens: Stühle brauchen heute nicht mehr mitgebracht zu werden! Sie werden gestellt, wenn sie auch manchmal recht knapp werden!

Die katholische Kirche in Kiel seit der Reformation

Hermann Stieglitz

Nach dem Erlöschen des katholischen Lebens in den Herzogtümern Schleswig und Holstein in der Reformationszeit war die Ausübung des katholischen Kultes bis ins 19. Jahrhundert von den dänischen Landesherren untersagt. Erstmals nach der Reformationszeit wurden Katholiken in Kiel in einem Reskript des dänischen Königs Christian VII. vom 10. 11. 1779 an das Oberkonsistorium in Glückstadt erwähnt. In diesem Reskript wird den Katholiken in Kiel erlaubt, bei schwerer Krankheit zur Spendung der Sterbesakramente einen katholischen Priester aus Glückstadt kommen zu lassen. 1798 bildete sich in Kiel illegal eine erste katholische Gemeinde mit zwei Laien als Vorstehern; etwa ein Dutzend Katholiken sind zu dieser Zeit nachweisbar. Am 27. 5. 1798 wurde im Hause des einen Vorstehers, des italienischen Kaufmanns Cetti, von dem französischen Emigranten Abbé Dupé die erste nachreformatorische heilige Messe in Kiel gefeiert. Abbé Dupé wirkte in Kiel bis 1802. Die am 25. 7. 1800 vom dänischen König erteilte Erlaubnis, daß einer der beiden katholischen Geistlichen in Glückstadt sich in Kiel aufhalten und dort Gottesdienste in einem Privathaus feiern dürfe, beendete den Zustand der illegalen katholischen Gottesdienstfeiern. Bis 1815 hielten Glückstädter Missionare in der österlichen Zeit Gottesdienste in Kiel. Nach der in diesem Jahre eingetretenen Vakanz der Glückstädter Mission feierten in der Folgezeit Geistliche aus Lübeck, Friedrichstadt, Fredericia und Hamburg katholische Gottesdienste in Kieler Privathäusern.

Aufgrund einer Erlaubnis vom 26. 3. 1839 für den Bau einer Kapelle mit Pfarrer- und Küsterwohnung auf einem von dem Kaufmann Cetti erworbenen Grundstück am Sophienblatt wurde eine Kapelle errichtet, die 1841 von Pfarrer Haas aus Fredericia eingeweiht wurde *(Abb. 148)*. 1842 bekam die jetzt etwa 60 Glieder umfassende Gemeinde mit Dr. Heinrich Franksmann den ersten eigenen Pfarrer. Franksmann erteilte auch Schulunterricht, ab 1856 in einem an die Kirche angebauten Gebäude. Das katholische Schulwesen bestand bis zu seiner Aufhebung durch die Nationalsozialisten im Jahre 1938.

Die volle Religionsfreiheit erreichten die Katholiken erst durch ein Gesetz der holsteinischen Ständeversammlung vom 14. 7. 1863; bis dahin mußten die Stolgebühren noch an die evangelischen Pfarrer entrichtet werden. Die endgültige Gleichstellung der Katholiken brachte am 1. 10. 1867 die Übertragung der preußischen Verfassung auf die Herzogtümer Schleswig und Holstein.

Die Errungung der religiösen Freiheit, die Einverleibung in Preußen und damit in den Norddeutschen Bund und wenig später in das Deutsche Reich sowie die sich stetig verstärkende Industrialisierung führten zu einer kontinuierlichen Vergrö-

Abb. 148 Katholische Gemeinde. Kapelle am Sophienblatt, erbaut 1841

Abb. 149 Katholische Kirche Liebfrauen in Kiel-Süd. Ehemaliger Tanzsaal „Krusenrott", ab 18. Mai 1930 Notkapelle der Gemeinde; der Umbau erfolgte 1932 (Aufnahme 1930)

Abb. 150 Katholische Kirche Liebfrauen in Kiel-Süd. Außenaufnahme von 1938

ßerung der Katholikenzahl in Kiel; von 200 im Jahre 1864 stieg sie über 3000 1895 auf fast 16 000 1915. Die dadurch notwendig gewordene größere Kirche wurde am 3. 7. 1893 geweiht und dem Patrozinium des heiligen Nikolaus unterstellt, des Schutzheiligen der Seefahrer und Kaufleute *(Abb. 167)*.

Ein wesentlicher Grund für den starken Anstieg der Kieler Bevölkerung und damit auch der Zahl der Katholiken am Anfang unseres Jahrhunderts war der Ausbau des Kriegshafens. Für die Marinesoldaten wurde die Marinegarnisonkirche St. Heinrich gebaut *(Abb. 176 und 177)*, die am 31. 3. 1909 geweiht wurde. Das Patrozinium ist auf den Umstand zurückzuführen, daß Prinz Heinrich von Preußen, ein Bruder Kaiser Wilhelms II., Großadmiral und Generalinspekteur der deutschen Kriegsmarine war. Als nächste katholische Kirche wurde 1915 St. Joseph im Werftenstadtteil Gaarden geweiht.

Nach dem Ersten Weltkrieg verlor Kiel weitgehend seine Bedeutung als Kriegshafen. Der Rückgang des von dieser Entwicklung betroffenen Bevölkerungsteiles traf auch die Katholiken, deren Zahl auf 14 600 (1925) und dann sogar auf 12 300 (1935) zurückging. 1930 wurde als neuer Seelsorgebezirk Kiel-Süd Liebfrauen eingerichtet. Die Gottesdienste fanden zunächst in einer Notkapelle statt *(Abb. 149 und 150)*.

Im Zweiten Weltkrieg wurden alle katholischen Kirchen in Kiel stark oder völlig zerstört; Gottesdienste konnten nur in provisorisch hergerichteten Räumen gefeiert werden. Nach dem Krieg stieg die Katholikenzahl durch den Zuzug von Vertriebenen bis 1950 auf 17 800 an. Neue Kirchbauten entstanden in Kiel-Süd (Liebfrauen, Kirchweihe (Konsekration) 31. 5. 1951; *Abb. 185*), in Dietrichsdorf (Christ König, Einweihung (Benediktion) 31. 10. 1953; *Abb. 187*), in Pries (Dreieinigkeit, Kirchweihe 6. 10. 1953), in Elmschenhagen (Heilig Kreuz, Einweihung 22. 12. 1955), in Gaarden (St. Joseph; *Abb. 186 und 151*; Neubau auf dem Platz der kriegszerstörten Kirche, Kirchweihe 18. 3. 1958) und in Kronshagen (St. Bonifatius, Kirchweihe 6. 12. 1960). St. Nikolaus (1948 und 1966/67; *Abb. 152 und 153*) und St. Heinrich (1948) wurden nach den Kriegszerstörungen wiederauf-

Abb. 151 Katholische Kirche St. Joseph in Gaarden nach dem Neubau im Jahre 1990

Abb. 152 Katholische Kirche St. Nikolaus

gebaut. In der St.-Heinrich-Gemeinde wurden Filialkirchen errichtet in Holtenau (St. Elisabeth, Einweihung 1. 5. 1958) und in Projensdorf (St. Georg, Einweihung 28. 5. 1977), in der Christ-König-Gemeinde eine Filialkirche in Heikendorf (Stella Maris, Einweihung 31. 5. 1964).

Eine Besonderheit stellen Kirche und Gemeinde St. Birgitta in Mettenhof dar. Der Ev.-Luth. Kirchengemeindeverband Kiel und der Verband der röm.-kath. Kirchengemeinden in Kiel errichteten für die Ev.-Luth. Thomasgemeinde und die katholische St.-Birgitta-Gemeinde im neuen Stadtteil Kiel-Mettenhof von 1978 bis 1980 als bauliche Einheit ein ökumenisches Zentrum, die St.-Birgitta-Thomas-Kirche und das Birgitta-Thomas-Haus *(Abb. 114 und 190; Farbtafel XXIII)*. Der Ev.-Luth. Kirchengemeindeverband erbaute die Gemeinderäume sowie Wohnungen für kirchliche Mitarbeiter, der Verband der röm.-kath. Kirchengemeinden die Kirche und ein Pfarrhaus. Die Nutzung der Kirche und der Gemeinderäume ist gemeinsam und unentgeltlich.

Bis zum 1. 1. 1961 gehörten die katholischen Kieler Gemeinden als kirchenrechtlich unselbständige Teile zum Verband der katholischen Kirchengemeinde St. Nikolaus. Als Vorsitzende des Kir-

Abb. 153 Katholische Kirche St. Nikolaus. Heutige Innenansicht

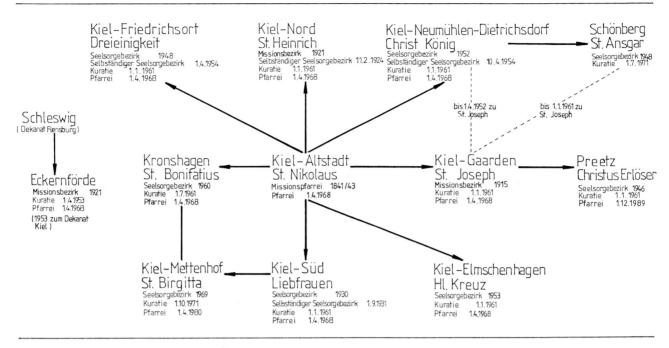

Abb. 154 Übersicht über die Kirchengemeinden im Dekanat Kiel

chenvorstandes dieses Verbandes führten die Pfarrer von St. Nikolaus seit 1915 (bis 1961/1964) den Titel Pastor primarius. Mit Wirkung vom 1. 1. 1961 wurden die bisherigen Pfarrbezirke zu selbständigen Kirchengemeinden erhoben, die zum Verband der katholischen Kirchengemeinden in Kiel zusammengeschlossen wurden *(Abb. 154).*

Die Stadt Kiel gehört zum gleichnamigen Dekanat, das am 1. 1. 1951 durch Teilung des am 1. 5. 1931 errichteten Dekanates Schleswig gebildet und am 1. 10. 1961 auf seinen jetzigen Umfang verkleinert wurde. Zum Dekanat Kiel zählen außer den Pfarreien der Stadt Kiel die Kirchengemeinden Eckernförde, Preetz und Schönberg *(Abb. 155).*

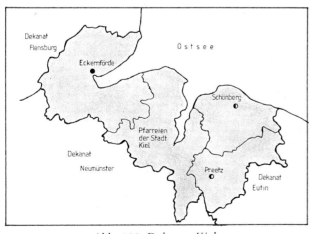

Abb. 155 Dekanat Kiel

Hinsichtlich der kirchlichen Jurisdiktion unterstand Kiel seit Ende des 16. Jahrhunderts wie das gesamte Norddeutschland zunächst nominell der Päpstlichen Nuntiatur in Köln und dann dem in der zweiten Hälfte des 17. Jahrhunderts nach und nach entstandenen Apostolischen Vikariat des Nordens. Bei der Neuordnung des Vikariates wurde 1868 für die Herzogtümer Schleswig und Holstein eine Apostolische Präfektur errichtet. Leiter des Apostolischen Vikariates sowie der Apostolischen Präfektur waren seit 1841 die Bischöfe von Osnabrück bzw. deren Vertreter. Aufgrund des Preußischen Konkordates vom 13. 8. 1929 und der Apostolischen Konstitution Pastoralis officii Nostri vom 13. 8. 1930 wurde am 1. 9. 1930 die Apostolische Präfektur Schleswig-Holstein und damit auch Kiel dem Bistum Osnabrück einverleibt.

Literatur

K. Th. Häfner: Die Geschichte des Katholizismus in Schleswig-Holstein von 1592 bis 1863. Osnabrück 1938.
P. Meinhold: Der Katholizismus in Schleswig-Holstein in den letzten hundert Jahren. Preetz 1954.
J. Metzler: Die Apostolischen Vikariate des Nordens. Ihre Entstehung, ihre Entwicklung und ihre Verwalter. Paderborn 1919.
1893–1968 St. Nikolaus. Festschrift. Hrsg. von der Kirchengemeinde St. Nikolaus. Kiel o. J. [1968].
90 Jahre St. Nikolaus-Kirche in Kiel 1863–1983. Eine Chronik aus Anlaß des Kirchweihfestes am 25. September 1983. Hrsg. von der Pfarrgemeinde. Kiel 1983.

Die Evangelisch-Freikirchliche Gemeinde

Baptisten

Hans-Hermann Busche

„Baptisten" – das war ursprünglich ein englisches Schimpfwort und bedeutet einfach „Täufer". Weltweit gehören heute etwa 36 Millionen Menschen zu dieser Kirche. Besonders stark ist sie in den USA und in der Sowjetunion. In Deutschland gibt es heute etwa 100 000 Baptisten in über 800 „Evangelisch-Freikirchlichen Gemeinden", wie sie hier offiziell heißen.

Was lehren die Baptisten? Die Bibel ist für sie die Autorität und Norm. Die Ortsgemeinden sind selbständig und bestreiten ihren Haushalt aus den freiwilligen Spenden ihrer Glieder. Eine Kirchensteuer lehnen sie ab. Getauft und in die Gemeinde aufgenommen wird nur, wer das persönlich wünscht und Jesus Christus als Herrn über sein Leben anerkennt. Im Gottesdienst tritt die feste Liturgie oft in den Hintergrund zugunsten einer freieren Gestaltung. Von zentraler Bedeutung ist die Predigt.

Die Mitte ihres Auftrags sehen die Baptisten in der Verkündigung der Frohen Botschaft von der Liebe Gottes und im Dienst an den Menschen – so etwa in sozialen Einrichtungen wie Krankenhäusern, Alten- und Pflegeheimen, Kindergärten, Jugendbetreuung u. a. Als Freikirche fordern die Baptisten die Freiheit des Gewissens, die Trennung von Staat und Kirche und eine Gleichberechtigung der Konfessionen. An der ökumenischen Zusammenarbeit mit anderen Kirchen sind die meisten Gemeinden sehr interessiert. Der Arbeitsgemeinschaft Christlicher Kirchen in Deutschland (ACK) gehören sie seit deren Gründung an. Ähnliches gilt am Ort.

Abb. 156 Gemeindehaus der Ev.-Freikirchl. Gemeinde in der Wilhelminenstraße 12–14

Die Anfänge unserer Gemeinde in der Wilhelminenstraße *(Abb. 156)* gehen bis 1860 zurück. Damals trafen sich einzelne Gläubige, die sich durch Verteilen von Traktaten gefunden hatten, in einer Wohnung am Markt zum Bibellesen und Gebet. Am 30. Juni 1872 wurde mit Genehmigung der Gräfin von Rantzau von ihrem Garten im Düsternbrooker Gehölz aus im Beisein der gräflichen Familie und einer großen Volksmenge im Kieler Hafen die erste Taufe durchgeführt. Am 29. September 1872 kam Johann Gerhard Oncken, der Vater der Baptisten auf dem europäischen Kontinent, von Hamburg nach Kiel, und die erste Kieler Gemeinde wurde gegründet.

Heute bietet diese Gemeinde mit drei Chören, drei Frauengruppen, Kinder-, Jugend- und Seniorenarbeit, einem Frauencafé, einer Teestube und nicht zuletzt mit gutbesuchten Gottesdiensten ein breites Angebot für Lebensorientierung, für Gemeinschaft und Möglichkeit zur Mitarbeit. Die musikalischen Veranstaltungen der Gemeinde auf einem hohen Niveau haben inzwischen einen beachtlichen Freundeskreis gewonnen.

Inzwischen sind eigenständige Evangelisch-Freikirchliche Gemeinden in der Dorfstraße in Elmschenhagen, in der Friedrichsorter Straße in Kiel-Friedrichsort und zuletzt auch am Teichtor in Heikendorf entstanden. Angefangen als Stubenversammlungen sind sie heute Gemeinden mit eigenen Pastoren, eigenem Gebäude, regelmäßigen Gottesdiensten und Gruppenstunden.

Evangelisch-Freikirchliche Gemeinden sind bekannt für eine warme Atmosphäre. Die Stärke unserer Gemeinden liegt u. a. in einem breitgefächerten Engagement ehrenamtlicher Mitarbeiter/innen in „ihrer" Gemeinde. Unser Bemühen ist es, gleichzeitig Verbindlichkeit und Offenheit zu praktizieren. Im Spektrum der protestantischen Kirchen möchten wir eine definitive Größe darstellen, ohne eine geschlossene Gesellschaft zu sein. Zentrum unserer Verkündigung ist die Rechtfertigung alleine aus Gnade – durch den Glauben. Daß sich im Neuen Testament, so weit wir das erkennen, die Gemeinden aus Glaubenden zusammensetzen, bildet einen wesentlichen Gesichtspunkt für unser Gemeindeverständnis. Ihm sehen wir uns – wie vorläufig auch immer und wohl wissend, daß der Glaube keine statische Größe ist – bis heute verpflichtet. Daß den Freikirchen in der Zukunft eine wachsende Bedeutung zukommen wird, nehmen wir an. Für eine brüderliche Zusammenarbeit mit Gläubigen anderer Kirchen halten wir uns bereit. Zusammen mit ihnen wollen wir Jesus Christus verkünden und der Stadt Bestes suchen.

Die Evangelisch-methodistische Kirche

Bezirk Kiel

Rainhard Scheuermann

Die Arbeit der Bischöflichen Methodistenkirche in Deutschland, die 1849 durch L. S. Jacoby in Bremen begann, breitet sich schon bald in Richtung Schleswig-Holstein aus. So existiert schon im Jahre 1856 eine kleine Methodistengemeinde in Hamburg, und 1864 wird während des Deutsch-Dänischen Krieges in Flensburg eine Arbeit begonnen, die einen guten Aufschwung nimmt.

Die Nachrichten über die Anfänge der methodistischen Gemeinde in der Kieler Gegend sind lückenhaft. Die älteste Erwähnung stammt aus dem Jahr 1871. In diesem Jahr erhält Pastor Hermann Schlaphof eine Dienstzuweisung für den Bezirk Hamburg/Kiel.

Im Gebiet südlich von Kiel werden die ersten Versammlungen abgehalten. In der ersten Hälfte der 1870er Jahre finden die ersten Mitgliederaufnahmen in der Kieler Gegend statt.

1871 beginnen sich aus dieser missionarischen Arbeit in Schönkirchen und Klausdorf Hauskreise zu bilden. Aus diesen wächst die methodistische Gemeinde Kiel. 1877 erfahren wir, daß in Kiel eine methodistische Versammlung in der lutherischen St. Jürgenkapelle stattfindet, und schon 1882 bezieht die junge Gemeinde in der Annenstraße 33 ihren eigenen Versammlungssaal. Obwohl nur etwa 40 Erwachsene zur Gemeinde gehören, wird die Sonntagsschularbeit von durchschnittlich 80 Kindern besucht, 1889 sind es schon 150 Kinder. Im gleichen Jahr schreibt der Pastor J. J. Beck: „Noch nie ist mir in so kurzer Zeit und in einem kleinen Kreis so viel hauptsächlich durch Trunk-

Abb. 157 Ev.-meth. Kirche. Innenaufnahme der Christuskirche, Gneisenaustraße 2

sucht verursachte Armut begegnet wie hier." In dieser Zeit erhält die Gemeinde ihre erste Gemeindeschwester, Schwester Christine Koch, die hauptsächlich auf dem sozialen Gebiet tätig ist.

1911 wird der Altbau in der Annenstraße für die stetig wachsende Gemeinde zu klein, und die Gemeinde baut auf gleichem Grundstück ein Gemeindezentrum mit Wohnhaus. Raum für nun 77 Erwachsene und 250 Kinder und Jugendliche.

Während des Ersten Weltkrieges beginnt eine missionarische Arbeit unter den Soldaten, der Gemeindepastor wird eingezogen, kann aber weiterhin einen eingeschränkten Dienst in der Gemeinde tun. So berichtet die Gemeinde mit Dankbarkeit, daß 1921 die Gemeinde gewachsen ist auf 250 Erwachsene und bis zu 400 Kinder.

Neue Räume finden sich in der Holtenauer Straße 67, dem „Evangelischen Missionshaus" der China-Inlandmission. In der Inflationszeit weitet sich die soziale Arbeit der Gemeinde aus. Sie versucht, durch wöchentliche Armenspeisungen die Not unter der Bevölkerung zu lindern.

1937 schließen sich die Mitglieder des Heilsbundes, einer Abzweigung der Heilsarmee, der Gemeinde an. Manch alte Kieler mögen sich noch daran erinnern, daß in der Holtenauer Straße am frühen Sonntagmorgen mit Blasmusik und Paukenschlag zum Gottesdienst eingeladen wurde.

1939 kommt Pastor F. Müller auf den Bezirk, er begleitet die Gemeinde durch die schweren Kriegsjahre. In dieser Zeit kommt es nach Spannungen in der Gemeinde auch zu einer Trennung von einer Gruppe, die den Thesen der Deutschen Christen nahesteht. Holländische Kriegsverpflichtete finden vorübergehend eine geistliche Heimat. Als der Pastor in den Sanitätsdienst eingezogen wird, hilft der lutherische Dekan Sontag bei den Predigtdiensten. Von Pfingsten 1945 bis zur Rückkehr des Gemeindepastors übernimmt der lutherische Pastor G. Richter den vollen Dienst für die methodistische Gemeinde und leitet auch die Aufräumarbeiten des zerstörten Gemeindezentrums. Vorübergehend findet die Gemeinde Raum in der angrenzenden Wohnung von Familie Blomberg.

Nach dem Krieg nimmt die Gemeinde einen Aufschwung wie nie zuvor. Etwa 800 Erwachsene, Kinder, Jugendliche gestalten das Leben der Gemeinde. Dies wird zurückgeführt auf die große Zahl der Flüchtlinge, die in der Gemeinde eine neue Heimat finden. Zudem kann die Gemeinde viele Gaben teilen, die von den Freikirchen aus den USA übersandt werden.

Auch durch die Stillegung der Werft und durch eine stärkere Verbindung zur Universität kommt es zu einer Veränderung im sozialen Gefüge der Gemeinde. In dieser Zeit werden von Kiel aus weitere elf Predigtplätze (kleine Gemeinden) versorgt. Eutin, Husum, Katharinenheerd, Kiel-Gaarden, Kiel-Hassee, Laboe, Malente, Neumünster, Rendsburg, Steinfeld und Tornesch.

Schon nach wenigen Jahren wird die Arbeit in einigen kleinen Gemeinden eingestellt, die Flüchtlinge ziehen in andere Gebiete. Die Care-Pakete bleiben aus und damit auch viele Menschen, die in der Notzeit darauf angewiesen waren. Dennoch stabilisiert sich das Gemeindeleben, die kirchenmusikalische Arbeit weitet sich aus. Es entsteht der Plan, ein neues Gemeindezentrum zu bauen, da die Reparaturbedürftigkeit des alten Anwesens eine Renovierung unsinnig erscheinen läßt.

1958 wird das Gemeindezentrum in der Gneisenaustraße 2 mit der Christuskirche eingeweiht *(Abb. 157)*.

In der langen Tradition sozialdiakonischer Tätigkeit steht die Gründung einer Altentagesstätte 1975. Durch einen Mittagstisch, Altenbildungsangebote und selbstorganisierte Altennachmittage finden ältere Menschen einen Bezugspunkt in ihrem Stadtteil. Sie wird von Schwester Erna Pfizenmaier geleitet, die seit fast 40 Jahren Gemeindeschwester in Kiel ist.

Heute ist die Gemeinde eine geistliche Heimat für viele ältere Menschen, viele Studentinnen und Studenten sowie für junge Familien mit ihren Kindern.

In den Gottesdiensten feiert die Gemeinde die Liebe Gottes. Auch das Abendmahl wird gemeinsam mit den Kindern gefeiert (Traubensaft und Einzelkelche). LektorInnen und (Laien)PredigerInnen gestalten mit dem Chor und der Gemeinde die gottesdienstlichen Feiern. Hauskreise und Gesprächskreise laden ein, den persönlichen Glauben zu vertiefen und in der Gemeinschaft Gott zu begegnen.

Frauendienst und Arbeitskreis für Gerechtigkeit, Frieden, Bewahrung der Schöpfung helfen, ökumenische und missionarische Anliegen den Menschen nahezubringen. So weiß sich die Gemeinde mit einem Entwicklungsprojekt in Brasilien (Arbeit mit den Straßenkindern in Sao Paulo) und mit den ChristInnen dort verbunden.

Die Gemeinde arbeitet zusammen mit den ökumenischen Partnern in der Stadt Kiel und setzt damit eine Zusammenarbeit fort, die von Beginn an das Leben der Gemeinde geprägt hat.

Literatur
W. Härle: Chronik der Gemeinde Kiel. Kiel [Selbstverlag] 1974.

Die Evangelisch-Lutherische Immanuelgemeinde Kiel

Selbständige Ev.-Luth. Kirche

Manfred Schlie

Sie ist nicht ganz leicht zu finden: die Immanuelkirche der Selbständigen Ev.-Luth. Kirche in Kiel *(Abb. 158)*. Dabei liegt sie schon sehr hoch in Elmschenhagen. Nicht umsonst heißt die Straße, an der sie liegt, Felsenstraße. Den besonderen Untergrund dieses Grundstückes bekamen auch die Gemeindeglieder zu spüren, die 1969 mit dem ersten Spatenstich auf dem mit einem Teich gezierten Wildgelände ein Gemeindezentrum aufzubauen begannen. Sicher trägt der fehlende Turm die Mitschuld an der „Unsichtbarkeit" der Kirche. Aber fangen wir der Reihe nach an:

Im Jahre 1903 bitten nach Kiel gezogene freikirchliche Lutheraner die damalige „Ev.-Luth. Freikirche in Sachsen und anderen Staaten" um seelsorgerliche Betreuung. Nach dem Zuzug weiterer Familien entwickelt sich 1907 der Predigtort zur „Dreieinigkeitsgemeinde", die zusammen mit den kleinen Gemeinden in Hadersleben und Hohenwestedt von Flensburg aus bedient wird. Schon 1912 errichtet sie eine Kapelle in Kiel-Dietrichsdorf, die jedoch bereits 1914 für Kriegszwecke beschlagnahmt und deshalb später von der Gemeinde verkauft wird. In wechselvoller Geschichte fristet die kleine Gemeinde ihr Dasein, während sie bei verschiedenen Denominationen Unterschlupf für gottesdienstliche Veranstaltungen findet. Wechselnde Zugehörigkeit zu verschiedenen Pfarrbezirken in Schleswig-Holstein prägen die Zeit.

Ein neuer Abschnitt tut sich mit dem Ende des Zweiten Weltkrieges auf: Viele Altlutheraner aus Pommern gelangen nach Kiel und schließen sich dieser Gemeinde an. Sie ändert ihren Namen in „Immanuelgemeinde" und wird schließlich Pfarrsitz. Es entsteht der Wunsch nach einem eigenen Zuhause. 1967 erfüllt sich dieser Wunsch zunächst mit dem Erwerb des Grundstückes an der Felsenstraße. Es ist kein leichtes Unternehmen für die Gemeinde, zählt sie doch nicht mehr als 120 Glieder.

„Immanuel" (= „Gott mit uns!" – nach Jesaja 7,14) ist gleichsam das Motto, mit dem an dieses große Vorhaben herangegangen wird. Viel Gottvertrauen und große Opferbereitschaft gehören dazu. Denn die Gemeinde hat ja nicht nur die Kosten für das Grundstück und die Bauten vor sich, auch das Gehalt des Pastors muß über Spenden und Kollekten aufgebracht werden. So entsteht zunächst das Pastorat – fast ganz ohne fremde Hilfe. An jedem Feierabend, später „nur" an jedem Wochenende, wächst das Bauvorhaben. Bald ist jeder für einen Bereich zum „Spezialisten" avanciert.

Abb. 158 Selbständige Ev.-Luth. Kirche. Außenansicht der Immanuelkirche, Elmschenhagen

Abb. 159 Selbständige Ev.-Luth. Kirche. Terrakotta-Altarbild in der Immanuelkirche von Eva Limberg. Geschichte der Sturmstillung

Endlich, am ersten Adventssonntag 1976, wird das große Vorhaben mit der Kirchweihe abgeschlossen. Für die Architektur zeichnet verantwortlich Dieter Rödenbeck.

Immanuel – Gott mit uns, dieses Thema bestimmt auch die künstlerische Ausgestaltung der Kirche. Eva Limberg (Bielefeld) schuf aus Terrakotta die Darstellung der Geschichte von der Sturmstillung über dem Altar *(Abb. 159)*. Hören wir sie selbst: „Was an unserer Darstellung dieser Geschichte zunächst auffällt und vielleicht befremdet, ist, daß der Herr zweimal darin erscheint: einmal als Schlafender und dann wie er dem Sturme gebietet. Die zwischen diesen beiden Christusfiguren angeordneten Jünger zeigen in Mienen und Gesten ihre Empfindungen von Furcht und Schrecken bis hin zu staunendem Lobpreis. Es ist also ein zeitlicher Ablauf dargestellt, in dem man die zeitlich ablaufenden Dinge zugleich sieht. [...] Dieses Zugleich des Schlafenden, gleichsam abwesenden Gottes und des machtvoll Eingreifenden, dem Himmel und Erde untertan sein müssen – ist nicht das in besonderer Weise DAS THEMA unserer Zeit mit ihrer Gottferne, in der die Menschen sich nicht mehr aufraffen können, den Abwesenden herbeizurufen, den Schlafenden zu wecken, und ihn verzagt und kleingläubig für tot erklären."

Die Farbfenster, gestaltet von Renate Strasser (Bielefeld), haben das gleiche Thema zum Inhalt: Gottes rettende Gegenwart in Gestalten und Geschichten der Bibel. Ein weißes Segensband ergießt sich aus der Hand Gottes und durchfließt die Darstellung der Geschichten, die sich gleichsam in den vier Elementen abspielen: Das Quellwunder während der Wanderung des Gottesvolkes in der Wüste (Wasser), Daniel in der Löwengrube (Erde), die drei Männer im Feuerofen (Feuer) und die Versorgung des Elia durch die Raben (Luft). Im Tauffenster erscheint die Gestalt des Jona, dessen Beziehung auf die Auferstehung Christi und die Heilige Taufe an dieser Stelle offensichtlich ist. Über ihm macht die Darstellung des Lebensbaumes mit dem Christusmonogramm den Bezug zum auferstandenen Herrn deutlich.

In die Zeit des Bauens fiel 1972 die Vereinigung der drei lutherischen Freikirchen in der Bundesrepublik zur „Selbständigen Ev.-Luth. Kirche". Mit ihren rund 37 000 Gliedern ist sie eine kleine Kirche im Konzert der großen, wie auch die Kieler Immanuelgemeinde eine kleine Gemeinde ist in der Gemeinschaft der christlichen Kirchen dieser Stadt.

Und der noch ausstehende Turm? Den braucht sie nicht mehr, da die benachbarte Weinberggemeinde in ökumenischer Verbundenheit regelmäßig für sie zum Gottesdienstbeginn mit ihren Glocken läutet.

Die jüdische Gemeinde in Kiel

Gottfried Mehnert

In Kiel ist der erste Jude erst gegen Ende des 17. Jahrhunderts ansässig geworden, während Juden beispielsweise in Altona schon am Anfang des Jahrhunderts nachzuweisen sind. Es war der aus Tönning gekommene Reeder und Bankier Jakob Musaphia, der als „Hofjude" unter herzoglichem Schutz stand. Erst geraume Zeit nach 1700 ließen sich in Kiel weiter Juden nieder. Zu ihnen gehörte Samson Levin und dessen Familie, die als „Hofjuden" bis gegen Ende des 18. Jahrhunderts in Kiel eine bedeutende Rolle spielten. In der Stadt Kiel war man allerdings keineswegs judenfreundlich. Auswärtige Juden duldete man nicht, ja man wollte sogar die Anwesenheit von Juden auf eine Familie beschränken. Immerhin lebten 1766 sechs jüdische Haushaltungen mit 37 Personen in Kiel. Es ist letzten Endes der judenfreundlichen Politik König Christians VII. zu verdanken, daß sich der Kieler

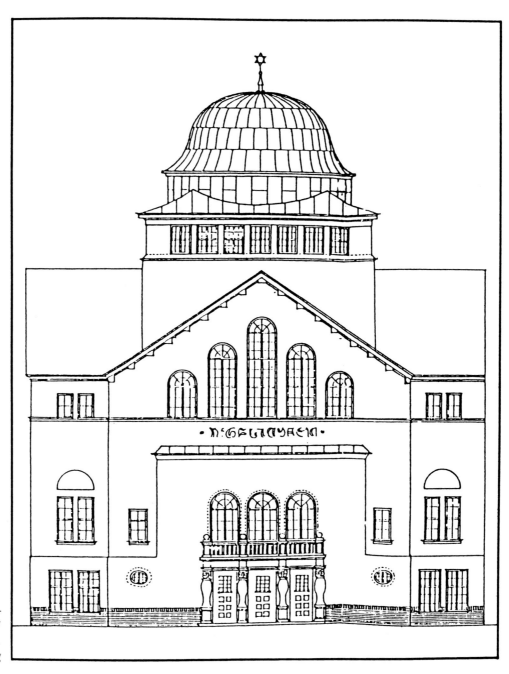

Abb. 160 Synagoge in der Humboldtstraße/ Ecke Goethestraße. Federzeichnung

Abb. 161 Synagoge in der Humboldtstraße/Ecke Goethestraße. Der Leuchter war den im Ersten Weltkrieg gefallenen jüdischen Bürgern Kiels geweiht

Magistrat mit seiner judenfeindlichen Haltung nicht durchsetzte. So konnte im Jahre 1780 David Levin Cohen in Kiel ein Industrieunternehmen gründen. Zwei Jahre später, 1782, wurde die erste Synagoge in der Kehdenstraße eingerichtet. Die Zahl der Kieler Juden blieb noch verhältnismäßig klein. 1803 zählte man 29 jüdische Einwohner. Da aber nun auch die Aufenthaltsbeschränkung für auswärtige Juden abgeschafft wurde, wuchs die Zahl der Juden in Kiel allmählich weiter an.

Die historischen Quellen sagen wenig über das Verhältnis von Christen und Juden in Kiel. Im Verhalten des Kieler Magistrats wird man aber wohl die Haltung der Kieler Geistlichkeit sich widerspiegeln sehen können. Daß es Berührungspunkte zwischen Juden und der Kieler Geistlichkeit gegeben hat, beweist ein Vorgang, der im Stadtarchiv dokumentiert ist. Es ging um die Streitfrage, ob es erlaubt sei, daß eine lutherische Kieler Bürgerstochter einen Juden heiratet, worüber das Kieler geistliche Ministerium, also die Kieler Pastoren, unter ihnen Claus Harms, ein umfangreiches Gutachten verfaßte.

Abb. 162 Jüdische Gemeinde Kiel. Schüler mit Gebetsmantel, Ende der 1920er Jahre

1852 erhielten die Kieler Juden einen Begräbnisplatz (in der heutigen Michelsenstraße). Als schließlich 1867 die „Israelitische Gemeinde in Kiel" durch das Königliche Oberpräsidium offiziell anerkannt wurde, zählte sie bereits 120 Mitglieder. Die jüdische Gemeinde erhielt schon bald – 1869 – eine neue Synagoge in der Haßstraße. Von dieser wie auch von ihrer Vorgängerin ist nichts erhalten geblieben. Ein dritter, moderner Synagogenbau entstand 1910 in der Goethestraße *(Abb. 160 und 161)*. Ein 1989 errichtetes Denkmal erinnert heute an die in der Nacht 9./10. November 1938 niedergebrannte Synagoge.

In der verhältnismäßig kleinen jüdischen Gemeinde, die 1910 schon 526 Mitglieder zählte, entfaltete sich im ausgehenden 19. Jahrhundert und dann besonders nach dem Ersten Weltkrieg ein vielfältiges Vereinsleben. Sie bestand in ihrer Blütezeit aus kleineren und größeren Kaufleuten, Rechtsanwälten, Ärzten und einzelnen anderen Berufen. Einen besonderen Akzent erhielt die Kieler Jüdische Gemeinde dadurch, daß sie bedeutende Gelehrte der Kieler Universität und des Instituts für Weltwirtschaft, darunter auch Nobelpreisträger, zu ihren Mitgliedern zählen konnte. Bis zum Jahre 1932 wuchs die Jüdische Gemeinde Kiels auf über 600 Mitglieder an *(Abb. 162)*.

Der Beginn der nationalsozialistischen Gewaltherrschaft fügte den Kieler Juden mit der Ermordung der Rechtsanwälte Wilhelm Spiegel *(Abb. 163)* und Friedrich Schumm einen ersten schweren Schlag zu. Schon bald danach begann die Abwanderung der Juden aus Kiel. Bis 1938 hatte etwa die Hälfte der jüdischen Gemeinde Kiel verlassen. Nach dem Novemberpogrom 1938, in dem die Synagoge ausbrannte und die jüdischen Geschäfte zerstört und enteignet wurden, nahm die Abwanderung weiter zu, bis der Kriegsausbruch 1939 auch diesen Weg versperrte. Ein großer Teil der noch in Kiel gebliebenen Juden wurde Opfer der Deportationen in die Vernichtungslager. Nur wenige haben überlebt. Nach 1945 gab es in Kiel nur noch eine kleine Zahl von Juden: Überlebende, aus Lagern Befreite und Emigranten. 1961 lebten in Kiel noch 27 Juden; in den folgenden Jahren ist ihre Zahl beständig weiter zurückgegangen.

Abb. 163 Rechtsanwalt Dr. Wilhelm Spiegel, ermordet am 1. Dezember 1933; Stadtverordneter 1919 bis 1925

Was bleibt, ist die Erinnerung an die Juden in Kiel. Sie gehört mit in die Geschichte der Kirche in Kiel, gleichsam als ein Pfahl in ihrem Fleische, der sie daran erinnert, was sie den Kieler Juden schuldig geblieben ist.

Literatur

D. Hauschildt: Juden in Kiel im Dritten Reich. Staatsexamensarbeit, Historisches Seminar der Universität Kiel (unveröffentlicht). 1980.

D. Hauschildt-Staff: Novemberpogrom. Zur Geschichte der Kieler Juden im Oktober/November 1938. In: Mitteilungen der Gesellschaft für Kieler Stadtgeschichte 73/1988, S. 129–172.

Kleine Kieler Kirchenbaugeschichte der letzten 125 Jahre[1]

Claus Rauterberg

Neugotische Kirchen von 1866 bis zur Jahrhundertwende

Die Anlage des Reichskriegshafens und die damit verbundene Industrialisierung führte im Kaiserreich der Hohenzollern von 1870 bis 1918 in der Stadt Kiel zu einem Anwachsen der Einwohnerzahl von ca. 25 000 auf 200 000. Rings um die kleine Altstadt und auf beiden Fördeseiten entstanden große neue Stadtteile, zu deren geistlicher Versorgung, die auch die Betreuung der großen Garnison einschloß, in dieser Zeit 15 evangelische und drei katholische Kirchen erbaut wurden. Bis zu den Zerstörungen des Zweiten Weltkrieges, denen ein erheblicher Teil der Kirchen zum Opfer fiel, bot die Folge dieser Gotteshäuser ein vorzügliches Bild der Entwicklung des Kirchenbaues von der Neugotik bis zur frühen Moderne.

Der Entwurf evangelischer Kirchen wurde in den ersten Jahren des Kaiserreiches oft von dem „Eisenacher Regulativ" bestimmt, das eine Kirchenkonferenz in Eisenach 1861 den Regierungen der deutschen Landeskirchen für die Planung empfahl. Danach sollten die Kirchen vorzugsweise im gotischen („germanischen") Stil, als längsgerichtete Räume, möglichst mit Querschiff, auf jeden Fall mit gesondertem Altarraum gebaut werden. Ein Turm, wenn möglich auch Gewölbe, wurden gewünscht. Die Baustoffe seien „ohne täuschenden Bewurf und Anstrich" zu zeigen. Den früheren, auf den Predigtgottesdienst hin entworfenen chorlosen zentralisierenden Räumen mit Emporen und Kanzelaltar erteilte man eine klare Absage zugunsten einer von romantischen Vorstellungen geprägten Hinwendung zum mittelalterlichen Kirchenbau.

Diese Regeln beachtete der Kieler Stadtbaumeister Martens bereits 1866, als er noch außerhalb des damaligen Stadtgebietes die *Maria-Magdalenen-Kirche (Abb. 58–60; Farbtafel VII)* in Elmschenhagen baute. In hochgotischen Formen entstand ein innen und außen unverputzter, kreuzrippengewölbter Backsteinbau mit dreijochigem Langhaus, Querschiff und Chorpolygon sowie einem schlanken Westturm. Wie die vollständig erhaltenen Zeichnungen zeigen, waren die Architekturformen einschließlich der Ausstattung (von der nur die Kanzel erhalten ist) bis ins Detail sorgfältig im Sinne des spätromanischen Gesamtkunstwerkes vom Architekten durchgeplant.

Für die erste Gemeindekirche, die im Zuge der Stadterweiterung um den Exerzierplatz notwendig war, legte 1878 der Architekt Heinrich Moldenschardt, Schüler des berühmten Gottfried Semper in Dresden, einen Entwurf in Form eines kreuzförmigen Kuppelbaues nach dem Vorbild italienischer Renaissancekirchen vor. Wohl unter Beachtung des Eisenacher Regulativs wählte der Kirchenvorstand jedoch den neugotischen Plan des Berliner Professors Johannes Otzen, eines gebürtigen Schleswig-Holsteiners, der zu den bedeutendsten Kirchenbaumeistern des Historismus in Deutschland zählt. Die 1880 entworfene, 1882–1886 erbaute, nach 1945 stark veränderte *Jakobikirche (Abb. 164–166)* hat entsprechend dem Regulativ einen

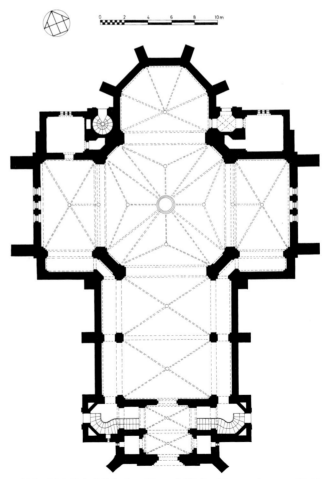

Abb. 164 Jakobikirche. Grundriß des Zustandes vor 1944

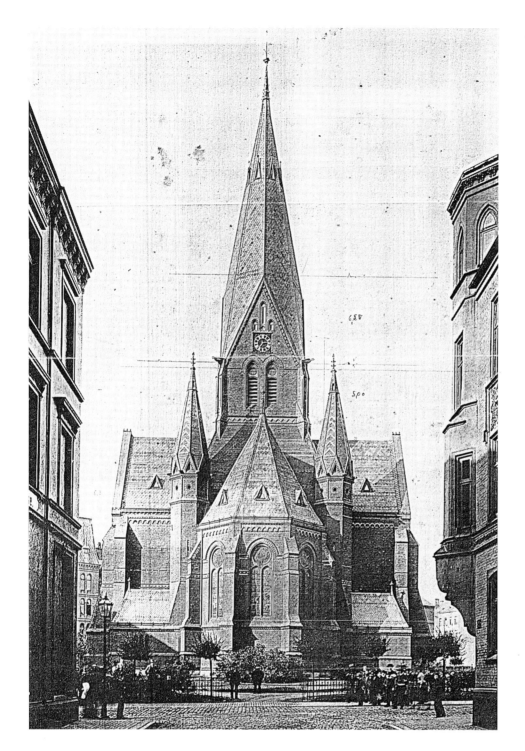

Abb. 165 Jakobikirche vor 1944

gestreckten kreuzförmigen Grundriß, allerdings wird das Kirchenschiff von gangartig schmalen Seitenschiffen, in die Emporen eingespannt waren, flankiert. Die Raumwirkung ist in eindrucksvoller Weise durch die Ausweitung der Vierung in ein ungleichseitiges Oktogon gesteigert, über das sich ursprünglich ein weites Sterngewölbe spannte. Die für Otzen typische Tendenz zur Zentralanlage zeigte sich auch im Außenbau mit dem mächtigen Turm über der Vierung.

Bereits etwas früher als die Jakobikirche war 1879–1882 auf einem Hügel in Düsternbrook weithin sichtbar die *Garnisonkirche* entstanden, entworfen von Oberingenieur Gießel und zunächst für beide Konfessionen bestimmt *(Abb. 85 und 86; Farbtafel XV)*. Erst 1907 wurde sie mit dem Namen *Pauluskirche* allein dem evangelischen Gottesdienst gewidmet. Der elegante, im Reichtum der Formen und in der Steilheit der Proportionen aristokratisch wirkende Bau ist eine dreischif-

Abb. 166 Jakobikirche. Innenansicht vor 1944

chor ist kreuzrippengewölbt, dagegen überspannen flache Holzdecken Lang- und Querhaus. Der ursprünglich schlanke und hohe Turm an der Eingangsseite erhielt nach seiner durch den Betrieb des Militärflughafens erzwungenen Verkürzung 1935 durch Ernst Prinz eine wuchtige und einprägsame moderne Form.

Während mehrschiffige neugotische Kirchen für den evangelischen Gottesdienst wegen der besseren Sicht- und Hörbedingungen bevorzugt als Hallenkirchen, oft mit weitem Hauptschiff und engen, zweigeschossigen Seitenschiffen (Jakobikirche, Dankeskirche) errichtet wurden, bevorzugte der katholische Kirchenbau des Historismus die Basilika, deren niedrige Seitenschiffe dem Wunsch nach privater Andacht als Ort für Kreuzweg, Beichtstühle und Nebenaltäre entgegenkamen und die stärker dem Idealbild der mittelalterlichen Kathedrale entsprach. So gestaltete auch der Paderborner Dombaumeister Arnold Güldenpfennig die erste katholische Pfarrkirche *St. Nikolaus (Abb. 167)*

fige neugotische Hallenkirche, ebenfalls mit einem Querschiff, das jedoch räumlich kaum in Erscheinung tritt, weil sich die Halle in einem weiteren Joch vor dem Chorpolygon fortsetzt. Schlanke, mit je vier Diensten besetzte Pfeiler tragen die Kreuzrippengewölbe. Hohe Maßwerkfenster spenden dem wohlproportionierten Raum reichliches Licht. Am Außenbau ist besonders die Turmfront mit der Staffelung von Portal und großem Fenster und dem Übergang vom quadratischen Turmschaft zum leichten achteckigen Oberbau zu rühmen.

Als letzte der kreuzförmigen neugotischen Kirchen entstand für den Ort Holtenau, der nach Eröffnung des Kaiser-Wilhelm-Kanals zu einer städtischen Siedlung anwuchs, die *Dankeskirche (Abb. 87 und 88)* 1896/97 nach Entwurf des Schleswiger Regierungsbaumeisters von Winterfeld. Ihr Grundriß ist eine Reduzierung der Anlage der Jakobikirche. An das Ostjoch eines breiten Hauptschiffes schließen Querarme mit Emporen an, während das Westjoch wie in der Jakobikirche von gangartig schmalen Seitenschiffen mit Galerieemporen begleitet wird. Eine besondere Betonung der Vierung fehlt. Der leicht eingezogene Rechteck-

Abb. 167 Katholische Kirche St. Nikolaus vor 1944

1891–1893 als dreischiffige vierjochige neugotische Gewölbebasilika. Die Seitenschiffe enden in Rechteckkapellen für Nebenaltäre, dem Mittelschiff schließt sich ein heller Polygonalchor mit großen Maßwerkfenstern an. Der durch Verlust des hohen Stufengiebels und des ursprünglichen Turmoberbaues veränderte Außenbau ist durch Strebepfeiler straff gegliedert bei äußerster Sparsamkeit im Detail.

Der Architekt Jürgen Krüger wählte für seine neugotische *Ansgarkirche (Abb. 73)* von 1901–1903 ebenfalls die Querschnittsform der Basilika. Während jedoch in St. Nikolaus die Seitenschiffe in halber Mittelschiffsbreite durchaus als eigene Räume wirken, sind sie in der Ansgarkirche zu schmalen Annexen reduziert, eigentlich nur als Erschließungsgänge und zur konstruktiven Hilfe bei der Abtragung der Kräfte aus dem Mittelschiffgewölbe. Der Raumeindruck der Ansgarkirche ist der eines weiten, von einem Gewölbe mit Stichkappen überspannten Predigtsaals, auch der flache Rechteckchor ist eigentlich eher Ausweitung des Schiffes als eigenständiger Altarraum. Die nach der Jahrhundertwende einsetzende Tendenz zur Vereinfachung der historischen Architekturformen und zu einem freieren Umgang mit ihnen war auch schon vor der Kriegszerstörung der dekorativen starkfarbigen Raumgestaltung zu erkennen. Lediglich die Fassade zur Holtenauer Straße mit dem seitlichen Turm zeigt noch den Reichtum neugotischen Dekors.

Beim Bau der Gotteshäuser für die Arbeitervorstädte des Ostufers begnügte man sich mit schlichten saalartigen Anlagen, ähnlich wie auch das Militär bei Errichtung der einfachen, aber in ihrer bewußt gestalteten Holzkonstruktion originellen Kirche der Festung *Friedrichsort (Abb. 74 und 75)* von 1875 (heute Bethlehemkirche). Die erste *St. Johanneskirche (Abb. 168)* in Gaarden wurde in der Abteilung für Kirchenbau des preußischen Ministeriums für Handel und öffentliche Arbeiten unter Leitung des Architekten des Schleswiger Domturms, Professor Friedrich Adler, 1878 entworfen. Der 1944 völlig zerstörte neugotische Bau war ein Rechteck mit dreiseitig angeordneten Emporen und einer Holzdecke, die bis zu den Kehlbalken des ungotisch flach geneigten Daches hochgeführt war. An der Eingangsfront erhob sich als städtebaulicher Endpunkt der Goschstraße ein bescheidener Turm. Die 1941 beseitigte, um 1900 erbaute *Bugenhagenkirche* in Ellerbek zeigte stark vereinfachte gotische Formen. Ihr Hauptraum wurde asymmetrisch durch ein Seitenschiff mit Emporen erweitert, an dessen Ende zur Straße sich ein stämmiger Turm mit niedriger Spitze erhob.

Der Übergang vom Historismus zur Moderne (1900–1918)

Nach 1900 werden einige neue Tendenzen im Kirchenbau sichtbar. Der Baukörper der Kirche, vor der Jahrhundertwende in der Regel, wie auch im Eisenacher Regulativ gefordert, als freistehendes Bauwerk, allseits sichtbar gestaltet, wird nun mit weiteren kirchlichen Gebäuden zu einer Gruppe verbunden. Dazu gehören nicht nur das bisher von der Kirche unabhängig errichtete Pastorat, sondern auch Räume für die Gemeindearbeit, die sich bereits in dieser Zeit durch Gründung christlicher Vereine und Gruppen sowie durch die wachsende Zahl von Konfirmanden und Jugendlichen in den Städten kräftig entwickelt.

Für die Ausbildung des Kirchenraumes verliert das Eisenacher Regulativ zunehmend an Bedeutung. Neue Leitlinien für den Kirchenbau werden aufgestellt, darunter das schon 1891 von dem Architekten Johannes Otzen und dem Pfarrer Emil Veesenmeyer formulierte und in Otzens Wiesbadener Ringkirche verwirklichte „Wiesbadener Programm". Es enthält die Forderung, daß die Kirche in erster Linie Versammlungshaus der feiernden Gemeinde mit Stellung des Altares in ihrer Mitte und nicht in einem gesonderten Chorraum sein solle. Kanzel und Orgel sollten wieder, wie in der barocken Predigtkirche, ihren Platz über und hinter dem Altar erhalten.

In der architektonischen Durchbildung wird die bisher bevorzugte Neugotik verlassen. Man wen-

Abb. 168 St. Johannes, Gaarden. Seitenansicht von 1878

det sich zunächst der Romanik zu, sie gilt als der ehrwürdigere, „deutschere" Stil aus der Blütezeit des mittelalterlichen Kaisertums. Dann kommt jedoch, nach langer Ablehnung, der Barock in seiner schlichten norddeutsch-protestantischen Form wieder zu Ehren, verbunden mit einer Hinwendung zum heimatgebundenen, handwerksgerechten Bauen. Schließlich wächst der Wunsch, sich auch im Kirchenbau, wie seit 1900 im Profanbau, nicht nur in Grundriß und Baukörper, sondern auch im Detail ganz von historischen Bauformen zu lösen und eigene Dekorationsformen, wie den Jugendstil, zu verwenden.

Alle drei Tendenzen finden wir in den Kirchen, die der in vielen Gemeinden Schleswig-Holsteins damals tätige Architekt Wilhelm Voigt in Kiel schuf. Während sein erster Sakralbau, die Kapelle auf dem neuen Zentralfriedhof *Eichhof (Abb. 194)*, noch in reichen neugotischen Formen, aber bereits als Zentralbau gestaltet ist (nach 1945 radikal verändert und vereinfacht), entstand die 1944 zerstörte *St. Jürgenkirche (Abb. 169 und 170)* 1902–1904 in romanischen Formen. Sie war eine kurze dreijochige Gewölbebasilika mit saalartigem Hauptschiff, gangartig schmalen niedrigen Seitenschiffen (vgl. Ansgarkirche) und Querarmen mit Emporen. Ein

Abb. 169 St. Jürgenkirche von Norden vor 1944

Abb. 170 St. Jürgenkirche. Innenansicht mit Altarraum vor 1944

kurzes Zwischenjoch leitete vom Hauptschiff in eine Halbkreisapsis über, ein besonderer Chorraum fehlt. Die städtebauliche Bedeutung der Kirche als südlicher Abschluß des Bahnhofsbereiches am Sophienblatt führte zu einer wirkungsvollen Höhenstaffelung der Bauteile und einer markanten Eckbetonung durch den Turm. Das Pastorat war gleichzeitig errichtet, zwar noch als Einzelbau, aber durch eine Bogenstellung mit der Kirche verbunden.

Völlig anders entwarf Voigt die 1910/11 erbaute *Michaeliskirche (Abb. 104, 105 und 171; Farbtafel XVIII)* für die Stadtrandgemeinde Hassee in Formen, die in ihrer Vereinfachung nur noch entfernt an barocke und frühklassizistische Architektur erinnern. Hier entstand ein Kirchenzentrum, bei dem Kirche, Pastorat und Gemeinderäume in engsten Zusammenhang gebracht sind. Der Kirchenraum ist als weiter Rechtecksaal ausgebildet, den eine korbbogige Tonne überspannt. Der Altarraum ist zu einer flachen Ausweitung des Kirchenschiffes reduziert. An der rechten Längsseite ist seitenschiffartig ein zweigeschossiger Annex angefügt, der im Erdgeschoß zuschaltbare Gemeinderäume, im Obergeschoß eine Empore aufnimmt. Auch das Erdgeschoß des breiten Turmes, für den vielleicht der Turm der Petruskirche Vorbild war, ist als Gemeinderaum abgetrennt, darüber öffnet sich im zweiten Turmgeschoß die Orgelempore zum Kirchenraum. Der Eingang, von dem Kirche und Gemeinderäume gemeinsam erschlossen werden, liegt funktionell richtig, aber auffallend bescheiden seitlich der Hauptachse.

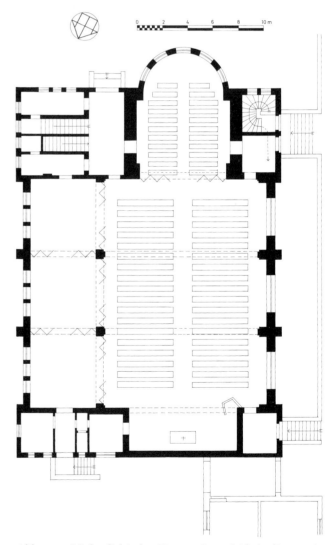

Abb. 171 Michaeliskirche, Hassee. Grundriß des Zustandes um 1950

Abb. 172 Lutherkirche vor 1945

Die fast gleichzeitig von Voigt 1910–1912 erbaute, 1945 bis auf den Turm zerstörte erste *Lutherkirche (Abb. 172 und 173)* bildete mit Pastorat und Gemeinderäumen eine vornehme Gebäudegruppe in den Formen schleswig-holsteinischer Gutsarchitektur des ausgehenden 18. Jahrhunderts. Dabei nahm der Baukörper der Kirche im Erdgeschoß den großen Gemeindesaal auf. Als einziges Beispiel in Kiel entsprach der Gottesdienstraum ganz den Forderungen des Wiesbadener Programms: Die Gemeinde war in dem hellen weiten Saal mit dreiseitiger Emporenanordnung um den Altar und die hinter ihn gestellte Kanzel gruppiert. Hinter der Altar-Kanzel-Gruppe endete der Raum mit einer bühnenartigen Estrade für den Chor und die große Orgel.

Abb. 173 Lutherkirche. Innenansicht mit Altar, Kanzel und Orgel vor 1945

Die letzte große Stadtkirche der wilhelminischen Zeit, die erste *Vicelinkirche (Abb. 174 und 175)* entstand 1914–1916, also bereits während des Ersten Weltkrieges nach Entwurf des Architekten Johann Theede. Ähnlich wie bei der Lutherkirche waren Kirche und Pastorat durch Gemeinderäume zu einem Baukomplex verknüpft. Der zerstörte Kirchenbau brachte gegenüber der Michaelis- und Lutherkirche eine Rückwendung zum traditionellen Sakralbau. Zwei quadratische, mit rundbogigen Kreuzrippengewölben überspannte Joche bildeten ein langgestrecktes Schiff, an das sich wie bei Kirchen des 19. Jahrhunderts ein Chor aus fünf Seiten des Achtecks anschloß. Der Gewölbeschub des Langhauses wurde von tiefen Wandpfeilern aufgefangen, die von Öffnungen durchbrochen und durch galerieartige Emporen verbunden waren. Der Zugang führte durch eine große Vorhalle, über der sich ein mächtiger, 68 m hoher Turm erhob.

Außerhalb des damaligen Stadtgebietes ließ die Kirchengemeinde Dänischenhagen für ihren neuen Pfarrbezirk in der Arbeitersiedlung *Pries (Abb. 111 und 112)* 1910/11 durch die Architekten Pentz und Kusel ein ländliches Kirchenzentrum bauen, bei dem wieder der dominierende Kirchenbau mit dem Pastorat durch einen Zwischenbau für den Konfirmandensaal verbunden ist. Die reizvolle, wohlerhaltene Anlage ist ein typisches Beispiel des „Heimatstils" um 1910. Mit hohen Dächern, handwerklich vorzüglich, auch dekorativ behandeltem Mauerwerk und feingliedriger Tischlerarbeit atmet die Architektur den Geist der handwerksgerechten alten ländlichen Backsteinbaukunst Norddeutschlands. Die Kirche selbst ist ein einfacher anheimelnder Saal mit dekorativ bemalter Holztonnendecke.

Für das Militär wurden in diesen Jahren zwei weitere stattliche Garnisonkirchen geschaffen. Der Entwurfsauftrag für die evangelische *Petruskirche (Farbtafeln XX und XXI)* in dem neuen Marineviertel in der Wik ging auf Betreiben des Großherzogs von Baden an die Karlsruher Architekten Curjel und Moser. Sie schufen 1906/07 einen rechteckigen Versammlungssaal für 1100 Soldaten, stüt-

Abb. 174 Vicelinkirche mit Pastorat vor 1945

Abb. 175 Vicelinkirche. Innenansicht vor 1945

zenfrei von einem offenen Dachstuhl in eigenwillig gestalteter kraftvoller Zimmermannskonstruktion überspannt, der von bogenförmigen, an Schiffsspanten erinnernden Bohlenbindern auf Wandpfeilern getragen wird. Alle Plätze haben uneingeschränkte Sicht auf die Kanzel und den flachen bühnenartigen Altarbereich. Die niedrigen Seitenwände sind in große rechteckige Fensterelemente zwischen Wandpfeilern aufgelöst. Zurückhaltender, aber höchst phantasievoller und in der Maurertechnik, virtuoser ornamentaler Schmuck in Jugendstilformen unterstreicht die Architekturgliederung (leider an entscheidender Stelle im Altarraum beseitigt). Außen schafft ein Vorhof, eingefaßt von Pastorat und Militärbauten, Distanz zwischen der Straße und der dreibogigen Eingangsloggia, über der sich ein mächtiger, in seiner Flächigkeit und seinem geböschten Umriß wehrhaft wirkender Turmriegel mit offener Glockenstube erhebt. Klarheit der Konstruktion, Wechsel von Pfeilern und transparenten Flächen, allein vom Zweck her bestimmter Grundriß und eigenständiges, nicht historisierendes Detail weisen die Pe-

truskirche als ersten Sakralbau der frühen Moderne in Kiel aus.

Stärker dem romanischen Stil, wenn auch in freier Interpretation verhaftet, ist die 1907–1909 für die katholische Militärgemeinde vom Bauleiter der Petruskirche, Baurat Kelm, errichtete und nach 1945 stark veränderte *St. Heinrichskirche (Abb. 176 und 177)*. Doch ist auch hier ein stützenloser Einheitsraum geschaffen mit einem quadratischen, von einem Sterngewölbe überdeckten Zentralraum und seitlich angeführten tonnengewölbten Erweiterungen, die den Bau außen wie eine kreuzförmige Kirche mit überhöhtem Mittelteil erscheinen lassen, während er innen zur Querkirche, einer sonst fast nur im Protestantismus vorkommenden Kirchenform, wird. Eine tiefe, von Nebenräumen begleitete Apsis schließt sich im Osten an, an der Westseite erhebt sich als Akzent in der Flucht der Feldstraße ein schlichter Turm mit hohem achtseitigem Helm.

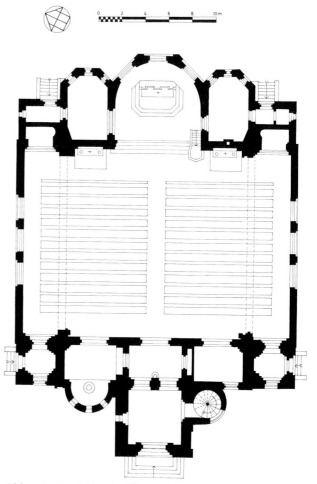

Abb. 176 Katholische Kirche St. Heinrich. Grundriß des Zustandes um 1907

Abb. 177 Katholische Kirche St. Heinrich. Inneres mit ursprünglicher Ausstattung

Der 1914/15 für die katholische *St. Josephsgemeinde (Abb. 178 und 179)* in Gaarden vom Architekten Beissel errichtete, im Zweiten Weltkrieg zerstörte erste Kirchenbau zeigte noch einmal Formen der um 1900 besonders beliebten rheinischen Spätromanik. Die dreischiffige Basilika mit tiefem Chor und Apsis unterschied sich allerdings von den historischen Vorbildern durch ein sehr weites tonnengewölbtes Mittelschiff bei untergeordneten, aber räumlich im Gegensatz zu St. Jürgen und der Ansgarkirche durchaus eigenständigen Seitenschiffen. Der neben dem Chor hochgeführte Turm endete mit dem für rheinische Bauten typischen Rautenhelm über vier Giebeln.

Kirchenbau zwischen den Weltkriegen

Die schlechte Wirtschaftslage mit Stagnation der Bevölkerungsentwicklung der Stadt sowie die Kirchenfeindlichkeit der NS-Zeit führten dazu, daß auf evangelischer Seite zwischen den beiden Weltkriegen keine Kirchen im Stadtgebiet Kiels gebaut wurden. Nur in Heikendorf entstand eine kleine Notkirche, die dem Zweiten Weltkrieg zum Opfer fiel.

Im Nordelbischen Kirchenamt befindet sich allerdings ein interessanter Entwurf des Konsistorialbaumeisters Hans Schnittger für einen großen Kirchenbau, der 1925 die 1908 im Erdgeschoß eines Wohnhauses in der neuromanischen Form geschaffene Matthäuskapelle in Gaarden ersetzen sollte. Geplant war ein Rechtecksaal mit einem kleinen Altarraum und dreiseitig umlaufenden Emporen, der durch einen Ehrenhof an der Rückseite mit einem großen Gemeindehaus und einem Pastorat verbunden werden sollte. Ein Fassadenblatt zeigt, daß eine monumentale Gestaltung in Formen der expressionistischen „Klinkergotik" vorgesehen war *(Abb. 180)*.

Abb. 178 Katholische Kirche St. Joseph, Gaarden, vor 1944

Abb. 179 Katholische Kirche St. Joseph, Gaarden. Innenansicht vor 1944

Abb. 180 Fassadenentwurf für eine Kirche in Gaarden von Hans Schnittger, 1925

Die katholische Kirche erhielt zwei Notkirchen durch den Umbau älterer Säle: *Liebfrauen* im Kieler Süden *(Abb. 149 und 150)* und *St. Elisabeth (Abb. 181)* in der Wik (1937). Letztere war ein niedriger, flachgedeckter Längsraum mit eingezogenem Rechteckchor, der gegenüber dem dämmrigen Kirchenschiff durch kräftiges Seitenlicht effektvoll hervorgehoben wurde.

Die Blütezeit des modernen Kirchenbaues 1948–1970

Die Bomben des Zweiten Weltkrieges hatten fast alle Kirchen der Innenstadt und auf dem Ostufer zerstört oder beschädigt. Zu der gewaltigen Aufgabe des Wiederaufbaues kam die Notwendigkeit, neue Kirchenzentren in den Stadtrandge-

Abb. 181 Katholische Kirche St. Elisabeth, Feldstraße 150, erster Bau. Innenansicht vor der Kriegszerstörung 1944

meinden zu schaffen, die in der wachsenden Landeshauptstadt aufgrund des Wunsches nach besseren Wohnbedingungen und zur Unterbringung der Ausgebombten und Heimatvertriebenen entstanden. Der Zusammenbruch des sogenannten Dritten Reiches und seiner Ideologie und die damit verbundene seelische Not führten in den ersten Nachkriegsjahren zu einer Hinwendung der Menschen zur Kirche und zum Wunsch nach würdigen Gottesdiensträumen. Die geistigen Grundlagen für den evangelischen Kirchenbau, für den diese Jahre die fruchtbarste Epoche seit der Reformation waren, legten die seit 1947 regelmäßig stattfindenden deutschen evangelischen Kirchenbautagungen sowie die Schriften und Vorträge der auf diesen Tagungen tonangebenden Persönlichkeiten, von denen die Architekten Otto Bartning, Gerhard Langmaack und Denis Boniver sowie die Theologen Oskar Söhngen und Gerhard Kunze zu nennen sind. Das vom Kirchenbautag 1951 verabschiedete Rummelsberger Programm gab den Bauherren und Architekten Hinweise für den Entwurf neuer Kirchen mit der Forderung, daß sich die Kirche klar von profanen Bauwerken zu unterscheiden habe und gleichnishaft Zeugnis von ihrer Bestimmung als Stätte „der Begegnung der Gemeinde mit dem gnadenhaft in Wort und Sakrament gegenwärtigen heiligen Gott" ablegen solle. Im lutherischen Kirchenbau bedeutet dieses die Abwendung von dem bisweilen nüchternen Predigtsaalcharakter der Bauten im Geiste des Wiesbadener Programms hin zum feierlichen, von der Liturgie geprägten Kultraum.

In der Gestaltung verfolgten ältere Architekten zunächst Bauformen in der Tradition der 1920er und 1930er Jahre, jüngere wandten sich der vom Funktionalismus, vom Bauhaus und vom „organischen Bauen" kommenden Moderne zu, welche die Architektur der 1950er und 1960er Jahre prägt. Klare Ablesbarkeit der Funktion und Konstruktion, Minimierung der tragenden Querschnitte, Trennung von tragenden und füllenden Bauteilen, Wechsel von Wandscheiben und Glasflächen, Absetzen der Baukörper voneinander mit meist freier Stellung des Turmes sowie strenge Materialgerechtigkeit prägen auch den Kirchenbau dieser Zeit.

Die Bautätigkeit der evangelischen Kirchengemeinden in Kiel wurde zumeist durch den Kirchengemeindeverband als zentralem Bauherrn in Abstimmung mit den Kirchenvorständen veranlaßt. Neue Anlagen entstanden in der Regel als abschnittsweise ausgeführte Baugruppen aus Gemeindehaus, Pastorat und weiteren Gebäuden. Die Architektenwahl erfolgte durch beschränkte Wettbewerbe (Gutachterverfahren), wobei sich bald ein Kreis erfahrener Kirchenbaumeister herauskristallisierte. Übertriebener Aufwand und kühne oder exzentrische Architekturexperimente, wie sie der moderne Kirchenbau anderer Städte zeigt, wurden vermieden.

Von den Wiederaufbauten seien die beiden Werke Gerhard Langmaacks genannt, in denen die Reste des Altbaues mit modernen Konstruktionen in bewußten Kontrast gebracht sind. *St. Nikolai* erhielt 1950/51 eine zeittypische Pilzdecke auf schlanken Pfeilern, eine moderne feingliedrige Variation des Themas Hallenkirche *(Abb. 17)*. Hinzu kam ein neuer durchlichteter überhöhter Chor als ausgesprochener Feierraum für das Altarsakrament. Die *Jakobikirche (Abb. 89–91)* wurde 1952–1954 durch Verzicht auf Gewölbe und neugotische Baudetails stark vereinfacht und in ihrer Zentralraumtendenz durch das Aufsetzen des verglasten neuen Vierungsturmes als zusätzlicher Lichtquelle sowie Anlage des Altares in der Vierung verstärkt.

Gleichzeitig mit diesen Wiederaufbauten entstanden die ersten Kirchenneubauten. Die *Vicelingemeinde* erhielt 1949/50 als Ersatz für ihr total zerstörtes Gotteshaus eine der 48 Notkirchen, die Otto Bartning, einer der bedeutendsten Kirchenbaumeister unseres Jahrhunderts, im Auftrage des Hilfswerks der EKD als Montagebau entwickelt hatte *(Abb. 115; Farbtafel XXIV)*. Die gliedernde Folge der vorgefertigten Brettbinder, das Hochziehen der Holzdecke bis zum First des steilen Daches, das umlaufende Fensterband und das rohe Mauerwerk aus Trümmersteinen der alten Kirche lassen den langgestreckten Raum zu einem eindrucksvollen Zeugnis der Notzeit und des Aufbauwillens werden. Zur Schönheit der Kirche trägt bei, daß man sich für den Mehraufwand einer polygonalen Chorlösung und zur Anlage von niedrigen Seitenschiffen bei Wiederbenutzung der alten Kirchenfundamente entschied.

Gerhard Langmaack hat im Kirchenkreis nur einen Kirchenbau entworfen, die 1954/55 errichtete Kirche in *Heikendorf (Abb. 83)*. Dem einfachen, traditionell gestalteten Bauwerk aus Schiff und abgesetztem erhöhten Altarraum ist ein recht eigenwilliger Turm mit nadelspitzem geschweiften Helm zugeordnet.

Von den Kieler Architekten wurde zuerst Ernst Mackh im Kirchenbau der Nachkriegszeit tätig. 1953/54 schuf er oberhalb des Königswegs den weithin sichtbaren Ersatzbau für die beseitigte *St. Jürgenkirche (Abb. 94 und 95)*. Vier sich nach unten verjüngende Stahlbetonstützen tragen mit Längsunterzügen und geschwungenen Quergurten die holzverstäbte Decke. Das Mittelschiff dieser eleganten Hallenkirche endet übergangslos in einer Halbkreisapsis, die als farbiges Glasgehäuse um den Altar und das große Kruzifix ausgebildet ist.

In der *St. Markuskirche (Abb. 99)* Ernst Mackhs von 1965 an der höchsten Stelle Gaardens sind die Betongurte unter der flachbogigen Holzdecke auf eine Pfeilergliederung der Außenwände gesetzt. Der Altar ist in einem gesonderten Chorraum mit leicht schräggestellten Wänden und Seitenbelichtung angeordnet, der hohe schlanke ursprünglich als Stahlbetonskelettbau gestaltete Turm (1979 ummantelt) ist weit von der Kirche abgerückt.

Die dritte Kirche schuf Mackh auf Betreiben des eigenwilligen Pastors Theodor Pinn *(Abb. 65)* 1960–1962 auf einem Hügel des Vorortes Kroog in geradezu anachronistischer Weise als dreischiffige Basilika mit Apsis und Krypta. Gewünscht war ein Gotteshaus im Geist frühromanischer Bauten. Dennoch kann das Gebäude trotz mittelalterlicher Grundriß- und Querschnittsausbildung und trotz konsequenter Verwendung des Rundbogens nicht als neuromanisch bezeichnet werden: Der Verzicht auf jede Nachahmung romanischer Architekturdetails, die glatte Flächigkeit der dünnen, scheibenhaften, weiß gestrichenen Kalksandsteinwände, der einfache Baukörper und der als spitzer Kegel originell ausgebildete Dachreiter weisen auch die Stephanuskirche als Bau in der Art der 1950er Jahre aus *(Abb. 113; Farbtafel XXII)*.

Drei weitere Kirchen jener Zeit in Kiel schuf das Architektenehepaar Barbara und Wolfgang Vogt. 1956 entwarfen sie die 1960/61 ausgeführte neue *Bugenhagenkirche (Abb. 76 und 77)* in Ellerbek. Sie zeigt die für alle Vogtschen Bauten typische Strenge mit zuchtvoller Sparsamkeit im Detail, Ausgewogenheit der Proportionen und einfachen, relativ flach geneigten Satteldächern. Der durch Stahlbetonrahmen gegliederte chorlose Rechteckraum ist auf eine stark farbige Betonwand hinter dem Altar ausgerichtet.

Die Anordnung der *Heilandskirche (Abb. 84)* von 1965/66 auf der Grundfläche eines gestreckten Sechsecks führt im Kirchenraum bei fallender Decke zur Konzentration auf den Altarbereich vor der geschlossenen Schmalseite. Hohe, farbig verglaste Fensterwände spenden dem einfachen Saal reichliches Licht. Ein Drittel der Sechseckfläche wird bei dieser sparsamen Anlage von einem zweigeschossigen Gemeinderaumteil sowie der Eingangshalle eingenommen; die in den Bauten der Zeit vor 1914 (Michaelis-, Lutherkirche) bereits beobachtete Kombination von Gottesdienst- und Gemeinderäumen kehrt hier wieder.

Die reifste Konzeption eines Vogtschen Kirchenzentrums finden wir in Kiel außerhalb des Kirchenkreises in Schilksee. Die *Dietrich-Bonhoeffer-Kirche (Abb. 182 und 183)* (Entwurf 1966, Bau 1968/69) bildet mit Pastorat, Gemeinderäumen, Kindergarten und Wohnungen eine lebendige, gehöftartige Gruppe mit weißen Wänden und flach

Abb. 182 Dietrich-Bonhoeffer-Kirche, Schilksee

Abb. 183 Dietrich-Bonhoeffer-Kirche, Schilksee. Innenansicht

geneigten dunklen Dächern. Eine hohe Turmpyramide grenzt die freie Ecke des differenziert gestalteten Außenbereiches zur Straße hin ab. Der gewinkelte Giebel der Altarseite erhebt sich schiffsbugartig über dem zum Strand und zum Hafen abfallenden Grüngelände. Auch wenn der Raum durch die Streckung des Baukörpers sowie den First von Dach und Holzdecke eine achsiale Längenbetonung hat, ist er durch die leichte Zusammenführung der Seitenwände zum Altar und die Schrägstellung der Bänke kommunikativer als die früheren Rechteckkirchen. Die Symmetrie wird durch die Gruppierung von Altar, Taufe und Kanzel sowie die kräftige einseitige farbige Belichtung des Altarbereiches geschickt aufgelockert.

Freude an den Möglichkeiten moderner Baukonstruktionen kennzeichnet die drei Kirchen der Architekten Dietrich Bolz und Klaus Detlefsen.

Die *Paul-Gerhardt-Kirche (Abb. 108; Farbtafel XIX)* in Neumühlen-Dietrichsdorf (1958/59) ist ein sehr breiter Rechteckraum, der mit einem Betonfaltwerk überspannt ist, das zu Reihen von Giebeln an den Längsseiten führt. Die Straßenseite ist völlig in Stützen und dem zur Bauzeit geliebten „Maßwerk" aus Betonwaben als alleiniger Lichtquelle aufgelöst. Auch der weithin sichtbare Turm an der Gebäudeecke endet in vier Giebeln.

Im Gegensatz zur chorlosen Paul-Gerhardt-Kirche hat die neue *St. Johanneskirche (Abb. 92 und 93)* in Gaarden (1959–1961) einen gesonderten Altarraum. Durch Schrägstellung der Wände, Ausweitung durch ein Seitenschiff mit Empore, Übereckführung des Zuganges, differenzierte Lichtführung durch schräggestellte Fensterbahnen sowie sichtbare Stahlfachwerkträger unter der Decke erhält der Raum Spannung und Gliederung.

Wie ein freistehender Baldachin überdeckt ein Stahlbetonfaltwerk auf zwei Stützreihen den weiten Raum der *Martinskirche (Abb. 100, 101 und 184)* in Projensdorf (Entwurf 1967/68). Wie Paravents sind die gewinkelten Außenmauern daruntergestellt, den Zwischenraum bis zur horizontalen Dachkante füllt ein umlaufendes Fensterband. Eine gerade Mauerscheibe mit Betonreliefs von Weiland markiert den als Estrade erhöhten Altarbereich. Die Bestuhlung ist flexibel gewählt.

Die Hamburger Architekten des Kieler Schlosses und Konzertsaals, Herbert Sprotte und Peter Neve, schufen 1957–1959 den Ersatzbau für die zerstörte *Lutherkirche (Farbtafel XVII)* unter Beibehaltung des neubarocken Turmes. Im Gegensatz zum früheren Predigtsaal entstand ein gerichteter, leicht asymmetrischer hoher Feierraum mit abgesetztem Chor, zweiseitiger Emporenanordnung und einer Decke auf Stahlbetonrahmen in der Führung des steilen Daches.

Sehr einfache langgestreckte Rechteckräume haben die *Erlöserkirche (Abb. 82; Farbtafel XIV)* in Hasseldieksdamm (Architekt Otto Frank, 1956/57) und die *Christuskirche (Abb. 78)* in Kronshagen (Architekt Hans Petersen, 1960/61), beide mit gesondert stehenden schlanken Türmen.

In der Wellingdorfer *Andreaskirche (Abb. 72; Farbtafel XII)* (Architekt Otto Schnittger, Enwurf 1961, Bau 1964/65) ist der breite Rechteckraum durch sich kreuzende Stahlbetonrahmen überspannt. Der Altarbereich ist durch Abwinkeln einer Seitenwand, hinter der eine Fensterfläche indirektes Licht gibt, sowie durch die Gestaltung der Altarwand als Mosaikfläche mit Glasbetonöffnung in Kreuzform hervorgehoben. Der Turm mit dem Eingang ist hier im Gegensatz zu den meisten anderen Kirchen jener Zeit in den Baukörper integriert.

Der Bordesholmer Architekt Gustav Reinhold Hense hat für den Kirchengemeindeverband 1962/63 die *Philippuskirche (Abb. 96; Farbtafel XVI)* in Klausdorf/Schwentine als kurzen Rechteckbau mit Firstrichtung quer zur Blickachse von der Gemeinde zum Altar erbaut. Seine *St. Matthäuskirche (Abb. 102)* in Gaarden (Entwurf 1962, Ausführung 1965–1967) ist als quadratischer Saal mit leicht zur Altarwand fallender Decke gestaltet. Die Sakristei grenzt den Altarbereich einseitig ab. Mittelgang und Altar erhalten so eine asymmetrische Anordnung mit großem Gestühlsblock vor der Kanzel und kleinem vor der Taufe. Die Kupferverkleidungen des hohen Dachrandes und der eigenwillig geformten Glockenstube des seitlich stehenden schlanken Turmes bilden einen lebhaften Kontrast zum weiß gestrichenen Mauerwerk.

In Sichtweite voneinander und fast gleichzeitig entstanden 1965/66 am Westring zwei besonders einprägsame Gotteshäuser, die *Osterkirche (Abb. 106 und 107)* und die *Universitätskirche (Abb. 123; Farbtafel XXV)*. Erstere entwarf der städtische

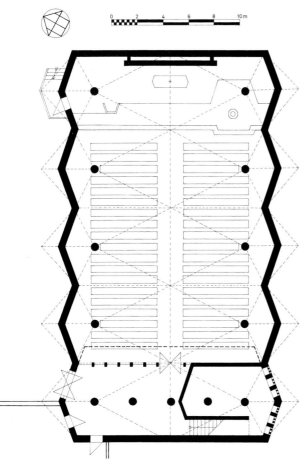

Abb. 184 Martinskirche, Projensdorf. Grundriß

Abb. 185 Katholische Kirche Liebfrauen. Innenansicht

Baudirektor Joachim Mertens auf dem Grundriß der Parabel. Parabelräume sind verschiedentlich bei den Kirchen der 1950er und 1960er Jahre anzutreffen. Die Anordnung des Parabelscheitels und des freistehenden Turmes ist von der städtebaulichen Funktion als nördlicher Blickpunkt des Westrings bestimmt. Der hohe Raum ist wegen des Verkehrslärms völlig fensterlos und empfängt sein Tageslicht nur aus Flachdachoberlichtern und einer Kuppel aus Glasbausteinen über der Altarstelle im Brennpunkt der Parabel.

Im neuen Universitätsforum ist die Kirche der Architekten Herbert Weidling und Erhart Kettner wohl der eigenwilligste und einprägsamste Baukörper. Ein steil zum Westring hin aufsteigendes Prisma auf Dreieckgrundriß ist als leichtes Stahlgerüst konstruiert mit einer völlig transparenten Ausfachung aus Betonwaben und Verglasung in feinsinnig abgestimmten Farbtöten. Verwandeltes Licht durchflutet den Raum, in dem sich die Gemeinde auf die achsial gestaltete Altar-Kanzel-Gruppe vor der hohen Spitze des Dreiecks ausrichtet.

Der Bedarf der katholischen Kirche nach neuen Gotteshäusern in Kiel war durch den hohen Katholikenanteil unter den Heimatvertriebenen in der Nachkriegszeit ebenfalls groß. Auch im katholischen Kirchenbau hatte eine intensive Diskussion über den liturgiegerechten Raum eingesetzt, angefangen von den Schriften des großen Architekten und Theoretikers Rudolf Schwarz bis zu den Beschlüssen des zweiten Vatikanischen Konzils, die zu Veränderungen in den meisten katholischen Kirchen führten.

Als eine der ersten Nachkriegskirchen entstand 1950/51 die Pfarr- und Franziskanerklosterkirche *Liebfrauen (Abb. 185)*. Ihr Architekt, Diözesanbaurat Alfons Boklage, hatte in seiner Heimatdiözese Münster einige Kirchen in einer konventionellen, an romanische Bauten anknüpfenden Weise gebaut und war vom Mutterkloster der Kieler Franziskaner in Münster empfohlen worden. In Kiel baute er eine dreischiffige flach gedeckte Säulenbasilika mit rundbogigen Arkaden. Das Licht, das im Langhaus durch eine dichte Reihe flachbogiger Obergadenfenster einfällt, wird im Chorraum gesteigert und betont die Wirkung der hohen Bogenstellung, die zwischen Altarraum und Außenwand eingestellt ist. Der Außenbau ist franziskanisch schlicht, die beiden kleinen Glocken hängen in einem niedrigen Glockenpfeiler.

Auch mit basilikalem Querschnitt, aber wegen des großen Abstandes zwischen den beiden Pfeilern eher als Einheitsraum wirkend, wurde 1958 die zweite *St. Josephskirche (Abb. 186)* in Gaarden vom westfälischen Architekten Lippsmeier erbaut (Anfang 1991 abgebrochen). Der helle Raum zeigte viele Eigenheiten der Architektur der 1950er Jahre: Flachdächer mit Oberlichtkuppeln über dem halbrund geschlossenen Chor, achteckige Obergadenfenster und transparente Wände aus Betonwaben und Glasbausteinen.

Abb. 186 Katholische Kirche St. Joseph, Gaarden, zweiter Bau (1958–1991)

Die anderen katholischen Kirchen jener Zeit sind bescheidene Diasporabauten: Die noch ähnlich wie Liebfrauen romanisierende Züge aufweisende Kirche *Christ König (Abb. 187)* in Neumühlen-Dietrichsdorf von 1953 (als Ersatz für eine zerstörte neugotische Kapelle) und die „modernere" *Dreieinigkeitskirche* in Pries von 1953 haben beide niedrige Seitenschiffe, die *Heilig-Kreuz-Kirche* in Elmschenhagen von 1955 und die *St. Elisabethkirche* von 1958 in Holtenau sind schlichte chorlose Saalbauten.

Die Gemeindezentren der 1970er und 1980er Jahre

Nach 1965 gerät der Kirchenbau zumindest im evangelischen Bereich zunehmend unter Kritik. Mit der Abnahme des Gottesdienstbesuches und der Mitgliederzahl sowie der vermehrten Hinwendung der kirchlichen Arbeit zu Aufgaben der Kommunikation und der Diakonie werden die bisher gebauten Kirchen als zu groß, zu wenig kommunikativ und zu starr empfunden. Die Forderungen, diskutiert auch vom deutschen evangelischen Kirchenbautag 1969 in Darmstadt-Kranichstein, sind jetzt: enge Verbindung des Kirchenraumes mit weiteren Gemeinderäumen, Verkleinerung des eigentlichen Gottesdienstraumes auf das Maß der geschrumpften Sonntagsgemeinde mit Erweiterungsmöglichkeiten für besondere Anlässe, Möglichkeit der Mehrzwecknutzung und Hinwendung zu neuen Gottesdienstformen durch flexible Einrichtung, Verzicht auf den ausgesprochen sakralen Charakter des Raumes, statt des gerichteten Gegenübers von Altar und Kanzel zur Gemeinde („Marschkolonnenkirche") die Hineinnahme des Abendmahls und Predigtortes in die Mitte der Besucher mit Tendenz zum Zentralraum.

Im Kieler Bereich werden diese Forderungen erstmals von der Kirchengemeinde Holtenau 1967–1969 bei dem von ihr konzipierten Bau des *Eivind-Berggrav-Zentrums (Abb. 188)* in Altenholz-Stift verwirklicht. Diese Anlage der Architekten Jürgen Göttsch und Klaus Hertzsch ist geradezu der Schlüsselbau für die Kirchen- und Gemeindezentren der 1970er und 1980er Jahre in Schleswig-Holstein. Der Zugang zu allen Räumen erfolgt über ein großes Foyer als Kommunikationszentrum. In dem von Wandscheiben und Glasbetonflächen in freier Führung umstandenen Kirchenraum („Fächergrundriß") ist die Gemeinde auf losem Gestühl im Halbkreis um die runde Altarinsel und die Kanzel angeordnet. Dabei wirkt der Raum noch durchaus sakral, auch die Außengestaltung und der freistehende Turm weisen den Bau als Kirche aus.

Die neuen Forderungen und das Beispiel Stift und anderer bald darauf im Lande entstehender Gemeindezentren bewogen den Kirchengemeindeverband, einige vorliegende Planungen herkömmlicher Art zu ändern und zu verwerfen. In Suchsdorf verzichtete man beim Bau des *Matthias-Claudius-Zentrums (Abb. 103;* Architekten Barbara und Wolfgang Vogt, 1978) auf die geplante Kirche und gestaltete den großen, erweiterbaren Gemeindesaal so, daß er mit beweglicher Einrichtung dem Gottesdienst, aber auch anderen Veranstaltungen dienen konnte.

Von einem geplanten Kirchenzentrum für die *Kreuzkirchengemeinde (Abb. 97 und 189)* in Poppenbrügge stand bereits außer der Notkirchenbaracke ein Pastorat als erster Bauabschnitt. Auf Betreiben des Kirchenvorstandes und seiner jungen Pastorin wurde jedoch ein neuer Wettbewerb für ein Mehrzweckzentrum mit „Sakralraum" ausgeschrieben, den die Architekten Göttsch und Hertzsch gewannen. Das Zentrum wurde 1976 eingeweiht und gehört zu den interessantesten Gebäuden in der Nordelbischen Kirche aus den

Abb. 187 Katholische Kirche Christ König, Neumühlen-Dietrichsdorf, erbaut 1953

Abb. 188 Eivind-Berggrav-Zentrum, Altenholz-Stift. Kirchenraum

1970er Jahren. An eine großzügige Halle schließen sich kreisrunde Räume für verschiedene Zwecke an. In der Mitte ragt als höchster Bauteil ein runder Kapellenraum mit ca. 30 Plätzen auf, der mit dem großen Gemeindesaal verbunden werden kann. Diese Kapelle ist mit flexibler Einrichtung so gestaltet, daß sie auch für sich allein einen vorzüglich proportionierten, in sich geschlossenen Gottesdienstraum ergibt. Am Außenbau führen die Kreisräume zu einer einprägsamen Gestalt. Ein eigenwillig geformter Betonglockenträger ersetzt den traditionellen Kirchturm.

Daß der große, ausschließlich dem Gottesdienst geweihte Kirchenraum auch in den 1970er Jahren in Kiel weiterhin Aufgabe bleibt, zeigen die beiden fast gleichzeitig entworfenen Kirchenzentren, mit denen die reiche Bautätigkeit des Kirchengemeindeverbandes vor seiner Auflösung 1982 endete: das St. Lukaszentrum der Petrusgemeinde und das ökumenische Zentrum in Mettenhof.

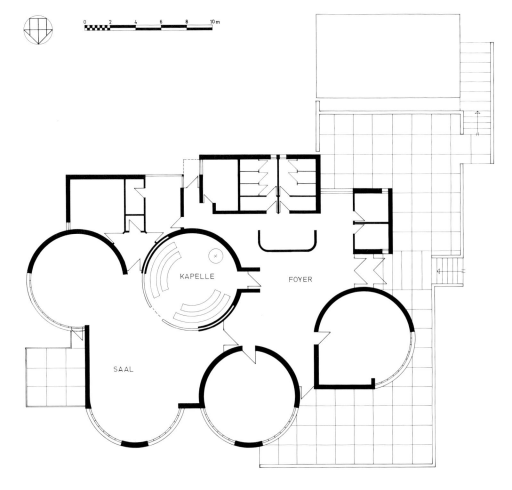

Abb. 189 Kreuzkirchenzentrum Poppenbrügge. Grundriß

Bei dem 1975 entworfenen 1978–1981 erbauten *St. Lukaszentrum (Abb. 109 und 110)* der Architekten Hans Jungjohann und Diethelm Hoffmann war die Aufgabe zu erfüllen, zwischen den hohen Wohnblocks der Holtenauer Straße ein ganz andersartiges Gebäude, dazu in Ecklage und als Blickpunkt der Knorrstraße zu planen mit einem Kirchenraum, der sich nach innen gerichtet vom Straßenlärm abwendet. Die Architekten schufen ein gegliedertes Bauwerk wechselnder Höhe mit Dominanz der Kirche an der Straßenecke. Ein Vorhof um einen großen alten Baum gibt Distanz zum Verkehr. Vom gemeinsamen Foyer aus betritt man den hohen Kirchenraum, der sein Hauptlicht aus der Verglasung zwischen Deckenflächen erhält, die zum Altarbereich hin abgestaffelt sind. Dazu dringt Seitenlicht aus schmalen Schlitzen am Ende tiefer, sich nach außen öffnender Nischen scheinwerferartig in den Raum. Kanzel und Altar werden von drei Seiten von der Gemeinde umgeben. Tribünen und Emporen umziehen den Raum in wechselnder Höhe, der so auch bei kleiner Besucherzahl nicht leer wirkt. Die differenzierte Ausformung des Raumes und seiner Belichtung ergeben außen einen plastisch durchformten, im Straßenbild höchst einprägsamen ungewöhnlichen Baukörper.

Bei der Konzeption des *Birgitta-Thomas-Hauses (Abb. 114 und 190; Farbtafel XXIII)* in Mettenhof gelang es, für beide Konfessionen ein großes Zentrum mit gemeinsamem Kirchenraum zu schaffen. Fast alle anderen ökumenischen Zentren in Deutschland haben getrennte Gottesdiensträume. Die nach fast zehnjähriger Planungs- und Bauzeit geweihte Anlage des Architekten Gelhaar ist ähnlich dem Eivind-Berggrav-Zentrum in Stift mit großer Vorhalle als Verteiler zur Kirche und in zahlreichen Gemeinderäumen konzipiert. Auch die „fächerförmige" Ausrichtung des Gestühles und die entsprechende Deckengestaltung zu Altar und Kanzel hin kehren hier wieder. Dabei ist der von Paul Brandenburg gestaltete Altarbereich durch sein Niveau, seine Einbindung in die Raumecke und seine Höhe mit wirkungsvollem Oberlicht stärker herausgehoben. Ein niedriger Umgang mit dem Kreuzweg umzieht einen Teil des Raumes und endet an der Stelle der persönlichen Andacht vor dem Tabernakel. Mit der Überhöhung des Altarraumes, über den die Glockenstube in den Baukörper integriert ist, wird die Kirche zum kräftigen, städtebaulichen Akzent in der Flucht des Skandinaviendamms.

Als jüngster evangelischer Kirchenbau ist aus den 1980er Jahren neben der kleinen quadratischen Kapelle, die das Architektenehepaar Vogt an das ältere Gemeindehaus der *Weinberggemeinde* anfügte, das *Claus-Harms-Zentrum* in der Siedlung Hammer zu nennen *(Abb. 81;* Architekten Carsten Brockstedt und Ernst Discher, 1984/85). Auch seinem Grundriß liegt ein „Fächer"-Schema zugrunde, allerdings im Gegensatz zu Stift und Mettenhof mit der Ausweitung zum Altarbereich hin. Die in den 1980er Jahren zu beobachtende Rückkehr vom Mehrzweckraum zum reinen Gottesdienstraum (ohne Aufgabe der Verbindung zu Gemeinderäumen) wird hier wie auch in der Weinbergkapelle durch die feste gemauerte Ausbildung der Prinzipalstücke deutlich. Die Gestaltung verzichtet zwar noch auf alle postmodernen Zitate aus der Baugeschichte, kommt aber dem Unbehagen an der als bisweilen zu schroff und zu „kalt" empfundenen Gestaltung früherer Bauten und dem Wunsch nach Behaglichkeit und Kleinteiligkeit mit niedrigen Höhen und Wahl natürlicher Baustoffe: Holz, Backstein, Kupfer entgegen.

Auch die katholische Kirche kommt im letzten Jahrzehnt zur Verbindung vom Kirchraum und Gemeinderäumen, so beim Neubau der kleinen Filialkirche *St. Georg* in Projensdorf (1977) und den Erweiterungen der St. Heinrichs- und St. Elisabethkirche.

Während diese Zeilen geschrieben werden, wird die dritte *St. Josephskirche (Abb. 151 und 191)* in Gaarden vollendet. Große Schäden am Turm von 1914 und der Kirche von 1958 und Mangel an Gemeinderäumen erforderten den Bau eines neuen Kirchenzentrums durch den Arnsberger Architekten Werner Hille. Gemeinderäume und Kirche sind mit dem neuen Pfarrhaus um einen vom Ost-

Abb. 190 St.-Birgitta-Thomas-Kirchenzentrum, Mettenhof. Grundriß

Abb. 191 Katholische Kirche St. Joseph, Gaarden, Neubau 1990. Innenansicht

ring abgewandten ruhigen Hof angeordnet und werden über einen gemeinsamen Eingang und Vorraum erschlossen. Dabei dominiert der Baukörper der Kirche, der mit seiner geraden Südwand dem Straßenverlauf folgt, während die Nordwand in weitem Schwung zu dem Altarbereich im Osten führt, begleitet von einer Emporengalerie. Ähnlich wie bereits bei der Martinskirche in Projensdorf ist das nach Norden fallende Dach baldachinartig auf zwei Stützenreihen gelagert und durch ein umlaufendes Fensterband, das dem Raum viel Licht gibt, von den tragenden Backsteinwänden getrennt. Jedoch ist die hier in Stahl und Holz ausgeführte Konstruktion leichter und filigraner als in der Martinskirche. Anklänge an die postmoderne Architektur der 1980er Jahre zeigen sich in den gewölbten Dächern der Gemeinderäume und besonders in der Gliederung des stämmigen Turmes an der Südwestecke der Kirche.

125 Jahre Kirchenbau in Kiel haben das Stadtbild mit einer abwechslungsreichen Fülle von prägenden Bauwerken bereichert. In jedem hat eine Gemeinde Jesu Christi ihre Heimat gefunden. Sie zu erhalten und in ihrer Qualität behutsam zu bewahren, sie, wo nötig, feinfühlig zu ergänzen und neuen Forderungen anzupassen, wird eine große Aufgabe der Kieler Kirchengemeinden in den kommenden Generationen sein.

1 Zur Gemeindeentwicklung vgl. den Beitrag Hertzberg, o. S. 85–132; zur katholischen Gemeinde vgl. den Beitrag Stieglitz, o. S. 173–178.

Friedhöfe in Kiel

Gisela Greve/Andreas Kautzsch

Kurzer geschichtlicher Überblick über die Friedhöfe in Kiel seit der Stadtgründung 1242

Im Mittelalter bestattete man die Toten aus religiösen Gründen im Kirchenraum oder unmittelbar an der Kirche – in der Überzeugung, daß bei einem Begräbnis in geweihter Erde und in der Nähe der Reliquien und Schutzheiligen den Seelen die Fürsprache der Heiligen zuteil würde.

So war die Stadtkirche St. Nikolai der erste Begräbnisplatz der jungen Stadt. Im Innern der Kirche wurden die Toten entweder „im Sande" oder in Grabgewölben beigesetzt. Im Lauf der Zeit entstand auch an den Außenmauern der Kirche ein Kranz von Grabkapellen. Die ärmeren Bürger wurden auf dem Friedhof an der Kirche begraben. Er erstreckte sich um die St. Nikolaikirche herum hinter den später erbauten „Persianischen Häusern" zwischen Schuhmacher- und Flämischer Straße bis an die Straße Nikolaikirchhof. Er wurde bis 1793, also bis zum Erwerb des St. Jürgenfriedhofs, benutzt und 1870 eingeebnet. Heute führt die Eggerstedtstraße teilweise über den ältesten Friedhof Kiels.

In dem bald nach 1240 errichteten Franziskanerkloster am Kleinen Kiel befand sich am Kreuzgang ein Mönchsfriedhof. Das Grab des Stadtgründers Graf Adolf IV. von Schauenburg, der 1239 in den Franziskanerorden eingetreten war und das Kloster in Kiel gegründet hatte, lag allerdings vor dem Altar der Klosterkirche. Der spätgotische Grabstein blieb erhalten und wurde 1950 im Kreuzgang des Evangelischen Studentenheims am Klosterkirchhof wieder aufgestellt *(Abb. 1)*.

1929 fand man an der Ecke Holstenstraße/Holstenbrücke ein Gräberfeld, den einstigen Friedhof des Heiligengeisthospitals. Der Friedhof der vormaligen Klosterkirche diente zunächst als Begräbnisplatz der Schmiedeknechte, der Bäcker- und Schneidergesellen und der Scharfrichter, später als Küster- und Pastoratsgarten.

1350, zur Zeit des „schwarzen Todes" im Land, wurde der Gertrudenkirchhof als Pestfriedhof angelegt. Graf Johann von Holstein überließ den Kielern dafür einen Platz vor dem Dänischen Tor in der Gemarkung des Dorfes Brunswik. Die dazugehörende Gertrudenkapelle wurde in den Jahren zwischen 1533 und 1536 abgerissen, die Lage von Friedhof und Kapelle geriet in Vergessenheit. Lange Zeit vermutete man, daß der Gertrudenkirchhof in der Gegend der Straße „Langer Segen" gelegen haben könnte, bis man 1961 und 1962 bei Erdarbeiten am südlichen Schloßgarten über 100 Skelette fand: den Ort des früheren Gertrudenfriedhofs.

Ein weiterer Friedhof befand sich auf dem Kieler Stadtfeld in der Nähe der heutigen Straße „Ziegelteich". Auf einem Plan von 1766 wird er als „Alter Kirchhof" bezeichnet. Irgendwelche Spuren hat man jedoch nicht gefunden.

Südlich der Stadt lag das 1267 zum ersten Mal urkundlich erwähnte St. Jürgenkloster, ein Hospital für Leprakranke mit einer Kapelle und einem Seuchenfriedhof. Von 1793 bis 1909 war er der allgemeine Friedhof der Kieler Bürger, er bestand bis 1952.

Auch der Begräbnisplatz der Kieler Universitätsprofessoren in der Bordesholmer Klosterkirche gehört der Vergangenheit an. Bekanntlich ging die 1665 von Herzog Christian Albrecht von Schleswig-Holstein-Gottorf gegründete Kieler Universität aus der nach der Reformation im Bordesholmer Kloster befindlichen Lateinschule hervor. Bei der Gründung hatte der Herzog verfügt, daß die Professoren der neuen Universität an der Kieler Heiligengeistkirche einen Begräbnisplatz haben sollten. Das Konsistorium der Universität hatte jedoch Einwände und bat um die Einrichtung eines „Dormitoriums" in der Bordesholmer Klosterkirche. Der Herzog kam dieser Bitte nach, allerdings dauerte es noch eine Reihe von Jahren, bis die Mittel zum Bau eines Grabgewölbes bewilligt wurden. Es wurde dann gar nicht erst gebaut. Die Kieler Professoren machten trotzdem von ihrem Recht Gebrauch und legten sich in der Klosterkirche Erbbegräbnisse an. Auch nach der Errichtung der Bordesholmer Parochie 1737 wurden noch Professoren und deren Angehörige in der Klosterkirche beigesetzt, der letzte Tote 1801. Im Zusammenhang mit der umfassenden Restaurierung der Bordesholmer Klosterkirche 1860 kamen die im „Schellhammer'schen oder Professorengewölbe" stehenden Särge in das gegenüber in einer Seitenkapelle liegende „Waldschmitt'sche Erbbegräbnis". Die Gruftkammer wurde vermauert, lediglich das daneben liegende „Muhlius'sche Erbbegräbnis" blieb bis heute zugänglich.

Der St. Jürgenfriedhof als Stadtfriedhof 1793-1909

Der St. Jürgenfriedhof war ursprünglich der Seuchenfriedhof des südlich der Kieler Vorstadt gelegenen, 1267 erstmals erwähnten St. Jürgenklosters, eines Hospitals für Aussätzige. Später diente der Friedhof als Armesünderfriedhof, auf dem man Selbstmörder und Hingerichtete begrub, soweit man sie nicht gleich unter dem Galgen verscharrte, und als Friedhof für die ärmeren Bevölkerungsschichten. Die zum Hospital gehörende St. Jürgenkapelle wurde erst 1902 abgebrochen und an ihrer Stelle die St. Jürgenkirche erbaut *(Abb. 169 und 170).*

1793 erwarben die Kirchenvorstände der St. Nikolai- und der Heiligengeistkirche den St. Jürgenfriedhof als Ersatz für den Nikolaikirchhof. Nach einer Erweiterung 1836 erhielten hier auch die zur Kieler Parochie gehörenden Landgemeinden ihren Begräbnisplatz. Als Stadtfriedhof des 19. Jahrhunderts, auf dem die Angehörigen der alteingesessenen Kieler Familien, die Geistlichen, Professoren, Offiziere u. a. m. ihre letzte Ruhe fanden, wandelte sich der St. Jürgenfriedhof zu einem Friedhof des Kieler Bürgertums. Die letzte Beisetzung fand 1909 statt. Der Friedhof war bis in den Zweiten Weltkrieg hinein mit seinen zahlreichen Grabstätten bekannter Familien und Persönlichkeiten und den klassizistischen und neugotischen Grabmalen nicht nur ein Denkmal Kieler Stadt- und Kulturgeschichte, sondern auch eine friedliche Insel inmitten des Großstadtbetriebes.

Schwere Bombenschäden während des Zweiten Weltkrieges und Verwüstungen und Abholzungen nach Kriegsende richteten auf dem St. Jürgenfriedhof derartige Zerstörungen an, daß er 1952 aufgelassen und 1954 eingeebnet werden mußte. Gleichzeitig wurde auch die nach 1945 notdürftig reparierte St. Jürgenkirche abgebrochen. Das Gelände nutzte man für eine Verbreiterung des Sophienblatts und die Anlage eines Parkplatzes. Wo früher Kapelle und Kirche standen, erinnert jetzt ein Gedenkstein an die Geschichte dieses Ortes. Die exhumierten Gebeine überführte man zum Friedhof Eichhof.

Am Totensonntag 1954 wurden die Gebeine von Claus Harms auf dem Südfriedhof wieder beigesetzt. Der Komponist Carl Löwe fand 1957 in der „Pommernkapelle" der St. Nikolaikirche eine neue Ruhestätte. Im Juni 1956 übergab Pastor Scharrenberg die „Traditionsstätte des St. Jürgenfriedhofs" auf dem Friedhof Eichhof der Öffentlichkeit. In dieser Traditionsstätte wurden der Dichter Jens Baggesen und der Philosoph Carl Reinhold vor ihrem unzerstört gebliebenen gemeinsamen Grabmal wieder bestattet. Die vom St. Jürgenfriedhof geborgenen Grabsteine hatte man rings um den Platz vor der Friedhofskapelle wieder aufgestellt, die großen Grabplatten in den Rasen verlegt. Die Grabplatte der Stifterin Frederika von Ellendsheim befindet sich jetzt in dem nach ihr benannten Altersheim, das Grabmal des Theologen Georg Samuel Francke auf dem Südfriedhof und die Reliefplatte vom Familiengrab des Syndicus Jahn mit der Darstellung eines Todesgenius in der Eingangshalle der Kieler Gelehrtenschule. Auf dem Nordfriedhof steht das Denkmal für die 1848-1850 gefallenen Kieler.

Der Südfriedhof

Vor der Loslösung von Dänemark betrug 1864 die Einwohnerzahl Kiels 18 770 Personen, 1918 – etwa fünf Jahrzehnte später – 243 000. Der Zustrom von Menschen begann bereits 1865, als Preußen seine Flottenstation von Danzig nach Kiel verlegte und dadurch auch in der Kieler Schiffbauindustrie eine starke Aufwärtsentwicklung eintrat. 1867 wurde Kiel Kriegshafen des Norddeutschen Bundes, 1871 Reichskriegshafen. Der Bau des Nord-Ostsee-Kanals 1887-1895, das Flottenbauprogramm des Reiches und das Anwachsen der Marinegarnison ließen vor allem nach 1867, nach der Einverleibung Schleswig-Holsteins in Preußen, die Zahl der Zuwanderer in ungeahntem Ausmaß anschwellen. Damit wurde eine bedeutende Bautätigkeit in Gang gesetzt, nicht zuletzt mußte eine Reihe von Wohnquartieren in möglichst kurzer Zeit errichtet werden. Diese Baukonjunktur zog nochmals viele Menschen in die Stadt. Während der 1870er Jahre kamen die Arbeitskräfte aus dem gesamten Reichsgebiet, denn Kiel blieb durch diese Entwicklung von der ersten allgemeinen Wirtschaftskrise von 1874 bis 1880 verschont.

Der Südfriedhof, der wegen dieser stürmischen Bevölkerungsentwicklung in den 1860er Jahren angelegt werden mußte, ist mit der Geschichte der dort bis zur Jahrhundertwende beigesetzten Menschen und ihren Grabdenkmälern ein Spiegelbild der Kieler Gründerzeit! Johannes Rieper, Verwalter des Südfriedhofes 1960-1979, machte sich um die Dokumentierung dieses Kapitels der Friedhofsgeschichte verdient und trat anläßlich des hundertjährigen Jubiläums des Friedhofes mit Vorträgen, Aufsätzen und Schriften, vor allem durch eine umfassende biographische Ausstellung an die Öffentlichkeit. Nach der Auflassung des St. Jürgenfriedhofes wurde der Südfriedhof zum Traditionsfriedhof Kiels.

1865 und 1866 kaufte man drei Koppeln auf dem Stadtfeldkamp am Weg nach Hassee (heute Kirchhofallee und Saarbrückenstraße) mit einer Gesamtfläche von etwa 8 ha an. Der Stadtbaumeister Gustav Martens wurde mit der Planung und Kostenberechnung beauftragt. Martens legte zusammen mit seinem Entwurf ein Gutachten des Landschaftsgärtners Benque vor und riet dazu, diesen mit der Planung der Friedhofsanlage zu betrauen. Benque, der 1864 als Redakteur in Kiel tätig war, hatte nach einem Preisausschreiben vom Bremer Senat den Auftrag erhalten, einen großen Volkspark in Bremen anzulegen. Das Stadtkonsistorium akzeptierte 1867 den Benque'schen Entwurf, obgleich er in Kiel heftige Diskussionen ausgelöst hatte. Benque konzipierte die Anlage als Parkfriedhof und sah u. a. am Eingang zwei künstliche Hügel und im Feld einen künstlichen Teich vor. Die Friedhofskapelle wurde erst später erbaut, vermutlich um 1876 (entsprechende Unterlagen gingen im Zweiten Weltkrieg verloren). Am 30. April 1869 wurde in Anwesenheit des Magistrats, der Stadtdeputierten, der Kieler Pastoren und zahlreicher Gemeindemitglieder der „Neue Friedhof" eingeweiht. Nach der Eröffnung des Friedhofs „Eichhof" 1900 erhielt der bisherige „Neue Friedhof" den Namen „Südfriedhof".

Abb. 192 Südfriedhof. Grabkapelle L. Brandau (1890)

Während der ersten Jahrzehnte nach der Eröffnung des Friedhofs erwarben zahlreiche alteingesessene Kieler Familien, die ihre Begräbnisplätze bisher auf dem St. Jürgenfriedhof hatten, hier neue Erbbegräbnisse, die z. T. bis heute erhalten blieben. Hinzu kamen die zahlreichen Neubürger, die im Kiel der Gründerzeit zu Wohlstand gelangten oder als Lehrer, Wissenschaftler, Ingenieure u. a. m. in die viele Aufgaben bietende Stadt kamen. An Ausführung und Umfang der Begräbnisse und Grabmale läßt sich unschwer der damalige wirtschaftliche und soziale Aufstieg der Familien ablesen. Eine Besonderheit des Südfriedhofes ist der „Kapellenberg" (Feld K) am Haupteingang, ein teilweise doppelter Ring von Grabkapellen und Grüften um einen von alten Bäumen bestandenen Hügel. Von den ursprünglich 31 Kapellen und Grüften blieben 28 erhalten: ein bemerkenswertes Ensemble aller Stilrichtungen des ausgehenden 19. Jahrhunderts *(Abb. 192 und 193)*.

Auch die jüngere Kirchengeschichte Kiels und Schleswig-Holsteins spiegelt sich in den Grabmalen zahlreicher Theologen wider. Das Gräberfeld P ging als „Pastorenhügel" sogar in den Volksmund

Abb. 193 Südfriedhof. Grabmal Johann Meyer (1904); Bronzefigur von Heinrich Mißfeldt

Abb. 194 Friedhofskapelle Eichhof

ein. Hier ruhen Bischof Wilhelm Halfmann (1896–1964), der sich um den Wiederaufbau der Landeskirche nach 1945 verdient machte, Bischof Adolf Mordhorst (1886–1951) *(Abb. 15)*, Hauptpastor von St. Nikolai und späterer Generalsuperintendent, und auch der in der kirchlichen Sozialarbeit und Diakonie an führender Stelle tätige Pastor Adolph Plath (1910–1985) *(Abb. 143)*. Die neugotischen Grabmale des Pastors von St. Nikolai, Karl Friedrich Christian Hasselmann (1794–1882) und des Professors der Theologie Carl Lüdemann (1805–1889) blieben ebenso erhalten wie die Grabstätte der seinerzeit durch seine Tätigkeit für die „Gesellschaft freiwilliger Armenfreunde" sehr bekannten Pastors Heinrich Andreas Mau (1842–1916). Auf anderen Gräberfeldern findet man die Grabstätten des Propsten Wilhelm Becker (1837–1908) *(Abb. 129)*, des Begründers der Kieler Stadtmission, des „Arbeiter-Pastors" Dietrich Harries (1835–1887), des Andreas Detlev Jensen (1826–1899), Hauptpastor von St. Nikolai und nach 1872 Generalsuperintendent für Holstein, und aus unseren Tagen das des bekannten Pastors der Hasseer Michaeliskirche Bruno Doose (1902–1975) und das der Theologin und Heilpädagogin Luise Siemen (1900–1976). Der berühmte Prediger und Hauptpastor Claus Harms (1778–1855) *(Abb. 7)* wurde nach der Auflassung des St. Jürgenfriedhofs hier wieder beigesetzt.

Der Friedhof Eichhof

Wenige Jahrzehnte nach der Eröffnung des „Neuen Friedhofs" reichte dieser bei der rasch zunehmenden Bevölkerungszahl wiederum nicht aus, und es mußte ein weiterer Friedhof angelegt werden. Die Kieler Kirchengemeinde erwarb 1896 das Gelände einer stillgelegten Ziegelei mit etwa 37 ha, das bis dahin zu einer auf einer Parzelle des ehemaligen Gutes Kronshagen befindlichen Erbpachtstelle gehörte. Der Erbpächter Carl Mordhorst hatte 1869 die Erlaubnis erhalten, sein „von den Dörfern Kopperpahl und Cronshagen ziemlich weit gelegenes Einzelgewese" mit 75 Tonnen Ackerland und einem Ziegeleibetrieb „Eichhof" zu nennen.

Nach den Plänen des Kölner Gartenarchitekten Hermann Cordes wurde auf diesem Gelände ein großer Friedhof angelegt und 1900 eröffnet. Bei der Anlegung unterstanden die Durchführung der Erdarbeiten und der Bepflanzung dem Friedhofsgärtner Emil Feldmann. Feldmann entwarf auch die Pläne für die Friedhofserweiterungen von 1912, 1918–1920 und 1929–1930. In Anlehnung an Feldmanns Entwurf wurden nach 1930 die Arbeiten von Franz Tempich fortgeführt. Feldmanns großes Verdienst ist die Konzipierung des „Eichhofs" als umfassendes Arboretum (Baumsammlung), heute eine einzigartige dendrologische Sammlung.

Die 1901 eingeweihte Friedhofskapelle wurde nach einem Entwurf des Kirchenbaumeisters Wilhelm Voigt errichtet *(Abb. 194)*. Der neugotische Ziegelbau mit einer hohen, von einer überdimensionalen Spitze bekrönten Kuppel und zwei Flügelbauten wurde nach seiner Zerstörung 1944 in wesentlich schlichterer Form wieder aufgebaut. Im Inneren der Kapelle hängt ein Triumphkreuz aus dem 16. Jahrhundert. Neben dem Lapidarium des St. Jürgenfriedhofs steht auch auf diesem Friedhof

Abb. 195 Friedhof Eichhof. Mausoleum Martius von Adolf v. Hildebrand (1916)

Abb. 196 Friedhof Eichhof. Grabmal Familie Ziehn-Witzig (1924)

Abb. 197 Friedhof Eichhof. Ehrenfriedhof der Revolutionsopfer von 1918 und 1920

eine Reihe bemerkenswerter Grabdenkmäler. Kunstgeschichtlich bedeutsam ist vor allem das 1916 von Adolf von Hildebrand geschaffene neoklassizistische Mausoleum der Familie Martius *(Abb. 195)*. Aus dem Jahre 1924 stammt das Grabmal der Familie Ziehn-Witzig *(Abb. 196)*. In einem Ehrengräberfeld ruhen die Toten der Revolutionszeit 1918 und des Kapp-Putsches 1920 *(Abb. 197)*, auf einem weiteren die Opfer des Bombenkrieges 1939–1945 und der NS-Herrschaft *(Abb. 198)* – beide Quartiere beeindruckend in ihrer Schlichtheit und Abgeschiedenheit inmitten von der Natur zurückgegebenen Gräberfeldern.

Auf dem Friedhof „Eichhof" ruhen Propst Johannes Lorentzen (1881–1949) *(Abb. 16)*, der nach 1946 gegen die sinnlose Demontage der Kieler In-

Abb. 198 Friedhof Eichhof. Ehrenfriedhof der Opfer des Bombenkrieges 1939–1945

dustrieanlagen auftrat und sich für den Wiederaufbau der Kirchen und Gemeindehäuser in Kiel einsetzte, und Propst Hans Asmussen (1898–1968) *(Abb. 118)*, in der „Bekennenden Kirche" 1933–1945 und nach 1949 in der Una-Sancta-Bewegung an führender Stelle tätig.

Die Friedhöfe heute

Seit der Stadtgründung im Jahre 1242 sind uns aus historischer Zeit 22 Begräbnisplätze bekannt, die sich in der Obhut der Kirche befanden. Von den heute noch benutzten Friedhöfen sind die ältesten der Friedrichsorter Friedhof (zwischen 1632 und 1637 angelegt) *(Abb. 199)*, der Kirchhof der Kirchengemeinde Schönkirchen (bereits 1843 erweitert) und der „Neue Friedhof" von 1869, heute Südfriedhof. Außerdem verfügen die Kirchengemeinden Westensee und Flemhude über alte, heute noch benutzte Kirchhöfe bzw. Friedhöfe. Die Kirchengemeinde Westensee weist als Besonderheit zwei Privatfriedhöfe auf, die der Familien von Bülow und von Hedemann-Heespen.

1879 hat die damalige Jüdische Gemeinde Kiel in der Michelsenstraße den heute noch existierenden Judenfriedhof angelegt, auf dem nach dem Zweiten Weltkrieg nur ganz vereinzelt einige Beisetzungen durchgeführt wurden. Die Trägerschaft liegt heute in den Händen der Jüdischen Gemeinde in Hamburg.

Kommunale Friedhöfe wurden, abgesehen von dem bereits erwähnten Militärfriedhof Friedrichsort und dem Garnisonfriedhof (1878, heute Nordfriedhof), 1902 in Meimersdorf und 1916 in Kiel angelegt. Da die Kirche es 1916 ablehnte, in Kiel ein Krematorium zu bauen, errichtete die Stadt Kiel das Krematorium und legte gleichzeitig daneben einen städtischen Urnenfriedhof ausschließlich für Aschenbeisetzungen an.

Heute nimmt der Evangelisch-Lutherische Kirchenkreis Kiel mit seinen Gemeinden den überwiegenden Teil der Aufgaben im Friedhofswesen wahr. Dabei hat die Evangelische Kirche nicht nur die gesundheitspolitische und hygienische Funktion der Friedhöfe im Auge, sondern läßt sich davon leiten, daß die Friedhöfe „Stätten der Verkündigung" sind. Für die Kirche sind die Friedhöfe Orte zur würdigen Bestattung der Toten sowie des Andenkens an die Verstorbenen. Daneben sind auch die Erhaltung und Förderung von Friedhofskultur, Grabmalkultur und die Erhaltung von Sterbekultur ein verantwortungsvolles Anliegen.

Abb. 199 Friedrichsort. Festungsfriedhof. Grabmal M. Andresen (1738); ältester noch auf einem Friedhof stehender Grabstein in Kiel

Auf den kirchlichen Friedhöfen sind für die Beisetzungsarbeiten, Friedhofsunterhaltungsarbeiten sowie in der Grabpflege und Bepflanzung und der Verwaltung rund 100 Mitarbeiterinnen und Mitarbeiter eingesetzt, davon etwa ein Drittel als Saisonkräfte für acht Monate jährlich in der Vegetationszeit.

Die Landeshauptstadt Kiel hat zur Zeit jährlich rund 4000 Sterbefälle, die auf kirchlichen bzw. kommunalen Friedhöfen im Stadtgebiet bzw. im Kirchenkreisgebiet beigesetzt werden. Dazu kommen etwa 200 Beisetzungen aus den Umlandgemeinden, die ihre letzte Ruhe auf unseren Friedhöfen finden, und etwa 170 Seebestattungen jährlich, die überwiegend aus anderen Gemeinden kommen, jedoch von Kiel aus auf See beigesetzt werden.

Der Anteil der Feuerbestattungen im Verhältnis zur Gesamtsterbeziffer liegt in Kiel bei 67 Prozent und damit an vierter Stelle im Bundesgebiet. Der

Anteil der sogenannten anonymen Beisetzungen, die bisher in Kiel nur als Aschenbeisetzungen erfolgen, liegt bei 33 Prozent der Gesamtsterbeziffer und damit im Bundesgebiet ebenfalls an vierter Stelle. Der in den letzten Jahren stark zunehmende Trend zu anonymen Beisetzungen ist in jüngster Zeit zum Stillstand gekommen.

Für die Beisetzungen stehen insgesamt 132 ha Friedhofsfläche zur Verfügung. Die auf die Kirche entfallende Friedhofsfläche beträgt davon 93 ha. Rund 93 ha kirchliche Friedhöfe im Kirchenkreis Kiel sind wesentlich Grünanlagen mit Laub- und Nadelholzbäumen, mit Sträuchern und einer Krautschicht. Sie sind überwiegend als Parkfriedhöfe und nur in einem geringen Bereich als architektonische Friedhöfe und in den an der Peripherie liegenden Bereichen als landschaftlich gebundene Friedhöfe mit heimischer Vegetation ausgebildet. Sie sind damit lebenswichtige Naherholungsanlagen für die Stadtbevölkerung, klimaverbessernder Grünraum und Lebensraum für viele Tier- und Pflanzenarten.

Ein Friedhof müßte 35 Prozent seiner Fläche nutzen, um kostendeckend zu arbeiten. Der Eichhof mit seiner nur noch sehr gering genutzten „Nettograbfläche" von 13 Prozent ist ein besonders gutes Beispiel für den ökologischen Wert von Friedhöfen. Für diesen Friedhof wurden in den letzten Jahren von ehrenamtlichen Helfern Bestandsaufnahmen gefertigt, die diese große Bestattungsanlage als eines der wertvollsten Biotope der Stadt Kiel, wenn nicht gar als das wertvollste Biotop der Stadt ausweisen.

Literatur

H. G. Andresen: Feudal-Architektur en miniature. „Mausoleum-Stadt" auf dem Kieler Südfriedhof spiegelt den Geist der Gründerzeit. In: Kieler Nachrichten vom 6. 11. 1982.
J. H. Eckardt: Alt-Kiel in Wort und Bild. Neudruck Neumünster 1975.
G. Ficker: Die Gräber der Kieler Professoren in Bordesholm. In: Nordelbien Bd. 7, S. 299–307.
Friedhofsleitplan der Landeshauptstadt Kiel. Gutachten, vorgelegt von der Arbeitsgemeinschaft Friedhof und Denkmal Kassel. Kassel 1980.
F. Glasau/H. Jacobsen: Arboretum Friedhof Eichhof. Kiel 1950.
A. Gloy: Aus Kiels Vergangenheit und Gegenwart. Kiel 1926.
J. Grönhoff: Ein Gang über den Südfriedhof. In: Mitteilungen der Gesellschaft für Kieler Stadtgeschichte 1953/54.
J. Grönhoff: Kieler Begräbnisplätze einst und jetzt. In: Mitteilungen der Gesellschaft für Kieler Stadtgeschichte 1953/54.
H. Hellmuth: Die menschlichen Skelettfunde des mittelalterlichen Gertrudenfriedhofs in Kiel. Dissertation 1964.
H. Jonas: Wann entstand der Name „Eichhof"? Erinnerungen an die Zeit vor 100 Jahren. In: Kieler Nachrichten vom 24. 8. 1966.
F. Kleyser: Kleine Kieler Wirtschaftsgeschichte von 1242 bis 1945. Kiel 1969.
G. Kühn: Abschied vom St. Jürgenfriedhof. In: Mitteilungen der Gesellschaft für Kieler Stadtgeschichte 1969.
J. Rieper: Hundert Jahre Südfriedhof. In: Mitteilungen der Gesellschaft für Kieler Stadtgeschichte 1969.
H. Sievert: Kiel einst und jetzt. Die Altstadt. 2. verb. Aufl. Kiel 1963.
H. Sievert: Kiel einst und jetzt. Vom Kanal bis zur Schwentine. Kiel 1964.
H. Sievert: Stadtgeschichte auf Kieler Friedhöfen. In: Kieler Nachrichten vom 18. 11. 1975.
K. Tempich: Friedhof Eichhof 1900–1950. Kiel 1950.
E. Völkel: Kloster und Kirche der Augustiner Chorherren zu Bordesholm. Bordesholm 1973.

Quellen

Stadtarchiv Kiel

Abbildungsnachweise

Adler, Georg Christian: Schleswig-Holsteinische Kirchen-Agende. Schleswig 1797. (Landesbibliothek) Abb. 12
Bischöfliches Generalvikariat Osnabrück Abb. 148–150, 154–155, 167, 186–187
Braun, Georg/Hogenberg, Franz: Civitates orbis terrarum. Bd. 4, 1588. Abb. 2–3
Cremers, Michael Abb. 156
Dekanat der Theologischen Fakultät an der Christian-Albrechts-Universität Kiel Abb. 120, 122
Diakonisches Werk des Kirchenkreises Kiel Abb. 143
Ehmsen, Jürgen, Pastor Abb. 86
Feddersen, E.: Kirchengeschichte Schleswig-Holstein. Bd. II 1517–1721. Kiel 1938. Abb. 4–6, 8, 121
Gaasch, K. H.: Die mittelalterliche Pfarrorganisation. In: Zeitschrift der Gesellschaft für Schleswig-Holsteinische Geschichte 77, 1953, S. 47. Abb. 61
Gemeinschaft in der Landeskirche Abb. 119, 144–147
Greve, Gisela Abb. 192, 193, 195–199
Groß-Fürstliches Schleswig-Holsteinisches Gesang-Buch. Neue und veränderte Auflage. Kiel 1770. (Landesbibliothek) Abb. 13
Hansen, Elisabeth Abb. 16
Harms, Claus: Ausgewählte Schriften und Predigten. Bd. I. Flensburg 1955, Vorblatt. Abb. 7
Haupt, R.: Geschichte und Art der Baukunst. Heide 1925, S. 334. Abb. 58–59
Helms, Thomas, Fotograf
Farbtafeln I–X, XII–XXV; Abb. 17, 20, 41–47, 60, 66–67, 72–85, 87–107, 109–115, 151–152, 157, 182–183, 185, 188, 191

Herzog Anton Ulrich-Museum, Braunschweig. Museumsfoto: B. P. Keiser Abb. 64
Hoch-Fürstliche Schleswig-Holsteinische Verordnung betreffend den öffentlichen Gottesdienst und einige dazugehörige Ritus. Kiel 1735. (Landesbibliothek) Abb. 11
Kieler Stadtmission Abb. 15, 129–135, 141–142
Kirchengemeinde Jakobi Abb. 165–166
Kirchengemeinde Paul-Gerhardt Abb. 108
Kirchengemeinde St. Nikolaus Abb. 153
Kobold, Hermann: Die St. Georg- und Mauritius-Kirche in Flemhude. Flemhuder Hefte Nr. 1. Flemhude 1990, S. 9. Abb. 62
Landesamt für Denkmalpflege, Schleswig-Holstein Abb. 1, 14, 18, 21–40, 48–53, 55–57, 63, 168–170, 172–175, 177–179, 194
Loßek, Paul Abb. 181
Magnussen, Friedrich, Fotograf Abb. 19
Marie-Christian-Heime e. V. Abb. 136–140
Nordelbische Kirchenzeitung Abb. 118
Nordelbisches Kirchenarchiv Abb. 123–126, 180
Pinn, Anneliese Abb. 65
Rentamt des Kirchenkreises Kiel Abb. 116–117
Ricker, Wilhelm Farbtafel XI; Abb. 68–71
Das Schleswigsche und Holsteinische Kirchenbuch. Schleswig 1665. (Landesbibliothek) Abb. 9–10
Schulz, Roland, Baudezernat des Nordelbischen Kirchenamts Zeichnungen Abb. 164, 171, 176, 184, 189, 190
Selbständig Ev.-Luth. Kirche, Kiel Abb. 158–159
Stadtarchiv Kiel Abb. Schutzumschlag; Abb. 54, 160–163
Wehrbereichsdekanat Kiel Abb. 127–128

Alphabetisches Verzeichnis der Autoren

Alwast, Jendris, Dr. theol., Dr. phil., Studienrat im Hochschuldienst, Theologische Fakultät der Christian-Albrechts-Universität Kiel

Baumgarten, Uwe, Pastor der Ev.-Luth. Kirchengemeinde Flemhude

Blaschke, Klaus, Dr. jur., Präsident des Nordelbischen Kirchenamtes

Busche, Hans-Hermann, Pastor der Evangelisch-Freikirchlichen Gemeinde Kiel

Ehlers, Eckart, Pastor der Ev.-Luth. Kirchengemeinde Schönkirchen

Endriß, Rosemarie, Direktorin der Marie-Christian-Heime e. V.

Greve, Gisela, Diplombibliothekarin i. R., Bordesholm

Hasselmann, Karl-Behrnd, Propst des Kirchenkreises Kiel

Hertzberg, Andreas, Pastor der Ev.-Luth. Kirchengemeinde Ansgar-West

Kautzsch, Andreas, Friedhofsoberamtmann beim Friedhof Eichhof

Kobold, Hermann, Schulpastor, Kiel

Kretschmar, Christoph, Pastor der Kirchengemeinde St. Nikolai

Mehnert, Gottfried, Dr. theol., Pastor em., Marburg

Rauterberg, Claus, Dr.-Ing., Kirchenbaudirektor, Nordelbisches Kirchenamt Kiel

Ricker, Wilhelm, Lehrer i. R., Westensee

Russ, Theodor, Prediger, Gemeinschaft in der Landeskirche

Saal, Heinz-Martin, Wehrbereichsdekan, Kiel

Scheuermann, Rainhard, Pastor der Evangelisch-methodistischen Kirche, Bezirk Kiel

Schlie, Manfred, Pastor der Selbständigen Evangelisch-Lutherischen Kirche, Immanuelgemeinde, Kiel

Schröder, Johannes, Landespastor †

Stieglitz, Hermann, Oberschulrat i. K., Bischöfliches Generalvikariat Osnabrück

Teuchert, Wolfgang, Dr. phil., Wissenschaftlicher Direktor i. R., Kiel

Wilde, Lutz, Dr. phil, Oberkonservator, Landesamt für Denkmalpflege Schleswig-Holstein, Kiel

Witt, Helmut, Leiter des Rentamts des Kirchenkreises Kiel

Wolter-Pecksen, Falk-Horst, Pastor em., Preetz